一故人

ICHIKOJIN

近藤正高

スモール出版

まえがき

「大死亡時代」の波

著名人の訃報《ふほう》が「ひとつの時代が終わった」という言葉とともに伝えられることは多い。もっとも、それはえてして決まり文句という以上の意味を持つことはない。こうした傾向に対し、《**でも、それでは、死んだ人がどのような「場所」を成立させていて、その人の死によって、どのような状況が終わっていくのかについては、まるで考えられないままになってしまう**》と疑問を呈したのは作家の橋本治《はしもとおさむ》だった。

二〇〇九年に収録されたインタビュー（『朝日ジャーナル別冊　1989―2009　時代の終焉と新たな幕開け　希望の思想はどこにあるのか？』朝日新聞出版所収）によると、橋本はある時期から「大死亡時代」ともいうべき時期が始まったとの感触を持つようになったという。それは二〇世紀の歴史を一年刻みで見られる年表を自作してみて、確信に変わった。各年ごとに死んだ人を書きこんでいったところ、一九八〇年代半ばよりその数が明確に増えたからだ。ここから橋本は《**訃報を記録することによって、世の中のある部分がどう動いていたのかが、見えることはある。断片的なデータの集積が、何かを物語ってしまうときもある**》と結論づける（前出）。

橋本は八〇年代半ば以降を「大死亡時代」と呼び、そのクライマックスは一九八九年だったのかもしれないとも指摘していた。たしかにこの年には、年明け早々に**昭和天皇《しょうわてんのう》**が崩御《ほうぎょ》したのに始まり、「マンガの神様」**手塚治虫《てづかおさむ》**、「歌謡界の女王」**美空《みそら》ひばり**、「経営の神様」**松下幸之助《まつしたこうのすけ》**など、各界を代表する人物があいついで亡くなっている。海外でも「帝王」と呼ばれた指揮者の**ヘルベルト・フォン・カラヤン**や、シュールレアリスムの代表的な画家**サルバドール・ダリ**が亡くなった。また、中国では民主化運動に理解を示したがために失脚した政治家**胡耀邦《こようほう》**が死去、これを機に天安門事件が起きる。さらに東欧諸国の民主革命のなかルーマニアの独裁者**ニコラエ・チャウシェスク**が処刑された。これらの人々の死は単なる個人の死というレベルを超え、国内外での時代の変化とも結びつけてとらえられよう。

私見ながら、「大死亡時代」はこれ以後もたびたび訪れた印象がある。

橋本治は先のインタビューで、一九九二年に四六歳で亡くなった小説家の**中上健次《なかがみけんじ》**について触れ、**《真剣に小説を書こうとしている作家は、書くことがなくなると死んでしまうんだなと本当に思いましたね》**と語っていた。奇《く》しくも中上と前後して同時期には、**井上靖《いのうえやすし》**（九一年没）、**松本清張《まつもとせいちょう》**（九二年没）、**安部公房《あべこうぼう》**、**井伏鱒二《いぶせますじ》**（いずれも九三年没）、**吉行淳之介《よしゆきじゅんのすけ》**（九四年没）といった大作家たちが亡くなっている。分野は限定されるとはいえ、これも一種の「大死亡時代」と呼んでいいだろう。一九九四年の大江健三郎《おおえけんざぶろう》のノーベル文学賞受賞もあいまって、日本の戦後文学はこのころひとつの区切りを迎えたともいえそうだ。

著名人の死と社会の変動がリンクしたという意味では、一九九六年は特筆に値する。阪神・淡路大震災、地下鉄サリン事件と大きな事件があいつぐなか戦後五〇年を迎えた翌年、住宅金融専門会社の巨額の不良債権が露呈するなどバブル崩壊の打撃がいよいよ深刻化したこの年には、美術家の**岡本太郎**《おかもとたろう》、作曲家の**武満徹**《たけみつとおる》、小説家の**司馬遼太郎**《しばりょうたろう》や**遠藤周作**《えんどうしゅうさく》、政治学者・思想史学者の**丸山眞男**《まるやままさお》、俳優の**渥美清**《あつみきよし》、漫才師の**横山**《よこやま》**やすし**、マンガ家の**藤子**《ふじこ》**・F**《えふ》**・不二雄**《ふじお》といった人たちが亡くなっている。戦後日本にあってそれぞれの分野をリードし、またその存在や作品が「国民的」とも称された彼らの死（渥美清にいたっては、没後に政府より国民栄誉賞が贈られている）は、「戦後とは何だったのか」「日本（人）とは何か」といった議論をうながすきっかけにもなった。

訃報からも時代の大変化を感じさせた二〇一一年

ところで私は、二〇〇八年より毎年一二月になるとその年の物故者を振り返る記事を書いている。この作業を続けていると、たしかに橋本治のいうとおり、世の中の動きがありありと見えてくる。

さらにここ数年にいたっては、ふたたび「大死亡時代」ともいうべき状況を迎えているような気がしてならない。その始まりはおそらく、東日本大震災や、中東・北アフリカ地域での「アラブの春」と呼ばれる反政府運動など、国内外で大きなできごとのあいついだ二〇一一年ではないか。

事実、この年には「アラブの春」のなかリビアでも独裁政権が倒され、長らく同国を支配してきた**ムアマル・カダフィ**が死亡したほか、二〇〇一年のアメリカ同時多発テロ事件の首謀者とされた、イスラム原理主義テロ組織アルカイダの指導者**オサマ・ビンラディン**が米軍により殺害されている。さらに年末には北朝鮮の最高指導者の**金正日**《キムジョンイル》が病死した。

国内でいえば、東日本大震災の後に作家の**小松左京**《こまつさきょう》が亡くなり、その代表作『日本沈没』があらためて顧みられることになった。

また、地上波テレビのデジタル放送への全面移行（東北三県をのぞく）をはじめ既存メディアが大転換期を迎えるなか、日本テレビの**氏家齊一郎**《うじいえせいいちろう》、読売新聞社の**正力亨**《しょうりきとおる》、電通の**成田豊**《なりたゆたか》、東映の**岡田茂**《おかだしげる》、講談社の**野間佐和子**《のまさわこ》と巨大メディアの経営者たちがあいついで死去する。テレビ業界でいえば、フジテレビで多くの人気バラエティ番組を手がけたプロデューサーの**横澤**《よこざわ》**彪**《たけし》、脚本家の**市川森一**《いちかわしんいち》や元ＮＨＫディレクターの**和田勉**《わだべん》など、名作ドラマを続々と送り出してきた人々の訃報も重なった。

ほかの分野を見ても、ソニー元社長の**大賀典雄**《おおがのりお》とアップル社元ＣＥＯの**スティーブ・ジョブズ**のあいつぐ死は、アップルがソニーから大きな影響を受けながらもやがて追い越していった歴史を思い起こさせた。これ以外に二〇一一年に亡くなった人物には、俳優の**エリザベス・テイラー**や**ピーター・フォーク**、環境保護運動家の**ワンガリ・マータイ**、落語家の**立川談志**《たてかわだんし》、映画監督の**森田芳光**《もりたよしみつ》、インダストリアルデザイナーの**柳宗理**《やなぎそうり》などがあげられる。いずれもそれぞれの世界に大きな足跡を残した人たちであることはいうまでもない。

著名人の死が増えたのは偶然ではない？

この流れは翌年以降も止まらなかった。特定の分野では、これまで屋台骨を支えてきた人たちの死が重なり、危機感を募らせた。とりわけ顕著なのは歌舞伎界だ。二〇一一年には人間国宝の**中村富十郎**《なかむらとみじゅうろう》（五代目）と**中村芝翫**《なかむらしかん》（七代目）が死去。さらに二〇一二年から一五年にかけて**中村勘三郎**《なかむらかんざぶろう》（十八代目）、**市川團十郎**《いちかわだんじゅうろう》（十二代目）、**坂東三津五郎**《ばんどうみつごろう》（十代目）と看板役者があいついでこの世を去った。ちょうどこの間、歌舞伎座のリニューアルを挟んだこともあいまって、梨園《りえん》のひとつの節目を実感させた。

また相撲界でも、二〇一三年に**大鵬**《たいほう》、一五年に**北**《きた》**の湖**《うみ》、一六年に**千代**《ちよ》**の富士**《ふじ》と、昭和の大横綱が立て続けに亡くなっている。それは大相撲が八百長などの問題を乗り越え、人気を取り戻しつつあったさなかのことだった。

海外に目を向ければ、二〇一六年に**デヴィッド・ボウイ**や**プリンス**、**ジョージ・マイケル**など欧米のロック、ポップス界のスターたちの訃報があいついだことは記憶に新しい。

二〇一六年の訃報に関しては、イギリスの公共放送ＢＢＣによるこんな調査もある。この年四月の時点でボウイをはじめ、有名人が次々と亡くなる今年は異常だとソーシャルメディアで話題になったため、本当に異例なのかを同局のニック・サーペルという訃報担当編集長が確認してみたのだ。実際、二〇一二年から一六年各年の一～三月だけを比較してみると、一六年の訃報は前年の倍、一二年のじつに五倍と、たしかに例年にも増して多いことがわかった。ただし後半六カ月に関しては過去四～五年の傾向とほぼ一致し、サーペルは「一年を通じて、有名人の死が急増し続けたわけではない」と結論づけている（「BBCニュース」二〇一六年一二月二六日）。

サーペルは前掲記事のなかで「有名人の死去が増えていること自体それほど驚くに値しない」「テレビや大衆文化が花開き、有名人の数が一気に増えた一九六〇年代から半世紀経ったことの、自然な帰結なのだろう」とも語った。同様の現象はイギリスにかぎらず、日本を含め世界的に起こっていることは間違いない。昨今の「大死亡時代」にはそれなりの原因があるといえる。

故人たちはいかなる時代をつくったか

もっとも、亡くなった有名人の数以上に重要なのは、橋本治が指摘していたように、死んだ個々人がどのような「場所」を成立させ、その死によって、どのような状況が終わっていくのかを考えてみることではないだろうか。

先述の毎年の物故者を回顧する原稿で私が心がけているのはまさにそれだ。くわしくは本書に収録した二〇一二～一六年の記事で確認してもらいたいが、これらの記事で私は物故者をそれぞれの関連性を見出しながら並べ、これらの人々によっていかなる時代がつくられ、それがいまどう変わろうとしているのかを読み取ろうとしている。

本書の元となるコンテンツプラットホーム「cakes（ケイクス）」でのウェブ連載「一故人」も、元はといえばこの毎年の記事から派生したもので、基本的なスタンスは変わらない。ただしあくまで個人を対象としているがゆえ、それぞれの人生から、いかに困難を乗り越えたかなど普遍的なテーマを見出そうとしている部分はある。

二〇一二年九月より連載を開始した「一故人」は、一六年一二月までに六七回、とりあげた人物は七九人を数える。さすがに紙幅の都合から本書にすべては収録できず、あえて日本人限定で二一人に絞りこんだ（加えて書き下ろしとして**南部陽一郎**《なんぶよういちろう》と**中村紘子**《なかむらひろこ》の二人をとりあげた）。その際、幅広い分野から人選するとともに、何らかの接点や関連性がある人物はなるべく併《あわ》せて収録するようにした。後者には実の兄弟である**赤瀬川隼**《あかせがわしゅん》と**赤瀬川原平**《あかせがわげんぺい》や、ほぼ同世代の映画スターである**高倉健**《たかくらけん》と**菅原文太**《すがわらぶんた》などわかりやすい組み合わせだけでなく、たとえば**大島渚**《おおしまなぎさ》と**永井一郎**《ながいいちろう》のように、意外なところで接点を持っていたケースも含まれる。

こうして選んだ人々を亡くなった順に並べ、各年の終わりには本文を補完するため先述の一年間の物故者を回顧する記事を収めた。

以上はいずれも一冊を通して読むことで、ひとつの時代が浮かび上がるようにするための工夫である。はたしてその企図が成功したのかどうか、判断は読者のみなさんにゆだねたい。

一故人

ICHIKOJIN CONTENTS

もくじ

本書はコンテンツプラットフォーム「ｃａｋｅｓ」に掲載された記事をまとめたものです。

各年の終わりには「二〇一Ｘ年の物故者たち」として、その一年間に亡くなった国内外の著名人をまとめた記事を収載した。次にあげるのはその凡例である。

【凡 例】

●当該年に亡くなった人物は太字で表記した。カッコ内に記した日付は命日、年齢は死去時の満年齢を示す。
●文中に二〇一二〜一七年に亡くなった人物が登場する場合、適宜、没年を示した。
●本書でとりあげている人物については、掲載ページを示した。
●年末に亡くなった人物のなかには、当該年の記事にはまにあわず、翌年の記事でとりあげた者がいる。
●作品名に付したカッコ内の年代は原則として発表年を示す。ただし、連載作品やテレビ番組などについては、それが開始された年代を示したものもある。

二〇一二年

ICHIKOJIN
2012

主なできごと

4月　朝鮮民主主義人民共和国、金正恩が朝鮮労働党第一書記に。
5月　東京スカイツリー開業。
6月　地下鉄サリン事件で特別指名手配されていた菊地直子容疑者逮捕。
7月　ロンドンで夏季オリンピック・パラリンピック開催。
8月　消費増税法案が成立。
9月　日本政府が尖閣諸島を購入し、国有化。デジタルコンテンツプラットフォーム「cakes」オープン。
10月　iPS細胞の発見の功績により、山中伸弥がノーベル生理学・医学賞受賞。
11月　レスリング選手・吉田沙保里が国民栄誉賞を受賞。
12月　第46回衆議院議員総選挙実施。自由民主党が与党に返り咲き、第二次安倍晋三内閣発足。

浜田幸一

HAMADA
KOICHI

一九二八年九月五日〜
二〇一二年八月五日（満八三歳）
政治家

不器用な暴れん坊のメディア遊泳術

政治家時代からテレビを意識

衆院議員の加藤紘一《かとうこういち》は一九七八年、大平正芳《おおひらまさよし》内閣の発足にともない三九歳にして内閣官房副長官に就任した。その在任中には、大平の外遊にすべて同行している。ちょうどこの頃、加藤は所属する自民党のある先輩議員から次のような忠告を受けた。

《いいか。総理が外国に行くとき、君はいつも総理についていく。毎回、同行議員もいく。同行の議員にとっては、飛行機に乗り込むときとか、帰ってきて飛行機から降りるとき、タラップの上で総理と一緒に手を振る写真がバーンと出ることや、同行したという記事が新聞の一面トップのリードの部分に、ちょっとでも載るということが、重要なんだ。ところが、そういうときは、まず同行議員が先に機内に入っていて、それから総理がおもむろに着いて、という順序だから、君は総理よりも前にタラップをあがって機内に入り、同行議員を引っ張り出してこい。みんな同行議員は遠慮しているから、それを連れ出して、外務大臣や総理夫人のすぐ後の前面に出してやれ。君はうつらなくてもいいから、後ろに立つというくらいのことを考えるのが、世の中だぞ》（仲衛《なかまもる》『加藤紘一・全人像』）

首相の外遊ともなれば、送迎ともに華やかだ。それだけに同行議員たちは内心では首相と一緒にテレビ・スポットを浴びたいが、機内から出ていっていいものか迷っている。そこへ加藤から、首相がタラップを上がってくるタイミングを見計らって「ちょっと出てください」と一声かければ、みんな喜んで首相の後ろに並ぶだろう。そうすることで「絵」になるのだ。加藤はこの忠告のおかげで、官房副長官時代に多くの議員と縁を深めることができたという。

加藤紘一に忠告したこの議員こそ、「ハマコー」こと浜田幸一《はまだこういち》だった。名前の読みこそ同じだが、東大から外務省に入り、さらに父親の地盤を継いで国会議員となった加藤と、学歴もほとんどないまま地方政界から国政へと進出した叩き上げの浜田とではまるで出自が違う。世代からいっても、浜田は加藤より一一歳上、一九二八（昭和三）年生まれの昭和ヒトケタ世代だった。しかし彼はメディアでの振る舞いに関して、この世代ではたぐいまれというべきセンスを示した。それは加藤への忠告からもはっきりとうかがえよう。また晩年、八一歳にしてツイッターを始めたことは記憶に新しい。フォロワー数は約一九万人と政治家時代に選挙で得た票数を超え、ツイートで多用した「だう」という独自のフレーズも流行した。

ツイッターでの発言は『ハマコー　だう！』という本にまとめられている。それ以前より彼はたくさんの著書を上梓してきたが、なかでも政界を引退した一九九三年に刊行した『日本をダメにした九人の政治家』はベストセラーとなった。この本はタイトルからしてうまい。九人の政治家とは誰か？　彼らがどう日本をダメにしたのか？　興味を惹かれて手に取った人は多いはずだ。

政界引退後は報道番組のみならずバラエティー番組やドラマ、ＣＭにまで出演し、タレントとしての才能を発揮した。政治家になったタレントは数あれど、逆に政界引退後、テレビでこれほど特異なキャラを開花させた元国会議員はほかにいまい。

その片鱗《へんりん》は政治家時代、たとえば自民党の「四十日抗争」での振る舞いからもすでにうかがえた。「四十日抗争」とは、前出の大平首相が一九七九年秋、衆議院を解散して総選挙に打って出たものの自民党が敗北したことから、その責任をめぐり党内が紛糾した事態を指す。このとき、首相の退陣を求める党の反主流派の若手議員や秘書らが自民党本部内に椅子やテーブルでバリケードを築いた。浜田はこれに激怒、現場に駆けつけると椅子の山を片っ端から崩し始める。その様子はテレビでも中継され、彼の武勇伝のひとつとしてのちのちまで語られるようになった。

あらためて当時の映像を見ると、浜田がテレビというメディアを効果的に利用しようとしていたことがうかがえる。このとき、彼は「いいかよく聞け。かわいい子供たちの未来のために自民党があるんだぞ。おまえたちのためだけに自民党があるんじゃない！」と人差し指を突き出しながら咆哮《ほうこう》しているのだが、その指先と目線はバリケードの向こう側ではなくテレビカメラに向けられていた。

浜田としては、テレビを通じて敵対する議員たちを説得するとともに、国民に対して自民党内で異常事態が発生していることを伝えるという思惑があったはずだ。この効果は大きく、反主流派は引き下がらざるをえなかった。もっとも、「政界の暴れん坊」というイメージはこのときの映像をもってますます世間に広まってしまったわけだが。

本人としてはテレビを意識して振る舞いながらも、誤解を招くということはその後も繰り返された。これまた有名な、衆議院予算委員会での「宮本顕治《みやもとけんじ》殺人者発言」（一九八八年）もそうだった。このとき予算委員長を務めていた浜田は、共産党の正森成二《まさもりせいじ》議員の質問に対し、戦前の共産党内でのスパイ査問事件を引き合いに出して同党の宮本顕治議長（当時）を「殺人者」と非難した。

その後休憩を挟んでの審議で、浜田は再びこの件を持ち出す。休憩中にスパイ査問事件に関する資料を用意しておき、いま一度反論する機会をうかがうという周到さであったが、テレビ中継終了前にどうにか発言しておきたいと急《せ》くあまり、正森の質問をさえぎる形となってしまった。

浜田は後年、著書のなかで自分の議事進行にもたしかに問題はあったと認めつつ、先に矛先《ほこさき》を向けたのは相手であり、自分の発言もそれ自体誤りはなかったと強調する。発言の正否はともかく、当時の議事録を読めば、浜田の言い分どおりそもそもの発端は正森が、過去の内閣は国内的なテロについて「泳がせ政策」をとってきたのではないかとの質問から、いきなり浜田の数年前のテレビでの発言に言及したことにあったのはあきらかだ。ただ、以前から共産党に不信を抱《いだ》いていただけに、売り言葉に買い言葉で発言がエスカレートしてしまった。おまけに、その後テレビで流された映像では前後がカットされてしまったせいで、浜田の発言はいかにも唐突な印象を与える結果となった。この発言により審議は一週間ストップし、最終的に浜田は騒動の責任をとって予算委員長を辞任する。

マスコミでの報じられ方に浜田がいつもいらだっていたことは著作からも読み取れる。恥ずかしながら著者は今回初めて彼の著作をまとめて読んだのだが、どの本も思った以上に筋道が通っていることに驚かされた。マスコミ報道での事実誤認に対しても、きっちり証拠を積みあげ反論している。

最後の著書となった『YUIGON』の次のくだりを読むとさらに、彼がある面においてはきわめて現代的な政治家であったことがわかる。

《私は政界での自分のポジションを常に俯瞰し、常に微調整していました。一時も油断することなく。
情報収集も怠りませんでした。どんな仕事においてもどんな立場においても、そのときそのときで変化する情勢を見極め、その渦中を泳いで渡り歩いてきました。
たとえば、予算委員長をしていた頃は、その他の全ての委員会にテープレコーダーをセットしておきました。移動時間にそれを聞き、誰がどんなことを発言しているか、常に頭に入れおくのです。（中略）
「ハマコーパフォーマンス」はこういった見えない部分までをも、頭の後ろに目があるかのごとく察知しておいた上での演出だったのです。何も考えずに野次や怒鳴り合いをしていたわけではないのです》
浜田の言動はどれだけ乱暴に見えても、そこにはちゃんと計算があったのだ。それがあったからこそ、政界引退後、あれだけテレビに引っ張りだこになったのだろう。単なる暴れん坊であれば、危なっかしくてとてもテレビには出せなかったはずだ。

派手な事件の裏に見える「不器用さ」

ところで、先に紹介した「四十日抗争」と「宮本顕治殺人者発言」の裏には、それぞれもうひとつのエピソードがあった。いずれの話からも自民党内での彼の境遇が垣間見え、悲哀すら感じてしまう。

先の大平政権にあって浜田は、自民党の国会対策委員長だった金丸信《かねまるしん》のもとで副委員長を務めていた。「四十日抗争」では、首相退陣を主張する議員らに猛然とかみついた。そこへ来て例のバリケードでの立ち回りである。おかげで大平からすっかり気に入られ、論功行賞《ろんこうこうしょう》として新内閣では入閣確実とも噂された。だが、大平続投のため尽力した議員や派閥から何人かが入閣するなかで、浜田にはついに声がかからなかった。

組閣《そかく》当日の夜、浜田のマンションを訪ねた毎日新聞記者の河内孝《かわちたかし》は、その帰り際、玄関のコート掛けのかげにエナメルの靴が揃えられているのを目撃したという（河内孝『血の政治』）。皇居での大臣認証式を見越して用意されたものだった。なお、入閣を逃した翌八〇年、浜田は後述するラスベガスでの賭博《とばく》問題の発覚により議員を辞職、三年半のあいだ野《や》に下った。

「殺人者発言」で辞任した衆院予算委員長のポストも、元はといえば金丸信との関係から就けたものだった。浜田は議員に返り咲いたのち数年間、毎朝金丸邸に通っては身の回りの世話をしていた。しかし地元千葉県での公認問題をめぐる意見の違いから一時関係を断たれてしまう。それを取り持ったのは金丸夫人だった。夫人はある日、浜田を自邸へ連れていくと、夫に「ハマちゃんがあんなに一所懸命やってくれたのに、あなたが予算委員長くらいさせてあげるのは、当然じゃないですか」と直談判《じかだんぱん》してくれたという（『日本をダメにした九人の政治家』）。

それだけにくだんの騒ぎを起こしたときには、金丸夫人から「バカ！　せっかく人が……。おまえなんか、もう死んじゃえばいいんだ」と泣きながら罵《ののし》られたという。金丸からは、予算委員会で陳謝し、「人殺し」発言の部分を議事録から削除すれば辞めずに済むよう話をつけると言われていたものの、自らの信念を曲げたくなかった浜田はこれを断り、辞任を選んだのだった。

こういったもろもろの話からは、浜田の不器用さを感じる。各種委員会などの長や政務次官（現在の副大臣および大臣政務官）を歴任しながら、ついに大臣になれなかったところを見ても、最後まで政治家同士の関係になじめないところがあったのかもしれない。実際、彼は党内で入ろうとした派閥にことごとく拒まれている。

一九六九年の総選挙で初当選して数年間こそ派閥（川島《かわしま》派～椎名《しいな》派）に属したものの、その後七二年から政界を引退するまで無派閥を貫いている。ただしこの間、派閥入りする機会がなかったわけではない。七二年に田中角栄《たなかかくえい》が首相就任前後に田中派を、七九年に元農水相の中川《なかがわ》一郎《いちろう》が中川派を旗揚げしたときには、それぞれ参加する気でいたものの、いずれも仲間内から浜田を敬遠する声があがったため身を引いている。

派閥の動向がそのまま政権のゆくえを決した自民党単独政権の時代にあって、無派閥という立場は不利になることも少なくなかったはずだ。それでも自分を嫌う相手がいるところへ無理やりにでも飛びこむことを、彼は潔《いさぎよ》しとはしなかった。

田中派に入るのを断念したときには、同期のある議員から「ガラの悪いハマコーと一緒じゃ、いやだ」と言われたという（浜田幸一『永田町、あのときの話』）。たしかにそのバックグラウンドを見ても、彼はお世辞にもガラがいいとはいえない。

「前近代的」なバックグラウンドをついに断ち切れず

浜田は、旧制千葉県立木更津《きさらづ》中学校（現・高校）の四年生のとき敗戦を迎え、ひどい虚無感から見境を失ったという。入った大学にもろくに通わずケンカに明け暮れ、二四歳のときには傷害事件を起こし服役もした。それが心機一転、政治家を目指すようになったのは、出入りしていた暴力団の組長や兄貴分から「おまえは意気地がないからヤクザは務まらない。カタギになれ。政治家を目指せ」と諭されたからだという（『YUIGON』）。

富津町《ふっつ》（現・富津市）の町議から一九六〇年、総選挙に初めて出馬するも落選、のち国政進出の前段階として千葉県議となるのだが、この間右翼の大物として知られた児玉誉士夫《こだまよしお》のもとで修業を積んだ。同時期には児玉の紹介で国際興業社主だった小佐野賢治《おさのけんじ》と出会い、不動産関係の仕事に携わるようになる。田中角栄と出会ったのも国会議員になる前、小佐野を介してだった。

児玉・小佐野・田中はいずれも後年、ロッキード事件で逮捕・起訴されている。それだけに彼らに師事した浜田にもダーティーなイメージがつきまとった。それがもっとも印象づけられたのが例のラスベガスの賭博事件である。

浜田がラスベガスに行ったのは一九七二年だが、当地のカジノで四億六〇〇〇万円負けたことが発覚したのはそれから八年後のこと。このとき、浜田の負けた額を小佐野が立て替えたと発言したことがさらに火に油を注いだ。しかし前出の『YUIGON』によればそれは事実ではないという。ラスベガス行きの真相は、ロッキード社から航空機売り込みのため田中に贈賄された五億円を清算するのが目的であったというのだ。

妥協を許さない一方で、ときには義理を果たすべく汚れ仕事を請け負うこともいとわない。こうした前近代的ともいうべき人間関係を浜田はついに断ち切ることができなかった。そのことが一部議員に忌避され、大臣のポストを遠ざけた面は間違いなくあるだろう。しかし、これがなければ浜田は政治家にはなれなかったというのもまた事実ではないか。冒頭にあげたメディアでの振る舞い方もまた、血統も学歴もカネもない彼が世間に名前を売るためにはどうしても身につけざるをえなかったものに違いない。

政界引退後の浜田は講演やタレント活動に追われ、そこで稼いだ金をさまざまな投資につぎこんだ。そうとう無茶もしたようで、それが晩年になって自分の首を絞めた。二〇一〇年、八一歳にして彼は背任《はいにん》容疑で人生二度目の逮捕・勾留《こうりゅう》を経験することになる（のち健康上の理由から公判は停止、死後、公訴棄却《こうそききゃく》が決まった）。

最後の最後まで波瀾に富んだ生涯であった。だが、あれだけ世間を騒がせた人物でありながら、亡くなったときの報道は比較的温情的なものがほとんどだった印象がある。マスコミの「偏向」には常に真っ向から勝負を挑んだ浜田のこと、これにはいささか拍子抜けしているのではないだろうか。

参考文献

浜田幸一『日本をダメにした九人の政治家』（講談社、一九九三年）、『永田町、あのときの話――ハマコーの直情と涙の政界史』（講談社＋α文庫、一九九四年）、『ハマコー　だう！　政治と選挙とツイッター』（講談社、講談社電子文庫、二〇一〇年）、『YUIGON　もはや最期だ。すべてを明かそう。』（ポプラ社、二〇一一年）

河内孝『血の政治　青嵐会という物語』（新潮新書、二〇〇九年）

仲衛『加藤紘一・全人像』（行研 出版局、一九九二年）

「貧乏からの脱出　軸に　浜田幸一氏死去」（『朝日新聞』二〇一二年八月六日付）

「聞くこと」から始めたアサヒビール再建

樋口廣太郎

HIGUCHI HIROTAROU

一九二六年一月二五日～
二〇一二年九月一六日（満八六歳）
経営者

ビール市場に革命をもたらしたスーパードライ

あなたのお父さん（いや、お母さんでもいいのだけれども）は、あなたが子供のころ、家ではどのメーカーのビールを飲んでいただろうか。少なくとも、著者も含めて現在三〇代以上の世代では、キリンかアサヒかサッポロかいずれかのビールしか飲まなかったという親御《おやご》さんがほとんどだと思う。ちなみにうちの父親が飲んでいたのはキリンビールだった。

ただ、本当にその会社のビールが好きで飲んでいたというお父さんは案外少ないはずだ。というのも、いまから三〇年ぐらい前までのビール市場では、各メーカー系列の特約店（問屋）が支配力を持ち、たとえばキリン系特約店の息のかかった酒屋なら、ビールをくださいと言えばキリンビールが出てくるのが普通だったからだ。いわば消費者は、メーカーと特約店に囲いこまれていたのである。

こうしたビール業界の常識を打ち破ったのが、一九八七年三月にアサヒビールから発売された「スーパードライ」だった。名前のとおり辛口で、さらっとした味覚、すっきりとした後味で飲み飽きのこないスーパードライは、明治以来ずっと苦みの強かった日本のビールの常識を根本から覆すものであった。その大ヒットを受けて他社もあいついで追随し、世にいう「ドライ戦争」が起こったが、結局スーパードライのひとり勝ちに終わった。それでも各社はドライ戦争終結後も、消費者のさまざまなニーズに対応した商品をこぞって開発、ビール市場に多様化がもたらされた。同時期にはまた、ディスカウントストア、スーパー、コンビニと、消費者が好みのビールを自由に選択できる流通体制が整いつつあった。

スーパードライは、ビールメーカー間の競争を、まず消費者ありきのものへと転換させたという意味で革命的な商品だったといえる。そればかりか、市場シェアを落とし経営が傾く一方だったアサヒビールにとっては、会社をよみがえらせた救世主でもあった。その発売時にアサヒビールの社長を務めていたのが、樋口廣太郎《ひぐちひろたろう》である。ただし樋口は、もとからアサヒの社員だったわけではない。同社のメインバンクである住友銀行（現・三井住友銀行）から経営再建のため送りこまれた、本人いわく〝養子〟であった。

アサヒ復活には、スーパードライの成功とともに樋口の貢献にも少なからぬものがあった。だが、のちに樋口が語ったところによれば、自分がアサヒに来た本当の理由は、再建ではなくむしろ幕引きをするためであったという（永井隆《ながいたかし》『ビール15年戦争』）。戦前の大日本麦酒《だいにっぽんビール》株式会社をルーツとするアサヒとサッポロは、飲食店など業務用ビールを主力としたが、戦後、家庭向けビールで躍進したキリンにシェアを大きく引き離されることになる。とくにアサヒは、一九八〇年代半ばには、新規参入組であるサントリーに抜かされるのも時間の問題となっていた。

住友銀行は、アサヒの再建のため一九七一年以来、樋口まで四代にわたり社長を送りこむ一方で、他社との合併に向け水面下で交渉を進めたものの、ことごとく失敗に終わった。樋口が「幕引きのため」というのは誇張でも何でもなく、文字通りの意味でアサヒに赴任したのである。

ライバル会社に自社の悪いところを訊ねる

樋口廣太郎は、大正末年の一九二六年に京都で生まれた。終戦まもない一九四九年、京都大学卒業とともに住友銀行に就職し、四七歳で取締役になってからは常務、専務、副頭取と異例のスピードで昇進した。将来は頭取になるつもりでいたというが、一九八六年、六〇歳にして住銀には戻らない覚悟を決め、アサヒビールの社長に就任する。

アサヒの社長となった樋口が会社再建のため実行したことはたくさんあるが、そこには人の話を聞くという姿勢が貫かれていた。まず就任直後には、ライバル会社のキリンとサッポロにあいさつに赴《おもむ》き、各社の首脳らにアサヒのどこが悪いのか訊《たず》ねている。そこで返ってきたのはいずれも、「アサヒの売っているビールは古すぎる」「仕入れ原料も高いようだ」という答えであった。

当然ながら、ビールは製造して時間が経つごとに品質が落ちる。だが当時のビール業界では、古くなったビールをラベルだけ貼り替えて特定の飲食店に再販するというのが常識だった。樋口はこれをあらため、製造から三カ月以上経ったビールはすべて買い戻して処分させた。またあるときには、市中から古くなったビールを集め、社内で毎月行なわれているビールデーで社員たちに飲ませることにより、自分たちがいかにまずいビールを消費者に販売しているか気づかせるという試みも行なっている。

仕入れに関しても調べてみると、ホップや麦芽などの原材料、また缶などの資材はどれも特定の商社やメーカーから買い入れており、かなり高い値段を支払っていることがわかった。麦は地域によって作柄が毎年変わるのに、仕入れ先がいつも同じではマンネリになってしまう。しかも競争原理が働いていないのだから、仕入れ価格も下がるわけがない。そこで仕入れ先と交渉して適正価格に下げてもらうことで、じつに約七五億円もの資金が浮いたという。樋口はこれをよりよい原材料の買いつけや広告費に回した。さらに仕入れルートも複数にして、より合理的な価格で仕入れられる会社へ発注を増やす方式にあらためている。

そのほかにも樋口は生産現場や全国の問屋、酒販店や飲食店にも丹念に足を運び、人々から意見を聞いた。もともと京都の小さな布団屋の息子で、幼少時から家業の手伝いをしていただけに、こういうことに躊躇《ちゅうちょ》はなかったのかもしれない。それでもビール会社の社長が小売店を訪ね歩くなど前例のないことであった。

もっとも、樋口は誰の意見でも唯々諾々《いいだくだく》と聞き入れていたわけではない。住銀時代から瞬間湯沸かし器のようにすぐにカッとなることで知られ、アサヒでも何かにつけ社員に「クビだ」と怒鳴り散らしていた。スーパードライ開発の立役者のひとりである技術開発部長（当時）の薄葉久《うすばひさし》も、その開発中に役員会に呼ばれ、樋口から烈火のごとく罵倒されたことがあった。しかしそのあと社内の自席に戻ると、樋口から電話があり、「さっきはすまなかったな。だが、俺はおまえたちのビールに期待しとる」と激励されたという（永井、前掲書）。強烈な個性を発揮しつつも、一方で部下をフォローできたことこそ、樋口がカリスマと呼ばれたゆえんだろう。

上司への進言が原因でアサヒビールへ

あるテレビ番組でも、住銀やアサヒでの体験から、わからないことがあったら人に聞くのがいちばん早いと語った樋口だが、それを受けて司会の早坂茂三《はやさかしげぞう》（政治評論家）が「賢者は聞き、愚者は語るといいます」と返したのに対し、「やっぱり私は愚者ですわ」とポロリと漏らしている（早坂茂三『渡る世間の裏話　人生の達人たちに学ぶ』）。

本質的に、樋口は「聞く」よりも前にまず「語る」人であったのかもしれない。実際、おしゃべり好きを自認し、たとえ上司であろうと率直に意見を口にした。一九六五年から三年半、樋口が秘書として仕えた当時の住銀頭取・堀田《ほった》庄三《しょうぞう》はあるとき、そんな彼の性格を見かねて、《意見するときには、その前に〝私が言うのもおこがましいのですが〟という言葉をつけなさい》とたしなめたという（樋口『だいじょうぶ！　必ず流れは変わる』）。

この率直さは、じつは樋口がアサヒビールに移る遠因にもなっている。住銀の役員となってから彼は、当時名実ともに住銀の実力者だった会長の磯田一郎《いそだいちろう》とたびたび対立した。決定的だったのは、磯田の決めた大阪の繊維商社イトマンへの大口融資に対し、断固として反対したことだ。これが逆鱗に触れ、住友関連二社の社長ポストのうちどちらかを選ぶよう切り出される。事実上の住銀からの追放である。しかし樋口は、磯田から示されたグループ企業ではなく、難しいところほどやりがいがあるとアサヒビールに行くことを自ら申し出たのだった。なお、磯田が大口融資を主導したイトマンでは、のち九〇年代に入り、戦後最大ともいわれた不正経理事件が発覚する。

一九九二年、六年半務めた社長を退《しりぞ》くにあたり樋口は、じつに二一年ぶりとなるアサヒ生え抜きの社長として瀬戸雄三《せとゆうぞう》を指名した。瀬戸は樋口にはずいぶん苦言を呈してきただけに自分が後任に選ばれるとは思いもしなかったというが、むしろ樋口はそんな彼だからこそあとを託したのではないだろうか。

とはいえ、社長となった瀬戸が歩んだのは樋口とは正反対の路線であった。樋口は在任中、常に拡大路線をとり、積極果敢な設備投資や海外進出を展開した。それにより会社に活況が戻る一方で、巨額の借金が残ることになった。瀬戸はこのことを社員に明かさないまま、危機の打開のため方向転換をはかる。新商品を開発するのではなく、主力商品をスーパードライ一本に絞り、その品質をより高めるという戦略をとったのだ。

「健全で創造的な競争社会」を理想に掲げ

社長の座を瀬戸に譲り会長に退いた樋口だが、一九九八年には、アサヒビールが四五年ぶりに業界シェア一位に立ったのを機に勇退している。時の首相・小渕恵三《おぶちけいぞう》にアサヒ再建で見せた手腕を買われ、同内閣が景気回復のため設置した「経済戦略会議」の議長となったのは、それからまもなくのことだ。

経済戦略会議の答申《とうしん》では「健全で創造的な競争社会の構築」が謳《うた》われた。後年実現した労働者派遣や職業案内の対象職業の原則自由化なども、これにもとづくものである。そこには、日本経済の構造変化に対応するべく、有能な人材が新しい産業にスムーズに移動できるような雇用の流動化というねらいがあった。

しかし派遣労働者は増えたが、それが雇用の流動化へとつながったかといえば疑問が残る。何より「健全な競争社会」の前提条件として、競争に敗れても再チャレンジが可能なセーフティネットの充実が強調されていたにもかかわらず、残念ながらこれも置き去りにされた感が強い。

樋口自身はアサヒビールにおいて、自分の社長就任前に解雇された社員たちを復職させたり、身障者の雇用にも力を入れ、仕事をしようとしない社員を一緒の職場で働かせるということも行なった。そうすることで、社員たちの意識を高めようとしたのだ。

樋口の功績として語られがちなスーパードライのヒットは、じつのところ彼が社長になる以前より、五年もの助走期間を経て生まれたものだった。本来幕引きをするためにやって来たはずの同社を彼が建て直すことができたのは、そうした画期的な商品を生み出すポテンシャルを見出したこと、かつ先述のような雇用での策も含め、社員がおのおの能力を発揮できる環境を整備できたからだろう。このことは経営者の功績として、一商品のヒット以上に重要なことではないか。

参考文献

樋口廣太郎『だいじょうぶ！　必ず流れは変わる』（講談社、一九九八年）、『わが経営と人生　私の履歴書』（日本経済新聞社、二〇〇三年）
飯塚昭男『アサヒビール・大逆転の発想——真の経営革新とは何か』（扶桑社、一九九九年）
生島淳「樋口廣太郎—アサヒビール再建の立役者—」（法政大学イノベーション・マネジメント研究センター、宇田川勝編『ケース・スタディー　戦後日本の企業家活動』文眞堂、二〇〇四年所収）
鈴木治雄『昭和という時代　鈴木治雄対談集』下（中公文庫、一九九七年）
永井隆『ビール15年戦争　すべてはドライから始まった』（日経ビジネス人文庫、二〇〇二年）
日本経済新聞社編『グローバル経営者の時代　日本企業は勝ち残れるか』（日本経済新聞社、二〇〇〇年）
早坂茂三『渡る世間の裏話　人生の達人たちに学ぶ』（東洋経済新報社、一九九七年）
松井康雄『たかがビール　されどビール—アサヒスーパードライ、18年目の真実—』（日刊工業新聞社、二〇〇五年）

歌舞伎のタブーぎりぎりを疾走する

中村勘三郎

（十八代目）

NAKAMURA
KANZABURO

一九五五年五月三〇日～
二〇一二年十二月五日（満五七歳）
歌舞伎俳優

同世代の才人たちとの親交

十八代目中村勘三郎《なかむらかんざぶろう》（本名・波野哲明《なみののりあき》）は一九五九年四月、四歳になるひと月前に『昔噺《むかしばなし》桃太郎《ももたろう》』という演目で五代目中村勘九郎《かんくろう》として初舞台を踏んだ。彼はこの時分よりラジオやテレビにも多数出演している。ラジオ番組『勘九郎・のり平の大人の幼稚園』では喜劇俳優の三《み》木《き》のり平《へい》と共演した。ちなみに同番組を後年、録音テープで聴いた明石家《あかしや》さんまは、そこでの子供と大人のはちゃめちゃなやりとりからヒントを得て、テレビ番組『あっぱれさんま大先生』を企画したのだという。

さんまと勘三郎はいずれも一九五五年生まれ。両者は公私にわたり交流があり、一九九九年に勘三郎（当時はまだ勘九郎）がＮＨＫ大河ドラマ『元禄繚乱《げんろくりょうらん》』で主役の大石内蔵助《おおいしくらのすけ》を演じたときには、さんまが友情出演した。それは、吉良邸討ち入りの計画をカモフラージュするため日々遊び歩いていた内蔵助を、さんま演じる店の主人がたしなめるという場面。撮影では完全にアドリブで、内蔵助の妻・りくを演じた大竹《おおたけ》しのぶ（いうまでもなく、さんまの元妻）のこともネタにしつつ当意即妙《とういそくみょう》のセリフが交わされたものの、残念ながら放送ではほとんどカットされてしまったのだとか。

勘三郎の交友関係は、その通夜や密葬に参列した顔ぶれからもうかがえるように幅広かったが、とりわけ同世代の人たちとの関係は深かったように思う。訃報を受けて真っ先に勘三郎宅にかけつけた元プロ野球選手の江川卓《えがわすぐる》も、劇作家・演出家で俳優の野田秀樹《のだひでき》も同い年だ。このうち野田は、生前の勘三郎が歌舞伎界で新たな試みに果敢に取り組むなかで、いわば「同志」として大きな役割を担った。以下、その経緯をちょっと見てみよう。

野田秀樹と夜の歌舞伎座に潜りこむ

中村勘三郎と野田秀樹が出会ったのは、三〇歳ぐらいの頃というから一九八〇年代半ばのこと。互いに役者仲間を引き連れて街を歩いていたとき、すれ違いざま、「あっ、野田秀樹だ」「あっ、中村勘九郎だ」と思わず相手の名前を口にしたのが、その初対面であったという（小松成美《こまつなるみ》『勘三郎、荒ぶる』）。かたや気鋭の歌舞伎役者、かたや当時「劇団夢の遊眠社《げきだんゆめのゆうみんしゃ》」を主宰し小劇場ブームを牽引《けんいん》した劇作家は、会う前から意識しあっていたようで、知り合いになってまもなく、いつか野田の脚本・演出で歌舞伎を上演しようと意気投合する。一九九〇年に『銀座百点』という雑誌に掲載された対談でも、以下のようなやりとりが見られる。

中村　だけど一ぺん、歌舞伎役者が全部本気で野田さんに演出してもらって演ったらおもしろいだろうねえ。
野田　可能だったらばねえ。
中村　たとえば歌舞伎座の稽古場へパッと来て「野田です」って言って稽古して、怒ると「バカヤロー、なにが野田だ」って言ってやめちゃう役者がいっぱいいるから話は止まっちゃうんだけど（笑）、でもほかに二十人くらいそういう気持ちになればできる。それで花組芝居のみたいなのを全員歌舞伎役者がやったらおもしろいと思うんだ。
野田　ああ、それはおもしろい。
（『銀座百点』一九九〇年一月号）

同じ対談では、のちの「平成中村座」を彷彿とさせる構想も語られている。発言中に登場する河竹黙阿弥《かわたけもくあみ》とは、幕末から明治にかけての歌舞伎作者だ。

中村　（中略）だけど小屋は欲しいなあ。いまの歌舞伎では河竹黙阿弥が墓から出てきたら、怒って帰ると思うよ。
本誌　それは演っているのを観て――。
中村　というより、やっぱり空間が違うんですよ。だってあれは全部、間口十何間のところにあてて書いたわけでしょう。それを歌舞伎座のキャパでやってるの観たら「あ、ここも変えよう、こっちも直そう」ってきっと言うと思うの。おれにはその才能ないから言えないけど。

野田　だからほんとは、それが演出の仕事なんですね。

本誌　それが、いまは、小さい小屋用の芝居をただ寸法だけのばして演じているという……。

江戸の芝居小屋を再現した「平成中村座」の旗揚げが二〇〇〇年、野田の脚本・演出による新作歌舞伎の上演が実現したのがその翌年の二〇〇一年のこと。くだんの対談から数えてもじつに一〇年もの時間がかかっている。

勘三郎の心に本格的に火をつけたのは、一九九六年、「NODA・MAP」（野田が「夢の遊眠社」解散後に設立した演劇の企画制作集団）の番外公演『赤鬼』を観たことだった。「これは歌舞伎だ！」と思った勘三郎は、それから仲間の歌舞伎役者たちとともに「NODA・MAP」のワークショップに参加したほか、野田と頻繁に会ってはミーティングを重ねていく。しだいに彼らは新作歌舞伎を、歌舞伎の殿堂である歌舞伎座で上演することを目指すようになる。

それまで外部の人間が新作歌舞伎を手がけた例はありこそすれ、しかしその場所は歌舞伎座ではなかった。たとえば、三島由紀夫《みしまゆきお》が曲亭馬琴《きょくていばきん》の読本を劇化・演出した『椿説弓張月《ちんせつゆみはりづき》』（一九六九年）も、初演されたのは国立劇場である。歌舞伎座での公演のために外部、それも小劇場出身の作家が戯曲を書き下ろし、自ら演出する――そもそも歌舞伎には演出家がいない――というのは、じつに前代未聞のことであったのだ。

それだけにハードルは高かった。しかし勘三郎は既成事実を少しずつつくっていきながら、興行元である松竹を説得する。小松成美のノンフィクション『勘三郎、荒ぶる』では、打ち合わせ中、野田から「歌舞伎座の舞台ってどんなふうになってるの？」と訊かれた勘三郎が、実際に見たほうが絶対に早いと、夜の歌舞伎座に連れていくエピソードが象徴的にとりあげられている。警備員が渋るのを何度も頭を下げ、歌舞伎座に潜りこんだ二人が舞台を小学生のように走り回ったという描写からは、彼らの情熱をあらためて感じずにはいられない。

果たして、念願の野田による新作歌舞伎『野田版　研辰《とぎたつ》の討《う》たれ』は二〇〇一年、歌舞伎座の「八月納涼歌舞伎」の演目として上演される。大がかりな舞台装置が登場したり、舞台や花道を役者たちが縦横無尽に走り回ったりという趣向はまさに野田の面目躍如《めんもくやくじょ》であったが、歌舞伎とはもともとこういうものだったのではないかと原点回帰をも思わせた。

好評を受けて、その後も野田と勘三郎のコンビによる新作歌舞伎が歌舞伎座で上演される。『野田版　研辰の討たれ』が大正時代に書かれた戯曲を翻案したものだったのに対し、続く二〇〇三年の『野田版　鼠小僧《ねずみこぞう》』、二〇〇八年の『野田版　愛陀姫《あいだひめ》』はオリジナルとなった。なお、この間、十八代勘三郎襲名を翌年に控えた二〇〇四年には、やはり彼と同い年の劇作家・演出家の渡辺《わたなべ》えり子《こ》（現・渡辺えり）が、中村勘九郎として最後の舞台となった『苦労納御礼今昔《くろうのかいありかんしゃかんしゃいまはむかし》桃太郎』の脚本と演出を手がけている。

歌舞伎には守りたいものも、壊したいものもある

とはいえ、勘三郎は野田の提案を何でもかんでも受け入れたわけではない。じつは、歌舞伎座進出の前段階として、東京・渋谷のシアターコクーンでの「コクーン歌舞伎」（一九九四年より勘三郎を中心に行なわれてきた公演。小劇場出身の串田《くしだ》和美《かずよし》による斬新な演出で話題を呼んだ）で、野田のオリジナル作品『カノン』を上演する企画があった。しかし最終的に、勘三郎はこの作品は歌舞伎にならないと判断、企画を白紙に戻している。歌舞伎にはやはり越えてはいけない一線があると考えた末の、苦渋の決断であった。

前出の『勘三郎、荒ぶる』には、《歌舞伎にタブーなんてないんだよ。でも、守りたいものも、壊したいものもある。白と黒のように、簡単に判断がつく単純なものじゃないんだよ。つまり、歌舞伎であっても超えていける線と、歌舞伎であるがゆえに超えてはいけない線とを見誤らないことが大事なんだと、俺は思っている》という彼の言葉が出てくる。伝統芸能である、歌舞

伎に対する彼の姿勢が端的に表れていて興味深い。

　コクーン歌舞伎や平成中村座、そして野田ら同世代の演劇人と組んだ新作歌舞伎と、歌舞伎界にあって次々と新しいことに挑んだ勘三郎の原点は、一九歳のときに青山墓地で唐十郎《からじゅうろう》主宰の「状況劇場」のテント芝居を観たことにある。観客と舞台が一体となって熱狂するさまに、彼は「これは歌舞伎じゃねえか」と感激。その勢いで、父である十七代目中村勘三郎に「ああいうのがやりたい」と訴えた。しかし父は「バカ、何考えてるんだ。そんなこと考える暇があったら、『鏡獅子《かがみじし》』を百遍稽古しろ」と相手にしなかったという（光森忠勝「現代の肖像　中村勘九郎」）。

《今から思えば、それが正しかったんですよね。（中略）よく言うでしょう、型破りはいいけれど、型無しになったら、おしまいだと。型ができてる上で崩すのと、できていないで崩れるのとでは、まったく違います》（『婦人公論』二〇〇二年八月七日号）

　もっとも先代の勘三郎は、けっしてガチガチの守旧《しゅきゅう》派《は》だったわけではない。たとえばかつて市川猿之助《いちかわえんのすけ》（現・猿翁《えんおう》）の宙乗りに対し歌舞伎界から批判があがったとき、大御所役者のなかで唯一猿之助を支持したのが十七代目であった。先代は、観客を喜ばせるものなら歌舞伎界の体制など気にせず称賛するという、一面では柔軟さを持っていたのだ。

新しいものに寛容であるとともに型を重んじた父の姿勢を勘三郎も受け継ぎ、息子たち――中村勘太郎《かんたろう》(現在の六代目中村勘九郎)と中村七之助《しちのすけ》が、コクーン歌舞伎では生き生きしているのに、古典歌舞伎になるとまずくなると気づくと、しばらくは古典に専念させている。

《とにかく基本ができていないと、歌舞伎にはならない。そういう意味では、ほんとうにできる役者が、新しいことをやるのが、いちばんおもしろいはずなんですよね。(中略)人間国宝の[引用者注――中村]雀右衛門さんや[同――中村]富十郎さんたちが、野田秀樹の芝居に出るようになったら、すばらしいと思うんだ。そうなったら、もっと歌舞伎はいい方向に変わりますよ》(前出)

勘三郎の展開したさまざまな革新的な試みは、伝統というものの重みや強みを十分に承知したうえでのことだったのである。

五七歳で亡くなった勘三郎は、年齢的にも歌舞伎界での位置づけからいってもまだ「大御所」にまではなっていなかった。勘三郎襲名時のビートたけしとの対談では、《親父にも言われました。「お前さんはね、大器晩成型だよ」って。でも、その前に死んじゃ何にもならないからね、

二〇一二年

アッハハ》（中村勘三郎『襲名十八代』）と語っていたが、それはあながち冗談ではなかったはずだ。おそらく彼は、じっくりと時間をかけて最終的に自らの芸を完成させたのなら、さらに新しいこと、面白いことができると信じていたのではないだろうか。老成した勘三郎を見られなかったのがつくづく残念でならない。

参考文献

中村勘三郎『襲名十八代　これは勘三郎からの恋文である』（小学館、二〇〇五年）

中村勘九郎（当時）・野田秀樹「観る・演じるだけでなく」（『銀座百点』一九九〇年一月号、野田秀樹『おねえさんといっしょ』新潮文庫、一九九一年所収）

小松成美『勘三郎、荒ぶる』（幻冬舎文庫、二〇一〇年）

野田秀樹『野田版歌舞伎』（新潮社、二〇〇八年）

光森忠勝「現代の肖像　中村勘九郎」（『ＡＥＲＡ』二〇〇〇年一一月一三日号）

「今なお発展途上　闘う仕掛け人の快進撃　中村勘九郎」（『婦人公論』二〇〇二年八月七日号）

二〇一二年の物故者たち

北方領土、竹島、尖閣《せんかく》諸島と、日本と近隣諸国のあいだで領土問題があらためて再燃するなど、日本の戦後史上、二〇一二年ほど「国のかたち」が問い直された年はないかもしれない。このうち尖閣諸島をめぐっては、中国国内で反日デモが激化した。その混乱のさなか、中国大使の丹羽《にわ》宇一郎《ういちろう》の後任として、外務省生え抜きの**西宮伸一**《にしみやしんいち》に辞令が下るも、直後に急死している（九月一六日・六〇歳）。

　領土問題のみならず、年末の総選挙では、景気回復、雇用、社会保障、ＴＰＰに代表される貿易自由化の問題、エネルギー問題、地方分権、はたまた憲法改定と、「国のかたち」の再規定をうながす案件が争点となった。選挙の結果、民主党から自民党へ政権が戻り、同時に前年の東日本大震災からの復興、福島第一原発事故の処理という課題も引き継がれた。

　原発事故の損害賠償をめぐっては、一九七〇年代の公害裁判を参考にするべきだとの意見も見られる。とはいえ、高度成長期に生じた公害問題は完全に解決したわけではない。水俣病については、その症状がありながら、国の基準では患者と認められない人たちもまだかなり存在する。そんな人々を救うべく「水俣病被害救済特別措置法」

が二〇〇九年に施行されたものの、同法にもとづく救済策の申請は一二年七月末をもって締め切られた。五〇年以上にわたり水俣病と向き合い続けた医師の**原田正純**《はらだまさずみ》（六月一一日・七七歳）は自らも白血病と闘いながら、死の直前まで少しでも多くの未認定患者らが救済を受けられるよう奔走した。

それにしても、国家とはそもそも何だろうか。評論家の**吉本隆明**《よしもとたかあき》（三月一六日・八七歳）は『共同幻想論』（一九六八年）においてこの難題に取り組んだ。もともと詩人である吉本が用いた「共同幻想」という言葉のインパクトは強かった。それが実際に意味するところを理解する人は少なくとも、大きな影響をもたらすにいたった。

吉本は『共同幻想論』のなかで、『古事記』や『日本書紀』に見られる国生み神話を参照している。こうした神話は日本のみならず南太平洋の島々にも見られるものらしい。映画『モスラ』（一九六一年）で**伊藤エミ**《いとう》（六月一五日・七一歳）・ユミによる双子の姉妹デュオ「ザ・ピーナッツ」が演じた「小美人」と怪獣モスラの関係は、こうした神話を踏まえつつ創作されたものだった。

巨大な蛾の姿をしたモスラは、カイコがモデルになっている。カイコの繭から糸を引いて絹をつくる方法は、日本を含むアジアの広い地域に見られる文化的特色のひとつだ。この地域が常緑広葉樹の広がる森林帯であることに目をつけ、そこでの文化の共通性を探ったのが、哲学者の**上山春平**《うえやましゅんぺい》（八月三日・九一歳）をはじめとする京都大学人文科学研究所の学者たちによる『照葉樹林文化』《しょうよう》（一九六九年）である。上山はこのほかにも世界史との比較による日本国家の特質を探究している。

現実の国家は、まずもって国際的な承認を前提とする。**パディ・ロイ・ベーツ**（一〇月九日・九一歳）は一九六七年、第二次大戦中にイギリス軍がつくった人工島の海上要塞を占拠し、「シーランド公国」として独立を宣言した。しかし、シーランド公国を承認する国はついに現れなかった。

これに対し、カンボジアの前国王**ノロドム・シアヌーク**（一〇月一五日・八九歳）が、一九八二年に共産主義のポル・ポト派と共和主義のソン・サン派とともに発足させた「民主カンボジア連合政府」は、行政機関を持たない典型的な〝ペーパー・ガバメント〟であったものの、カンボジアの正統政府として多くの国から承認され、八九年までは国連での代表権も与えられていた。一九七八年のベトナムの侵攻以降、カンボジアは事実上、親ベトナム政権の支配下にあったが、シアヌーク派をはじめ各勢力はこれに対抗するべく、本来敵対する関係にありながら反ベトナムという名目だけで手を結んだのだ。もっとも、連合政府の大統領であったシアヌークは当時、海外亡命中の身にあった。

シアヌークは一九五五年に政権掌握のため一旦王座から退き、九三年に新生「カンボジア王国」の国王に復帰するまでは「殿下」と呼ばれることが多かった。日本でも三笠宮《みかさのみや》家の第一王子、**寛仁親王**《ともひとしんのう》（六月六日・六六歳）は「ヒゲの殿下」として国民から親しまれた。福祉活動に専念するべく一時、皇籍離脱を宣言して話題を呼んだ親王は、マスコミを通じて将来の皇室のあるべき形などを率直に語った異色の皇族であった。

『裏声で歌へ君が代』……といっても、これは大阪市の公立高校の教職員の合言葉ではない。作家の**丸谷才一**《まるやさいいち》（一〇月一三日・八七歳）が一九八二年に発表した長編小説のタイトルだ。小説の形をとった国家論ともいうべき同作には、台湾の独立問題が重要なモチーフとして登場する。「金儲けの神様」と呼ばれた経営コンサルタントで作家の**邱永漢**《きゅうえいかん》（五月一六日・八八歳）も戦後まもなく、東大を卒業すると生まれ故郷である台湾に戻り独立運動に参加している。その直木賞受賞作『香港』（一九五五年）など初期作品も、日本と中国のあいだで不条理にも揺れ動く台湾人のアイデンティティを問うものであった。

韓国の**文鮮明**《ムンソンミョン》（九月三日・九二歳）が創始した世界基督教《キリスト》統一神霊協会（統一教会。現・世界平和統一家庭連合）における、神を中心に人類一家族の世界をつくろうという理念は、やはり朝鮮半島の分断という時代背景抜きには語れない。統一教会の布教活動は「原理運動」と呼ばれ、信者と家族間でトラブルが生じるなど日本でも社会問題化した。

ギリシャの映画監督**テオ・アンゲロプロス**（一月二四日・七六歳）は、バルカン半島の複雑な歴史を背景に『ユリシーズの瞳』（一九九六年）などの作品を残した。アンゲロプロスと同じ一九三六年生まれの**若松孝二**《わかまつこうじ》（一〇月一七日・七六歳）もまた、ピンク映画、一般映画にかかわらずその多くの作品において国家と個人の関係について鋭くえぐり出した。近年も『キャタピラー』『11・25自決の日 三島由紀夫《みしまゆきお》と若者たち』、そして遺作となった『千年の愉楽《ゆらく》』（二〇一三年）とほぼ毎年のように意欲作を発表していた。両監督とも奇しくも交通事故による突然の死であった。

若松の作品でもとりあげられた三島由紀夫は、日本映画において一種タブーともいえるテーマだった。アメリカ人監督によって撮られた伝記映画『Mishima : A Life In Four Chapters』（一九八五年）は、いまだに日本では正式に公開されていない。同作で美術を手がけたのが、アートディレクターでデザイナーの石岡瑛子《いしおかえいこ》（一月二一日・七三歳）である。石岡はこの仕事を機に国際的に活躍するようになる。広告の世界から出発した彼女のデザインの対象は、出版物、展覧会、CDジャケット、舞台美術、サーカス、映画衣裳（二〇一二年公開の『白雪姫と鏡の女王』がその遺作となった）など多岐にわたった。

石岡は、一九七〇年代に手がけたファッションビル「パルコ」の一連の広告によって脚光を浴びた。かつてセゾングループの経営戦略において尖兵的役割を担ったパルコだが、同グループの解体後は森トラストに買収され、二〇一二年にはさらにJ．フロント リテイリングに譲渡された。なお森トラストの社長である森章《もりあきら》は、森ビルの前社長・森稔《みのる》（三月八日・七七歳）の実弟だが、現在両社のあいだに資本関係はない。

弟の章が堅実な経営方針をとったのに対し、兄の稔は父から受け継いだ貸しビル業に飽き足らず、東京都心の土地を集約し、高層ビルを中心とした職住接近の新たな都市開発に人生を捧げることになる。二〇〇三年にオープンした「六本木ヒルズ」はその代表作である。

森は文化事業にも力を入れ、六本木ヒルズの森タワーの最上部には森美術館を設けている。森美術館では二〇一一年から年をまたいで「メタボリズムの未来都市展」が開催された。メタボリズムとは一九六〇年代に新進気鋭の建築家やデザイナーたちによって提唱された運動だが、その中心的メンバーの一人だった建築家の菊竹清訓《きくたけきよのり》（二〇一一年一二月二六日・八三歳）は、くだんの回顧展の会期中に逝去《せいきょ》している。菊竹らメタボリズムグループは、高度成長期に膨張を続けた大都市で生じていたさまざまな問題を解決するため、大胆なプロジェクトを続々と発表した。そのほとんどは実現しなかったものの、菊竹たちはその後も国内外の都市計画や国土開発で重要な役割を担うことになる。

ブラジルの建築家**オスカー・ニーマイヤー**（一二月五日・一〇四歳）は、同国の新首都ブラジリアの建設にかかわったことで知られるが、自分はあくまで政府機関など個々の建物を設計したにすぎず、ブラジリアの業績はその都市計画を統括したルシオ・コスタのものだと語っている。二〇世紀には、ニーマイヤーが多大な影響を受けたフランスの建築家ル・コルビュジエとともに、ドイツのデザイン学校「バウハウス」によって機能的なモダンデザインが世界に広まった。日系二世としてアメリカに生まれた写真家・**石元泰博**《いしもとやすひろ》（二月六日・九〇歳）は、第二次大戦後のシカゴでバウハウス直系のデザイン教育を受けている。

石元は写真を通じて社会とのかかわりを積極的に持とうとした。その原点は、デザイン学校在学中に、東京裁判での東條英機《とうじょうひでき》を撮った写真を雑誌で見たことにあった。このとき彼は、「東條に同情するカメラマンはいい顔を撮るし、彼を否定する者は逆の撮り方をする。写真家は政治家にならなくとも、一枚の写真で世論をリードできると思った」という。

元首相・東條英機の次男、**東條輝雄**《てるお》（一一月九日・九八歳）は戦前には零戦の開発、さらに戦後初の国産輸送機ＹＳ－11の開発にかかわったエンジニアだった。ＹＳ－11開発にあたり、各メーカーからエンジニアを集めた寄り合い所帯「日本航空機製造」にあって設計部長を務めた東條は、部下たちに自分の考えを押しつけることなく、十分議論させたうえで最終的な判断を下したという。のちに彼は三菱自動車の社長も務めた。富士通の社長を務め「中興の祖」と呼ばれる**山本卓真**《やまもとたくま》（一一月一七日・八六歳）も技術畑出身であり、国産コンピュータ開発を手がけた経験を持つ。

戦後しばらく航空機の製造が禁じられ、航空宇宙産業で出遅れた日本に対し、アメリカはこの分野で世界をリードした。一九六一年には、当時のケネディ大統領の「一九六〇年代の終わりまでに人間を月に送りこむ」との演説を受け、ＮＡＳＡ（アメリカ航空宇宙局）によるアポロ計画が開始された。歌手**アンディ・ウィリアムス**（九月二五日・八四歳）の「ムーン・リバー」が大ヒットした一九六二年、**ニール・アームストロング**（八月二五日・八二歳）は宇宙飛行士に選抜され、その七年後の一九六九年七月二〇日、アポロ一一号の船長として月面に人類初の第一歩を記すことになる。

月面着陸の成功ののち人類はさらに遠い天体をめざすことになると思われたが、一九七二年にアポロ計画が終了して以来、いまのところ月より先には行っていない。それでも無人探査機による天体の探査は続けられ、二〇一二年八月には火星にＮＡＳＡの探査車が着陸、その着陸地点は「ブラッドベリ」と命名された。その名は、アメリカの作家で『火星年代記』（一九五〇年）を書いた**レイ・ブラッドベリ**（六月五日・九一歳）からとられている。

ブラッドベリのいまひとつの代表作『華氏《かし》４５１度』（一九五三年）は、執筆当時、全米に吹き荒れていたレッドパージ（共産主義者追放）の嵐に抗して生まれたものとされる。しかしそうした政治的な弾圧以前にブラッドベリが危惧したのは、高度に発達した技術やメディアを手にした人々が思考停止に陥ることだったのではないか。彼は同作のある版のあとがきで、自宅近所で犬を散歩させていた女性が、小型ラジオで音楽を聴くのに夢中になり危なっかしく歩くさまを見てショックを受けたと書いている。この話のラジオを携帯電話などに置き換えれば、現在にそっくり当てはめることができるだろう。

音楽評論家の**吉田秀和**《よしだひでかず》（五月二二日・九八歳）は、「薄気味の悪い話」（一九七四年）というエッセイのなかで、ある国際機関から自著や論文を登録したと逐一通知されることに対し、自分の仕事を自分があずかり知らないところで見張られ、番号をつけられ、資料として扱われるようになるというのは、薄気味悪いことだと書いている。何でもかんでも情報化して整理保存するという、現代文明のひとつの特徴に対し、吉田は疑念を訴えたのだ。

吉田は新聞での連載エッセイやラジオ番組、あるいはコンサートなどを通じて一般向けにクラシック音楽や現代音楽を紹介することにも熱心だった。また、一九四八年には桐朋《とうほう》学園大学付属の「子供のための音楽教室」の創設にも参加している。ここで室長を務めたのが作曲家の**別宮貞雄**《べっくさだお》（一月一二日・八九歳）だ。作曲家としての別宮は、戦後隆盛をきわめた前衛音楽を真っ向から批判している。これに対し、同じく戦後を代表する作曲家の一人、**林光**《はやしひかる》（一月五日・八〇歳）は、積極的に前衛的手法を作品に採り入れた。林はまたラジオやテレビの劇伴のほか、映画音楽も多数手がけている。とりわけ映画監督の**新藤兼人**《しんどうかねと》（五月二九日・一〇〇歳）の作品は、本数からいって断トツである。

新藤の作品には林が音楽を担当した『第五福竜丸』（一九五九年）や『さくら隊散る』（一九八八年）など、原水爆による悲劇をテーマにしたものが少なくない。マンガ『はだしのゲン』（一九七三年）の作者・**中沢啓治**《なかざわけいじ》（一二月一九日・七三歳）のように被爆経験こそないものの、広島出身の新藤は作品を通じて反核、反戦を一貫して主張し続けた。

　新藤は生涯に二度結婚しているが、女優の乙羽《おとわ》信子《のぶこ》はその再婚相手になる。乙羽は宝塚歌劇《たからづかかげき》の娘役時代に、男役スターの**春日野八千代**《かすがのやちよ》（八月二九日・九六歳）と共演することが多く、終戦直後、「ゴールデンコンビ」として人気を集めた。一九五〇年代には乙羽や**淡島千景**《あわしまちかげ》（二月一六日・八七歳）ら大勢のタカラジェンヌたちが映画界に引き抜かれたが、そのなかにあって春日野は亡くなるまで宝塚に在籍した。彼女が宝塚に入ったのは少女歌劇がブームになっていた昭和初期のこと。宝塚と松竹歌劇団が人気を競ったこの時代は〝少女の時代〟であったのかもしれない。ちょうど同時期には、一九三二年に一二歳でデビューし国際的に活躍したバイオリン奏者の**諏訪根自子**《すわねじこ》（三月六日・九二歳）が「天才少女」として注目された。

　女優の**森光子**《もりみつこ》（一一月一〇日・九二歳）も宝塚歌劇に憧れた少女の一人であった。その出発点は映画だが、むしろ舞台、そしてラジオやテレビの世界で活躍することになる。終戦後は長く病気のため休業したのち、再起をかけて放送局に自分を売りこんでまわった。関西出身の森は、地元企業である松下電器産業（現・パナソニック）とのかかわりも深く、フィルムではなくスライドによる同社の洗濯機のCMに出たのが最初だという。出演したテレビドラマの多くも松下提供の番組であった。母親役のイメージが定着していた森と、家電メーカーである松下の企業イメージがマッチしたということだろうか。

　最終的に二〇一七回を数えるロングランとなった森主演の舞台『放浪記』の上演が始まった一九六一年、松下電器では創業者・松下幸之助《まつしたこうのすけ》の後継社長としてその娘婿の**松下正治**《まさはる》（七月一六日・

九九歳）が就任する。同社を総合エレクトロニクス企業へと育てあげた正治のあと、一九七七年には**山下俊彦**《やましたとしひこ》（二月二八日・九二歳）が新社長となる。取締役二六人中二五番目の末席にあった山下の異例の抜擢は「山下跳び」と呼ばれ、話題を呼んだ。社長就任後の彼は、経営体質改善など抜本的な改革に取り組むことになる。

山下はかつて松下の系列会社であるウエスト電気（現パナソニックフォト・ライティング）に出向、経営を立て直した実績があった。住友銀行（現・三井住友銀行）の副頭取だった**樋口廣太郎**《ひぐちひろたろう》（九月一六日・八六歳→二五頁）も、一九八六年に当時経営不振に陥っていたアサヒビールに社長として乗りこみ、アサヒスーパードライのヒットもあって見事再建を果たした。

あるいはＪＲ東日本の副社長だった**細谷英二**《ほそやえいじ》（一一月四日・六七歳）は二〇〇三年、経営危機に陥ったりそなホールディングスの会長に転じ、公的資金を使って不良債権の処理にあたるとともに、サービス強化など経営改革に取り組んだ。そのなかで、りそなは中小企業や個人を主な取引相手とするリテールバンクへの転換をはかり、必然的に大手企業を切り捨てることになった。細谷が敷いたこうした路線は、事業拡大に積極的だった樋口とは対照的といえる。もっとも樋口の社長時代には、バブル景気という追い風もあった。

一九八〇年代後半、急激な円高などに対応するべくとられた低金利政策により、市中には潤沢な資金が流入し、株や土地への投機ブームが起こった。これがバブルの原因だが、地価の高騰などが社会問題化した。一九八九年末に日本銀行総裁に就任した**三重野康**《みえのやすし》（四月一五日・八八歳）は、翌九〇年八月まで三回にわたり公定歩合の引き上げを行なったことから、「バブルつぶし」「平成の鬼平」と国民からもてはやされることになる。もっとも当の三重野は、公定歩合引き上げについて、地価抑制の効果はあるのだろうが、それ自体を目的に行なったわけではないという意味の発言をしているのだが。

池波正太郎《いけなみしょうたろう》の時代小説の主人公に由来する「平成の鬼平」というネーミングは、国民の三重野への期待を反映したものだったのだろう。同時期には、政界にもユニークなニックネームを持った政治家が存在した。たとえば社会民主連合（社民連）の**楢崎弥之助**《ならざきやのすけ》（二月二八日・九一歳）は、独自に入手した資料にもとづく安全保障・防衛問題、汚職への追及で知られ「国会の爆弾男」と称された。リクルート事件が持ちあがった一九八八年には、自身がリクルートの子会社の社員から、国会での追及に手心を加えてくれるよう贈賄《ぞうわい》を持ちかけられた様子をビデオで隠し撮りして公開している。

一方、「政界の暴れん坊」と呼ばれた自民党の**浜田幸一**（八月五日・八三歳→一二頁）はやはり一九八八年、衆院予算委員長の立場から、時の共産党議長を殺人者呼ばわりして委員長を辞任に追いこまれる。この発言はテレビ中継を多分に意識したものだったようだ。一九九三年の政界引退後はテレビ出演も多く、『ＴＶタックル』での政治評論家の**三宅久之**《みやけひさゆき》（一月一五日・八二歳）との丁々発止のやりとりでも記憶される。

浜田幸一は晩年、ツイッターを始めてあらためて注目されることになった。同様に将棋棋士（永世棋聖）の**米長邦雄**《よねながくにお》（一二月一八日・六九歳）もツイッターで人気を集めた。二〇〇三年に現役を引退した米長だが、一二年一月にはコンピュータの将棋ソフト「ボンクラーズ」との対局に挑むも敗れたことは記憶に新しい。

米長はコンピュータとの対局以前に、アマチュアとの対局をネットで中継したことがあった。そこには、新しいツールを通じて広く将棋の面白さを知ってもらいたいという思いがあったはずだ。全日本男子バレーボール監督だった**松平康**《まつだいらやす》**隆**《たか》（二〇一一年一二月三一日・七九歳）もまた、一九七二年のミュンヘン五輪に向けて、公開練習やテレビアニメ『ミュンヘンへの道』の放映などによりファン層を拡大、金メダル獲得へのムードづくりを演出した。さらに日本バレーボール協会会長時代の一九九五年には、W杯を主催するフジテレビからジャニーズ事務所とのコラボレーションにより観客動員をはかりたいと提案され、「そういう提案を待っていた」と快諾したという。

ジャニーズとの関係といえば、やはり前出の森光子が思い出される。ワイドショー『3時のあなた』の司会を務めたことでも記憶される森は、ドラマではない番組に出ることについて、放送評論家の**志賀信夫**《しがのぶお》（一〇月二九日・八三歳）によるインタビューのなかで「山田五十鈴《やまだいすず》さんが、いま大根一本いくらって知らなくても、それは似合うと思うんです。私の場合そういうのは似合わないし、知りたいという欲望と願望もありますしね」と語っている（志賀信夫『テレビを創った人びと』）。浮世離れした**山田五十鈴**（七月九日・九五歳）と庶民派の森は同じ女優でもそのキャラクターは対照的だった。だが、映画出身でのちに舞台へ進出したこと、後年文化勲章を受章したこと、ついでにいえば本名が「美津」であることなど意外と共通点は多い。

二〇一二年はこのほかにも名優たちの逝去があいついだ。なかには互いに共演経験のある者も少なくない。たとえば**二谷英明**《にたにひであき》（一月七日・八一歳）は刑事ドラマ『特捜最前線』（一九七七年）で**大**《おお》**滝秀治**《たきひでじ》（一〇月二日・八七歳）と共演、二谷の葬儀には大滝も参列している。あるいは**小沢昭《おざわしょう》一《いち》**（一二月一〇日・八三歳）はその映画デビュー作『広場の孤独』（一九五三年）で、当時全盛期にあった**津島恵子《つしまけいこ》**（八月一日・八六歳）と共演している。津島はNHKの連続テレビ小説『さくら』（二〇〇二年）で**内藤武敏《ないとうたけとし》**（八月二一日・八六歳）と共演、ちなみに同作でナレーションを務めたのは大滝秀治であった。このほか、映画『男はつらいよ』シリーズ全四八作を通じておばちゃんこと車つね役を演じた**三崎千恵子《みさきちえこ》**（二月一三日・九一歳）、日本の女優で初めてヌードになった**馬渕晴《まぶちはる》子《こ》**（一〇月三日・七五歳）、海外では映画『エマニエル夫人』（一九七四年）に主演したオランダの女優**シルビア・クリステル**（一〇月一七日・六〇歳）も亡くなっている。

日本映画界で長年、録音技師を務めた**橋本文雄《はしもとふみお》**（一一月二日・八四歳）が携わったあまたの作品のひとつに『幕末太陽傳《ばくまつたいようでん》』（一九五七年）がある。川島雄三《かわしまゆうぞう》が監督した同作には、川島作品常連の小沢昭一のほか、デビューまもない二谷英明も出演していた。のちの作家・**藤本義一《ふじもとぎいち》**（一〇月三〇日・七九歳）はこの映画に感動して、川島に弟子入りしている。

藤本は、直木賞を受賞した『鬼《おに》の詩《うた》』（一九七四年）が明治時代の落語家を主人公にしたものだったことからもうかがえるように、演芸にも造詣が深く、新人コンクールなどで審査員を務めたほか若手漫才師の勉強会「笑の会」を主宰し、同会からは**太平《たいへい》サブロー・シロー**（二月九日・五五歳。コンビ解消後「大平《たいへい》シロー」となる）などが輩出された。なお藤本が司会を務めたテレビのナイトショー『11PM』には、一九七三年末、「女のみち」を大ヒットさせた歌謡グループ「ぴんからトリオ」の元メンバーが出演している。このときグループはすでにリーダーの並木ひろしと、**宮史郎**《みやしろう》（一一月一九日・六九歳）とその兄の宮五郎《ごろう》による「ぴんから兄弟」とに分裂しており、番組内では握手して和解を演出したものの、ついにトリオに戻ることはなかった。

マンガ家・**土田世紀**《つちだせいき》（四月二四日・四三歳）の『編集王』（一九九四年）に登場するマンガ誌の副編集長「宮史郎太《しろうた》」は宮史郎をモデルにしたキャラクターだった。マンガ業界を舞台にしたマンガはおそらく梶原一騎《かじわらいっき》原作による『男の条件』（一九六八年）あたりが嚆矢《こうし》と思われる。梶原の実弟の**真樹日佐夫**《まきひさお》（一月二日・七一歳）も兄と同様にマンガ原作を手がけ、その代表作には**影丸**《かげまる》**穣也**《じょうや》（四月五日・七二歳）と組んだ『ワル』（一九七〇年）がある。同作の映画版には俳優の**安岡力也**《やすおかりきや》（四月八日・六四歳）も出演した。

土田世紀と同じく宮沢賢治《みやざわけんじ》を愛したマンガ家・**畑中純**《はたなかじゅん》（六月一三日・六二歳）は『まんだら屋の良太』（一九七九年）で、架空の「九鬼谷温泉」を舞台に男女の愛欲を情感たっぷりに描いた。マンガの文化史的価値に早い段階で気づいた**内記**《ないき》**稔夫**《としお》（六月一日・七四歳）は、一九七八年に現代マンガ図書館を設立、二〇〇九年にはその所蔵資料を明治大学に寄贈している。メビウスのペンネームでも知られるフランスのマンガ家**ジャン・ジロー**（三月一〇日・七三歳）は、大友克洋《おおともかつひろ》や宮《みや》崎駿《ざきはやお》など多くの日本人作家に影響を与え、日本マンガの国際化を語るうえでも欠かせない存在だ。晩年の手塚治虫も彼に対抗意識を抱いていたという。

映画評論家の**石上三登志**《いしがみみつとし》（一一月六日・七三歳）の『手塚治虫の奇妙な世界』（一九七七年）は、単なる作品論ではなく、キャラクターやさまざまな要素から手塚の作品世界を考察したサブカルチャー評論の先駆ともいえる。石上とは同世代にあたる**三宅菊子**《みやけきくこ》（八月八日・七三歳）も一九六〇年代よりライターとして活動を始め、一九七〇年には女性誌『ａｎａｎ』の創刊に参加、同誌の文体をつくったのは彼女ともいわれる。同じくライターで編集者の**川勝正幸**《かわかつまさゆき》（一月三一日・五五歳）は一九八二年に入社した広告代理店でのPR誌編集から、やがてコラム執筆やテレビ出演と活動範囲を広げ、音楽におけるリミックスにも通じる手法で映画パンフレットなどあらゆるものを編集してみせた。同日に亡くなったアメリカの美術家の**マイク・ケリー**（一月三一日・五七歳）もまた、過去の有名なパフォーマンスの再現やミュージシャンとのコラボレーションなど、川勝との共通点が見出せる。

　前出の小沢昭一は一九七〇年代、『ａｎａｎ』を片手に若い女性たちが日本の観光地を旅してまわるのを横目に、各地で消えつつあった放浪芸を記録してまわり、それをレコードや著書を通じて紹介した。そのなかで芸能者としての自分自身の立ち位置をも見つめなおした。

　歌舞伎役者の**中村勘三郎**《なかむらかんざぶろう》（一八代目。一二月五日・五七歳→三五頁）は、「コクーン歌舞伎」や「平成中村座」、あるいは同世代の劇作家と組んだ新作歌舞伎など次々と新しいことに挑戦しつつも、常に伝統の重みを意識していた。定番の歌舞伎の演目についても、元の台本にあたることで現在の上演でのセリフや設定との違いを発見し、平成中村座の公演などではあえて原作どおりに戻すという試みも行なっている。

　しかし小沢や勘三郎といい、また俳優の**地井**《ちい》**武男**《たけお》（六月二九日・七〇歳）といい、病気療養のため休業してまもなくして急逝する芸能人の目立った一年だった。ミュージシャンの**桑名正博**《くわなまさひろ》

（一〇月二六日・五九歳）も、脳幹出血で倒れ意識不明のまま帰らぬ人となった。桑名のヒット曲「セクシャルバイオレットNo．1」（一九七九年）と同じく筒美《つつみ》京平《きょうへい》作曲による「また逢う日まで」で一九七一年の日本レコード大賞に輝いた歌手の**尾崎紀世彦**《おざききよひこ》（五月三一日・六九歳）も、一時失踪が噂されたが実際には一年前から入院していた。

ちなみに「また逢う日まで」には、尾崎が歌う以前に、同じメロディながら歌詞もタイトルも歌い手も違う二つのバージョンが存在した。いわば三度目の正直で大ヒットとなったわけだ。歌も人も国も、何度でも再チャレンジできる世の中であれ。年も押し迫り、元首相が何年かぶりに返り咲いたのを見たばかりだけによけいにそう思う……などと書いているうちに、そろそろスペースが尽きようとしている。二人でドアを閉めて、ではなく、ひとりで原稿を締めたところで、また逢う日まで。最後に、ここにあげたすべての人たちにあらためて哀悼の意を捧げます。

二〇一三年

ICHIKOJIN
2013

主なできごと

2月 前月に死去した第48代横綱・大鵬幸喜が国民栄誉賞を受賞。

4月 プロ野球・元巨人の長嶋茂雄と松井秀喜が国民栄誉賞を受賞。

5月 三浦雄一郎が史上最高齢の80歳でエベレスト登頂に成功。

6月 富士山がユネスコの世界文化遺産に登録。

9月 2020年夏季オリンピック、パラリンピックの開催地が東京に決定。
テレビドラマ『あまちゃん』『半沢直樹』が最終回。

11月 東北楽天ゴールデンイーグルスが球団史上初の日本シリーズ制覇。

12月 徳洲会グループからの資金提供問題を契機に、猪瀬直樹が東京都知事を辞任。

大島渚

OSHIMA
NAGISA

一九三二年三月三一日〜
二〇一三年一月一五日（満八〇歳）
映画監督

映画は事件だった

キャスティングという〝事件〟

大島渚《おおしまなぎさ》は、映画会社の松竹《しょうちく》を退社後の一九六一年、ＮＨＫの『私は陪審員』というディベート番組に出演して以来、討論番組やワイドショー、バラエティ番組にいたるまで、じつに多くのテレビ番組に、画面映《がめんば》えのする和服や派手なシャツ（それらはすべて自身で選んだものだったという）を着て出演した。誤解してはいけないのは、大島はけっして映画製作の資金を稼ぐためにテレビに出演していたわけではないということだ。実際、彼はテレビに出ることが好きだと言ってはばからなかったし、また著書でテレビ出演の真意を以下のように語っている。

《テレビに出ることによって自分がメディアそのものに化してしまおうという気持ちがあったと思うね。きわどさを遊んでいるというか。テレビに微妙にかかわりあいながら存在する。じっさいの存在じゃなくて、大島渚がテレビによって伝えられるイメージは大きい。そういうあり方をたえず検証していくというか、確かめていくという立場を選んでいる》（大島渚『大島渚１９６８』）

これを読むと、大島がテレビにおける自分のイメージにかなり意識的だったことがうかがえる。テレビでは「バカヤロー」と声を荒らげて怒るキャラが定着していた彼だが、じつは家庭ではほとんど怒ったことがないという。怒りもまた、テレビというメディアでの戦略だったというわけだ。あるインタビューでは、自らを「怒ることの天才」と称し、相手がなぜ怒られたかわからないぐらいのタイミングで怒ることができると豪語してみせた（『週刊文春』二〇〇〇年一〇月一九日号）。

代表作のひとつ『戦場のメリークリスマス』（一九八三年）にハラ軍曹役で出演したビートたけしも、大島がテレビ番組で共演したときに直感して抜擢したという。たけしがまだ漫才師やコメディアンという面でのみ注目されていた頃だ。大島が彼をキャストの一人として提案したとき、周囲のスタッフがみな驚いたのも無理からぬことであった。

たけしはこのとき、大島から「素の姿でいい」と言われてオファーに応じている。いざロケが始まると、大島はその言葉どおり、たけしにはNGを一切出さず、どんどんカメラを回したという。セリフをとちってもお構いなしで、帰国後にアフレコで直した。大島が現場で狙っていたのは、何よりたけしの顔だった。そのことにたけしもあとになって気づく。

《最初の演技がいちばん新鮮なわけね。だから撮っちゃうのよ、そのまま映像だけね。（中略）

あとはアフレコでどうにかしちゃうの。（中略）画面を何回も撮り直ししたら、だんだん顔が古くさくなって、腐っていっちゃうのよね》（ビートたけし『午前3時25分』）

『戦場のメリークリスマス』のラストではたけしの顔がアップで映し出され、強烈な印象を残したが、それも一発撮りだったからこそのインパクトだろう。

大島はその時代ごとの寵児《ちょうじ》を好んで演者に起用してきた。『戦場のメリークリスマス』ではたけしばかりでなく、ミュージシャンのデヴィッド・ボウイ、坂本龍一《さかもとりゅういち》の共演を実現させた。それ以前にも、『新宿泥棒日記』（一九六九年）では、当時イラストレーターとして若者から絶大な支持を集めていた横尾忠則《よこおただのり》を主役に引っ張り出している。

このなかには、ボウイのようにブロードウェイの舞台に立つなど演技経験を持つ者もいたとはいえ（ただし、大島はそのことを彼の主演の舞台『エレファントマン』を観るまで知らなかったという）、ほとんどは素人だった。ここには《一番いいのは素人で、二番目が歌うたいで三、四がなくて、五番目が映画スター、六、七、八、九となくて十に新劇》（大島渚『大島渚1960』）という大島の持論が貫かれている。素人を最良とするのは、演技的にウソをつかないからだという。たけしの演技はまさにそれにかなうものだった。

もっとも、『戦場のメリークリスマス』の出演者が最終的に決まるまでには、何人かの俳優が候補としてあがっていた。少なくとも撮影の前年、一九八一年には、ハラ軍曹には緒形拳《おがたけん》、坂本が演じたヨノイ少尉には滝田栄《たきたさかえ》が有力候補にあがっていたものの、結局スケジュールの調整がつかず断念したという（『大島渚著作集　第三巻　わが映画を解体する』）。

緒形と滝田もすばらしい俳優ではあるが、大島作品のイメージとはちょっと違うような気もする。もともと予定されていた俳優が何らかの事情で出られなくなるということは映画界では珍しくない。しかし『戦場のメリークリスマス』の場合は反対に当初の配役が流れたため、ある意味で最適のキャスティングが実現したといえる。それどころか、これをきっかけとして坂本龍一は映画音楽に進出し、たけしもやがて本名の北野武《きたのたけし》として監督業に乗り出したことを思えば、彼らが偶発的にそろったこの映画はひとつの事件だった。

いや、大島のフィルモグラフィを振り返ると、すべてが事件であったといっても過言ではない。作品を事件たらしめたのは、何よりも大島渚という映画監督の強烈な個性であった。

意欲作の突然の上映打ち切りと結婚

大島渚は一九三二年三月、京都市に生まれた。農林省に勤める水産学者だった父の転勤にともない、幼少期は兵庫県の明石、広島県の大長《おおちょう》、岡山県の笠岡と瀬戸内を転々とする。しかし父は大島が六歳のときに死去、京都に戻った。まもなくして日本は太平洋戦争に突入、日本は必ず勝つ、絶対に正しいという建前のなかで少年時代をすごすことになる。だが、それも敗戦ですべて崩れ去った。父を早くに亡くしたこと、そして敗戦体験から、大島はいつしか「人から影響なんか受けるもんか」と思うようになっていたという（『大島渚1960』）。自分は自分であるという彼の強い個性はここに発するのだろう。

京都大学在学中には、京都府立洛南高校（旧制京都第二中学校）時代より始めた演劇活動を継続し、また学生運動にも熱を入れた。大学時代の演劇仲間には、戸浦六宏《とうらろつこう》、小松方正《こまつほうせい》ら後年大島の監督作品の常連となる俳優や、声優として活躍する永井一郎《ながいいちろう》もいた。

一九五四年、京大を卒業すると松竹の大船《おおふな》撮影所に入る。当時の映画会社の撮影所では完全な徒弟制がとられ、たとえ東大や京大出でも助監督として何年か下積みを経て、そこで才能が認められればようやく監督になれた。大島も助監督を五年間経験したが、五九年、二七歳という当時の映画業界では異例の若さで監督デビューしている。

じつはこのとき、大島は大船撮影所の所長室に赴き、「一体いつになったら監督にしてくれるのか」と直談判していた。ちょうど社長の城戸四郎《きどしろう》が「社会性のある新鮮な映画」という新方針で製作の指揮をとり始めた時期だったことも幸いする。半月ほどして社長室に呼ばれた彼は、併映用の一時間ほどの映画を撮らせるから、企画を提出せよと命じられた。

それまでに大島は、一年先輩の高橋治《たかはしおさむ》（のち作家）や一年後輩の田村孟《たむらつとむ》（のち脚本家）、吉田喜重《よしだよししげ》（のち映画監督）など同僚たちと同人誌を発行し、シナリオを書き溜めていた。デビュー作には、そのなかから『鳩を売る少年』というシナリオを選んだ。しかしこのタイトルでは小品に見えると、会社側から変更を求められる。これを受け大島はいくつか候補をあげたもののことごとく却下され、結局『愛と悲しみの街』で妥協するも、できあがった台本には『愛と希望の街』と印刷されていた。

完成した作品も社内では不評だった。貧しい家の少年と、裕福な家の少女の交流を描いたこの映画は、少女が少年から引き取った鳩を兄に撃ち殺させるというショッキングなシーンで終わる。これについては脚本の段階で社長の城戸も撮影所の所長も賛成していたはずなのに、いざ試写で見せると、所長は「これでは金持ちと貧乏人は永遠に和解できないかのように思える」と言い放ったという。この言葉に、そばで聞いていたスタッフのひとりが「だって所長、現実はそのとおりじゃないですか」と応じた。そんな二人のやりとりから大島は、あるはっきりとした自覚を抱く。

《この瞬間、まぎれもなくひとりの映画監督が誕生したのだった。彼は会社に監督にしてもらったのではなく、みずから監督になった人間であることを自覚したのである》（大島渚『体験的戦後映像論』)

大島映画は、そのデビュー作からして事件であった。おかげで彼はしばらく仕事を干されたものの、すぐにまたチャンスがめぐってくる。翌六〇年には『青春残酷物語』『太陽の墓場』を手がけ、それらが興業的にも成功を収めたので会社は続けて新作を撮るよう命じた。大島ほか篠田正浩《しのだまさひろ》、吉田喜重といった松竹の新人監督がひとくくりにされ、同時代のフランス映画の潮流を指した語にあやかり「松竹ヌーベルバーグ」と呼ばれ出したのはこの頃である。

一九六〇年といえば、日米安全保障条約の改定に対する反対運動(六〇年安保闘争)で日本中が揺れた年だ。京大在学中に学生運動のリーダーであった大島は、まだ記憶に生々しい安保闘争、ひいては戦後の社会主義運動を総括する映画を撮ろうと思い立つ。この映画、『日本の夜と霧』をめぐっては、その政治色の濃さから、大島はクレームのつかないようわざとラストシーンをシナリオに書かないまま会社に提出し、強引にクランクインして一気に撮りあげてしまったという伝説がある。もっとも当の本人は、ラストがなかなか決まらなかったのは事実としつつ、会社からクレームがつかないよう早撮りしたことは否定している(『大島渚1960』)。

この映画でメインとなるのは学生運動の元闘士の結婚式で、そこでは友人たちが新郎のかつての行動を弾劾《だんがい》するさまが描かれた。セリフは長くて難解な用語も多く、その様子が長回し（ひとつのシーンをカメラを止めずワンカットで撮る手法）で撮られたため、ひとつひとつの場面が非常に緊張感の高いものとなった。なかには俳優がセリフをとちるところまで、そのままフィルムに収められている。

まさに大島の意欲作といえる『日本の夜と霧』は、しかし思わぬ憂き目にあう。何と、封切から四日後に上映を打ち切られてしまったのだ。、松竹側は興行成績の不振をその理由にあげたが、上映打ち切りの前日（一〇月一二日）には社会党の浅沼稲次郎《あさぬまいねじろう》委員長が右翼少年に刺殺されるという事件が起こっていることから、その影響なのではないかと憶測を呼んだ。

大島は自作をめぐるこの騒動のさなかの一〇月三〇日、『日本の夜と霧』にも出演した女優の小山明子《こやまあきこ》と結婚している。その結婚式では、あいさつに立った友人たちが次々と松竹の措置を非難する演説をぶつという（式には松竹の幹部らも出席していた）、くだんの映画を地で行くような展開となった。ついには新郎である大島も引っ張り出され、意見を述べている。

結婚式といえば余談ながら、大島が友人で作家の野坂昭如《のさかあきゆき》に殴られ、マイクで応戦したという有名な事件は、一九九〇年に大島の結婚三〇年を祝うパーティで起こったものだ。

独立プロ時代の冒険

『日本の夜と霧』が上映中止された翌年、一九六一年に大島は松竹を退社し、仲間のスタッフ、俳優たちとともに独立プロダクション「創造社」を発足した。

創造社での第一作は大江健三郎《おおえけんざぶろう》の短編小説を映画化した『飼育』（一九六一年）。続けて東映より請われて時代劇『天草四郎時貞《あまくさしろうときさだ》』（一九六二年）を監督するが、失敗に終わる。以後三年ほど映画から遠ざかるも、この間、数々のテレビドキュメンタリーを手がけた。とりわけ『忘れられた皇軍』（一九六三年）は評判を呼ぶ。これはかつて日本軍の兵士として戦い負傷しながら、戦後は本来の国籍に戻ったため、日本の社会保障を受けられない在日韓国人の現実に迫った作品だった。同作をきっかけに大島は韓国人・朝鮮人をめぐる戦争や差別などの問題に深い関心を寄せ、『日本春歌考《にほんしゅんかこう》』（一九六七年）、『帰って来たヨッパライ』（一九六八年）、『絞死刑《こうしけい》』（同年）などといった劇映画でもテーマに据えるようになる。

このほか、創造社時代の大島は、内容的にも手法的にも冒険を試みた作品を次々と世に送り出す。『忍者武芸帳』（一九六七年）では、白土三平《しらとさんぺい》の同名劇画を実写化でもアニメ化でもなく、原画から各コマを撮影したものに俳優たちが声をあてて、その世界観をスクリーン上で再構成してみせた。

『日本春歌考』では、初の建国記念の日を迎えたその日（一九六七年二月一一日）にロケを行ない、雪のなか、黒い日の丸を掲げて歩く一団を登場させた。また、前出の横尾忠則主演の『新宿泥棒日記』では、大島組の俳優や、当時のアングラ演劇の旗手・唐十郎《からじゅうろう》などが本人の役で登場するなど虚構と現実の境が限りなくあいまいに撮られた。さらにそのラストでは、新宿の交番に石が投げられ機動隊が出動するという現実の騒ぎの記録映像が唐突に挿入される。これら作品にとどまらず、この時代の大島の劇映画のほとんどは現実と地続きの一種のドキュメンタリーともとらえられよう。

創造社にあって、ますます大島は強い個性を示した。意見の対立から彼のもとを離れていった者も少なくない。かつての盟友だった脚本家の石堂淑朗《いしどうとしろう》もその一人で、一九七二年には「わが敵　大島渚」と題する実録小説を発表している。創造社が解散したのはその翌年だが、その前後の映画雑誌などでの騒がれ方は、いま読むとどこかロックバンドの解散の過程を思わせる。そういえば、後年、マンガ家のみうらじゅんや喜国雅彦《きくにまさひこ》らによって結成されたロックバンドはその名も「大島渚」であった。

〝完全犯罪〟を達成した『愛のコリーダ』

大島は初期作品より、性というテーマをたびたび作品でとりあげてきた。その一作、松竹時代の『青春残酷物語』に対し、《なにかい。これからも松竹は筏《いかだ》の上で女のパンツ乾かす写真を作る気かい》と言ったのは、戦前から戦後の松竹を代表する監督・小津安二郎《おづやすじろう》である。この言葉は批判しているようだが、これはあくまで長老の立場から描写方法への問題提起をしてみせたものだった。そのじつ、小津は一方では同作を《どうだいあの剛速球。それにしても見事なまでのコントロールのなさ。金田正一《かねだまさいち》だね、あれは。大物になるよ》と、現代の人間を描くうえで欠かせない性という重大な問題に、大島が真正面から対決したことを高く評価していた(高橋治《たかはしおさむ》『絢爛たる影絵　小津安二郎』)。

創造社の解散後、大島は新たな形で性について真正面から挑むことになる。初の外国資本による作品となった『愛のコリーダ』(一九七六年)がそれである。

製作のそもそものきっかけは、創造社時代の一九六八年に『絞死刑』をカンヌ国際映画祭に出品したときにさかのぼる。映画祭は結局、折からのパリ五月革命の影響から中断されるのだが、このときフランス国内で上映するため、アナトール・ドーマンというプロデューサーが配給を引き受けた。大島の才能に惚れこんだドーマンはその後も『儀式』（一九七一年）をフランスで配給し、成功を収めている。そのドーマンから大島は一九七二年に渡仏した際、ポルノを撮らないかと持ちかけられた。帰国した大島はすぐに手紙を書き、いくつかアイデアを提案する。そのひとつが一九三六年に起こった阿部定《あべさだ》事件の映画化であった。

ドーマンはこのアイデアを気に入りすぐに撮影を依頼したが、阿部定が石田吉蔵《いしだきちぞう》との情事の果てに起こした現実の事件をどう映画として撮るか、大島はしばらく悩んだ。考えに考えた末に、本当の性行為のシーンを含む、いわゆるハードコア・ポルノとして撮ろうと決意する。もちろん、ヘアヌードすら解禁されていなかった当時の日本にあって、性行為をもろに撮るなどといったことは法律上完全にアウトだ。そのため製作には慎重に慎重が重ねられた。京都の撮影所で撮ったフィルムは、税関を突破するため未現像のままフランスに送られ、現地にて現像、編集された。

こうして完成した『愛のコリーダ』は一九七六年のカンヌ映画祭でお披露目《ひろめ》され、観客が殺到し、主催者側が上映回数を増やす異例の策をとるほど話題を呼ぶ。ただし日本では、肝心の部分をカットしたりボカすなど処理を加えられての公開を余儀なくされた（のち二〇〇〇年に最低限の修正を加えたバージョンが公開された）。

こうして〝完全犯罪〟は達成されたように思われたが、日本公開と前後して出版された、スチール写真やシナリオを収めた書籍『愛のコリーダ』がわいせつ物として摘発、一九七七年には東京地検に起訴されてしまう。大島はこれに敢然と立ち向かった。それまでの表現物をめぐるわいせつ裁判ではもっぱら「わいせつか芸術か」が争点となったが、彼はこの映画はわいせつであると認めたうえで、「わいせつがなぜ悪いのか？」と国に対し逆に問いただしてみせたのだ。裁判では結局、無罪を勝ち取っている。

大島はこの作品をきっかけに活動の場を世界に広げることになる。『愛のコリーダ』ではスタッフも出演者も全員日本から出したが、その後の『戦場のメリークリスマス』ではスタッフ・キャストとも日本と各国からほぼ半々の割合で出した。さらに『マックス、モン・アムール』（一九八七年）では大島以外スタッフもキャストもすべて外国人となる。新作ごとに手法のみならず新しい環境を求める、大島の旺盛な冒険心がうかがえよう。

一人で立ち続けた男

しかしその後一〇年以上にわたり空白期間が続く。この頃、彼は《いまの日本で日常的な仕事は監督じゃないのに監督と称しているのが3人いて、長嶋茂雄《ながしましげお》と、山本晋也《やまもとしんや》と、大島渚だからね》（玉木正之《たまきまさゆき》編著『定本・長嶋茂雄』）と自嘲気味に語ったりもしたが、一方では『戦場のメリークリスマス』と同じくジェレミー・トーマスのプロデュースにより、往年のハリウッド俳優・早川雪洲《はやかわせっしゅう》を主人公にした映画『ハリウッド・ゼン』の準備を進めていた。ただ、同作は撮影直前までこぎつけたものの、資金調達ができず断念を余儀なくされる。

それでもくじけることなく、一九九六年にはさらなる新作『御法度《ごはっと》』の製作を発表した。脳出血で倒れたのはその直後だ。医者からは完全に治ることはないと宣告されたものの、それでも彼は懸命のリハビリにより復帰を果たす。製作を再開するに際して、大島の前に現れたのが、俳優の松田優作《まつだゆうさく》の長男・松田龍平《りゅうへい》であった。自分と同じく六歳で父親を亡くした松田に大島はすっかり惚れこみ、このまったくの新人を主演に据えた。『戦場のメリークリスマス』におけるビートたけしや坂本龍一と同様、このときも大島は偶発的に最高のキャスティングを実現させたのである。

脳出血で倒れる前の大島は、テレビの本番直前にスタジオの隅で待たされるとき、スタッフに椅子を用意されても「私は絶対に座らない」と拒否した。そればかりか、日本では立食パーティでも、とかく座りこむ者が少なくないことから、日本人は集団ならいざ知らず、一人で立っていることに慣れていないと厳しく批判している。

《ダンディという言葉を聞いて、立ってる男を思い浮かべるか、椅子に座ってる奴を思い浮かべるか、いうまでもなく前者だろう。絶対に座るな。立ってろ！》（大島渚『ぼくの流儀』）

大島はそのダンディを貫いた稀有な日本人であった。それが『御法度』を一九九九年に公開したあと、二〇〇一年頃より病状はふたたび悪化する。妻の小山明子の手記によれば、人の手を借りなければ立つことも何もできなくなってしまい自暴自棄になることもあったが、やがて現実を受け入れ、いまをより充実させることに目を向け始めたという。

思えば大島は、映画会社を飛び出して盟友たちとともに独立プロを設立したことといい、世界的な映画監督としては初めてハードコアポルノを撮ったことといい、それまでの経験や築いた地位をリセットしてでも新たな挑戦をやめなかった。過去の栄光にすがらないという点では晩年も変わりはなかったわけである。

亡くなる三年前、ある雑誌が、表舞台に出てこなくなって久しい大島を取材している。このとき、彼は言葉を発するのもままならない状態であったが、小山明子の協力もあり、体調のよいときを選んで写真撮影が行なわれた。普通にしていると目がどうしても閉じてしまうため、そのたびに小山が声をかける。それが何度か繰り返されたとき、大島はこう吠えた。

「わかってる！」

それが撮影時、取材者たちが唯一聞いた彼の声だったという（坂本亜里「今、同じ空気を吸い込んで」、『Switch』二〇一〇年二月号)。このとき撮られた写真には、車椅子の身にありながら、まっすぐ前を見据え、精神的にはまぎれもなく一人で立っている男の姿があった。大島渚は最後まで大島渚であり続けたのだ。

参考文献

大島渚　『大島渚評論集　解体と噴出』(芳賀書店、一九七〇年)、『体験的戦後映像論』(朝日選書、一九七五年)、『ぼくの流儀』(淡交社、一九九九年)、『大島渚1960』(青土社、一九九三年/日本図書センター、二〇〇一年)、『大島渚1968』(青土社、二〇〇四年)、『大島渚著作集』全四巻(四方田犬彦・平沢剛編、現代思潮新社、二〇〇八~〇九年)、『わが封殺せしリリシズム』(清流出版、二〇一一年)

大島渚・小田島雄志・玉木正之「座談　映画人の見た長嶋・演劇人の見た長嶋」(玉木正之編著『定本・長嶋茂雄』文春文庫、一九九三年所収)

小山明子　『パパはマイナス50点　介護うつを越えて夫、大島渚を支えた10年』(集英社、二〇〇五年)

桜井哲夫『思想としての60年代』（ちくま学芸文庫、一九九三年）
佐藤忠男「大島渚」（朝日ジャーナル編『現代の偶像』朝日新聞社、一九六九年所収）
佐保美恵子「現代の肖像　大島渚」（『ＡＥＲＡ』一九九八年九月二一日号）
高橋治『絢爛たる影絵　小津安二郎』（岩波現代文庫、二〇一〇年）
筑紫哲也ほか『若者たちの大神』（朝日新聞社、一九八七年）
ビートたけし『午前3時25分』（太田出版、一九九三年）
ＷＯＷＯＷ「ノンフィクションＷ」取材班『『戦場のメリークリスマス』30年目の真実』（東京ニュース通信社、二〇一五年）
「阿川佐和子のこの人に会いたい３６０　映画監督　大島渚」（『週刊文春』二〇〇〇年一〇月一九日号）
「特集：闘う、大島渚」（『Switch』二〇一〇年二月号）

山内溥

YAMAUCHI
HIROSHI

一九二七年一一月七日〜
二〇一三年九月一九日（満八五歳）
経営者

運を天に任せた五〇代からの成功劇

碁の打ち方に表れた本業での流儀

任天堂社長として、ファミリーコンピュータ（ファミコン）をはじめ多くのゲーム機やソフトを世に送り出してきた山内溥《やまうちひろし》は、自分ではテレビゲームをすることはなかったという。ゲームもしなければ、一九九二年より米メジャーリーグのシアトル・マリナーズのオーナーを務めながら野球にもそれほど関心のなかった山内にとって、ほぼ唯一の趣味は碁《ご》だった。碁を覚えたのは、任天堂の社長となってまもない二三歳のとき。いちばん強くなったのは二七～二八歳の頃で、アマチュアの県代表に挑戦してみようかとも思っていた矢先、会社の業績が低迷し、碁どころではなくなってしまったという。

しばらくして経営危機を脱すると、山内はまた碁を打つようになる。日本棋院《きいん》京都本部長だった大石清夫《おおいしきよお》は、《山内さんの碁は、右向けといえば意地でも左を向く碁ですね。素直でないところがあります。よい意味では、それが反発心となって力を発揮します》と評した。これに本人は、《右向けと言われて右を向くのが本能的に嫌いなんです。それが碁の面では奇をてらう手を打ちすぎたり、変なところでがんばりすぎたりして、自滅するところがありますね》と付け加えている（『Forbes』一九九六年一一月号）。

山内の碁の打ち方は、本業での流儀そのものであった。《山内溥という人は、何にこだわっていたか。『娯楽はよそと同じが一番アカン』ということ》と語ったのは、任天堂で山内の後任社長となった岩田聡だ（井上理《いのうえおさむ》『任天堂〝驚き〟を生む方程式』）。「よそと同じが一番アカン」とは、山内の経験から導き出された教訓であった。五〇歳となった一九七七年に、名前を「博」から同じ読みの「溥」に変えたのも、電話帳を開くと「山内博」という名前が何人も出てくるのがシャクに触り、自分だけの名前をつけようと思ったからだという。

花札・トランプ製造から方向転換するべく試行錯誤

一九八〇年発売の携帯ゲーム機「ゲーム&ウォッチ」、一九八三年発売のファミコンの大ヒットはいずれも五〇歳を越えてからのこと。それまでの山内の人生は逆境の連続だった。東京の早稲田大学の専門部法律科に通っていた一九四九年、任天堂二代目社長の祖父・山内積良《せきりょう》が急死する。積良の婿養子で三代目社長になるはずだった父・鹿之丞《しかのじょう》は、山内が幼い頃に出奔《しゅっぽん》していた。そのため会社は、彼が京都に戻って継がざるをえなかった。曾祖父・山内房治郎《ふさじろう》が一八八九年に創業して以来、任天堂の主力商品は花札。しかしまったくの手づくりだった花札は、しだいに採算が合わなくなっていた。これを山内は機械化によって乗り切ろうとする。ただし完全なオートメーション体制が確立されるまでには一〇年以上もの年月を要した。

その間、任天堂を支えたのがトランプのアイデアである。一九五九年、アメリカのウォルト・ディズニー・プロダクションズから許諾をとり、キャラクター商品の走りともいうべき「ディズニー・トランプ」を発売。このヒットのおかげで、同社は一九六二年には大阪証券取引所への上場を果たした。

が、ディズニー・トランプも需要が一巡すると、徐々に売り上げが鈍っていく。またこの前後、山内は訪米時に世界最大のトランプメーカーといわれるUSプレイング・カード社の工場を見学して、その規模が思いのほか小さいことを知り、トランプ製造にはほとんど将来性がないと痛感した。ここから事業の転換をはかるべく、彼の試行錯誤が始まる。

タクシー会社を始めたかと思えば、ディズニーふりかけやインスタントライスといった食品製造、あるいはコピー機などの事務機器の分野にも手を出した。しかし多額の資金を注ぎこんだものの、いずれもうまくいかず、負債と在庫の山だけが残った。結局、任天堂は、オモチャの世界に活路を見出すしかなくなった。ただ、専業の玩具メーカーに勝つにはアイデアに加え、技術力が必要だ。そこで山内はエレクトロニクス玩具に着目。一九六四年に社内に新製品開発部を設けると、理工系出身の学生を多数採用してゆく。そのなかには、後年「ゲーム&ウォッチ」「ゲームボーイ」などのヒット商品を生み、「ゲームの神様」とも呼ばれた横井軍平《よこいぐんぺい》もいた。

この方向転換による初めてのヒットが、一九七〇年発売の「光線銃ＳＰ」だった。これは、銃口から出る光を、太陽電池を組み込んだ的《まと》に当てると、さまざまなアクションが起こる（ライオン形の的ならウォーッと吠え、ルーレットならぐるぐる回る）というものだ。

光線銃は、太陽電池の研究を進めていたシャープとの共同開発により生まれた。このとき技術面で横井軍平が中心的役割を担うとともに、シャープからは上村雅之《うえむらまさゆき》が参加している。上村は一九七一年に任天堂に移り、のちにはファミコンの開発で成功を収めた。

光線銃はヒットとなったとはいえ、利益はあまり出なかった。これというのも生産体制がまだ整わず不良品や故障品が続出、その対応に売り上げの大半を喰われてしまったためだ。また、後続商品である「カスタム・シリーズ」は二万五〇〇〇円という価格がアダとなり、まったく売れなかった。

一九七三年には、光線銃の技術を応用した業務用レジャーシステム「レーザークレー」を発表。業者からの引き合いもよかったが、そこへ起きた第一次石油危機の影響からキャンセルが続出。これまた空振りに終わった。だが、効果音や映像の臨場感などは当初より評判で、エレクトロニクス路線がけっして間違っていないことを証明した。

時代が任天堂に味方しなかった例としては、一九七八年から翌年にかけてのインベーダーゲームのブームに乗り遅れたこともあげられる。タイトーが開発したアーケードゲーム『スペースインベーダー』が火をつけたこのブームでは、各社があいついで類似商品を発売。人々はゲームセンターや喫茶店などに置かれたゲームに熱中した。

ただしブームがすぐに去ったことを思えば、任天堂にとってはむしろよかったのかもしれない。このブームに任天堂が出遅れたのは、家庭用テレビゲーム機の開発に力を注いでいたからだった。

一九七七年には六種類のゲームができる「カラーテレビゲーム6」を発売。当時のゲーム機の相場は二～三万円だったが、山内は一万円を切る値段にしろと厳命している。先行する他社のゲームがみなモノクロだったのに対し、任天堂のゲームは商品名どおりカラーだったことも評判を呼んだ。この勢いに乗じて、同年中にはゲーム数を増やした「カラーテレビゲーム15」を発売する。こちらは一万五〇〇〇円したが、販売台数は「6」よりも多かったという。

ゲーム機の値段設定に関しては、前出の「カスタム・シリーズ」の失敗への反省があったのだろう。その後のファミコンでも山内は、一万円を切る九八〇〇円ぐらいにならないかと要求したという。さすがにそれは無理なので、二万円にすれば必ず他社は一万九八〇〇円のゲーム機を出してくるとの読みから、一万五〇〇〇円以下にすることで落ち着いた（結果、一万四八〇〇円で発売された)。それでも破格の値段であることには変わりない。

山内はファミコン発売の前年、日本ではゲームセンターに青少年が出入りするのはよくないという考えが根強いため、テレビゲーム業界は栄えないと語っていた(『潮』一九八二年六月号)。それゆえ、ゲーム市場として当初狙っていたのは日本よりもむしろアメリカだった。すでに一九八〇年には娘婿の荒川實《あらかわみのる》を社長に据え、ニンテンドー・オブ・アメリカを設立。アーケードゲームの『ドンキーコング』(開発したのは横井軍平と、のちに『スーパーマリオブラザーズ』などを生むゲームデザイナーの宮本茂《みやもとしげる》)をヒットさせていた。

ファミコンも試作品が完成すると、そのライセンスをアメリカのメーカーに売るつもりでいた。ところが正式な契約を結ぶ直前に、そのメーカーのトップが解任され、話は立ち消えとなる。もしこのときライセンスをアメリカ側に売っていたのなら、ファミコンブームは起きず、任天堂の大躍進はなかったかもしれない。

成功したのは「運がよかっただけ」

こうして見ていくと、山内の運の強さをつくづく感じてしまう。いや、当の山内が、雑誌などの取材で成功の秘訣を訊《き》かれるたび、「たまたま運がよかっただけ」と答えていた。何とも人を食った答えだが、たしかにそうとしか言いようがないところが彼のサクセスストーリーにはある。ちなみに任天堂という社名は「天に任せる」から取ったものであり、「人事を尽くして天命を待つ」と解釈されることが多かった。これに対し山内は、人事などなかなか尽くせるものではないのだから、単純に「運を天に任せる」という意味にとりたいと語っている（高橋《たかはし》健二《けんじ》『任天堂商法の秘密』）。

この精神は山内が座右の銘とした「失意泰然《しついたいぜん》、得意冷然《とくいれいぜん》」（もともと父親が好きだった言葉だという）にもつながっている。そこには《運に恵まれない時は、慌てず泰然と構え努力せよ。恵まれた時は、運に感謝をし、冷然と努力せよ》との意味が込められていた（井上、前出書）。

そもそもテレビゲームのような娯楽は、人間にとって、なくても生きていけるものであり、いくらヒットが出ても明日は必ずしも安泰とはいえないと山内は考えていた。だからこそ、常に「よそとは違う」新しい製品をつくり続ける必要があった。ゲーム＆ウォッチが爆発的にヒットしているさなかに、これは長続きしないと判断し、次のゲーム機（これがファミコンとなる）の開発を命じたのも、そのためである。

一九九〇年代後半から二〇〇〇年代初めにかけては、任天堂以外にも、セガやソニーなど各社が続々と新機種を発売し、「ゲーム戦争」の様相を呈した。二〇〇二年にはソニーの「プレイステーション２」が大ヒットする。これを受けてソニー関係者が「ゲーム戦争は終わった」

と宣言するのを雑誌で読んだ山内は、《ゲーム戦争なんて絶対に終わらないんですよ》《明日のことは誰にも全く分からない。明日ソニーが負けるかもしれない。それがゲームビジネスなんです》と反論した（『日経ビジネス』二〇〇三年二月二四日）。

この発言の前年、山内は後継社長として岩田聡を指名し、相談役に退《しりぞ》いている。任天堂の社長は代々山内家の人間が継いでおり、山内の後継も娘婿の荒川實が本命と目されていた。それだけに創業家ではない、しかも元々は任天堂の下請けのソフトメーカー出身である岩田の指名は驚きをもって受けとめられた。だが、ことあるごとに「ユーザーは面白いソフトを楽しむためにしかたなくハードを買うのだから、ゲームの命綱はソフトにこそある」と語っていた山内にとって、これは当然の結論であったのだろう。

ソニーが、ブルーレイ・ドライブを搭載するなどどう見てもハード主導の「プレイステーション3」の販売で苦戦するのを尻目に、岩田体制の任天堂は、二〇〇四年に携帯型ゲーム機「ニンテンドーDS」を、二〇〇六年に据え置き型ゲーム機「Wii」を送り出し、ゲームマニアではないライトユーザーを中心に支持を獲得した。

任天堂には、社是・社訓のたぐいがない。これは、下手にそういうものがあると、思い切った転換ができなくなるとの山内の考えからだった。大胆な転換を恐れない山内の経営スタイルはときにワンマンと呼ばれたが、経営を退くにあたり彼はあえて自分とは正反対の、現場型・

合議型の体制へと会社を刷新した。それでも〝山内イズム〟ともいうべき精神は継承されていく。

惜しくも岩田聡は山内の死から二年後、二〇一五年七月一一日に五五歳で死去した。しかし岩田は「娯楽はよそと同じが一番アカン」という山内の言葉を胸に刻み、最期まで新たなゲーム機開発を推し進める。岩田が亡くなる四カ月前に「NX」というコードネームで発表したそのゲーム機は、二〇一七年に「Nintendo Switch」の名で発売された。それは、家のテレビでも外出先でも、どんなときにでも同じゲームをプレイできるという、たしかに「よそと同じではない」製品であった。

参考文献

井出耕也　「現代の肖像　任天堂社長の山内溥さん　ファミコンが金の卵を生む」(『AERA』一九八八年八月二三日号)
井上理　『任天堂　〝驚き〟を生む方程式』(日本経済新聞出版社、二〇〇九年)
上村雅之　「ファミコンを生んだ山内溥の卓見」(『現代』一九九五年一月号)
高橋健二　『任天堂商法の秘密——いかにして〝子ども心〟を掴んだか』(祥伝社、一九八六年)
高橋良典　「世界を変える非常識発想法」(『潮』一九八二年六月号)

多根清史　『日本を変えた10大ゲーム機』（ソフトバンク新書、二〇〇八年）
牧野武文　『ゲームの父・横井軍平伝　任天堂のDNAを創造した男』（角川書店、二〇一〇年）
「夢を追う男たち　67　TVゲーム戦争に火をつけた任天堂・山内溥　花札・トランプ業からレジャー機器会社へ脱皮し年商百億へ」（『財界』一九七八年一〇月一五日号）
「驚異の大収益をあげたゲームづくりのノウハウ　任天堂　大ヒット商品『ゲーム&ウオッチ』を生んだ背景」（『財界』臨時増刊一九八二年九月三〇日号）
「『渦中の人』第44回　山内溥（任天堂社長・64歳）ファミコン売って米大リーグ買収　世界を席巻する花札屋の〝特異感覚〟」（『週刊現代』一九九二年二月二二日号）
「シリーズ『ボスの研究』　山内溥　任天堂社長　すべてを〝天に任せて〟起こした奇跡」（『週刊読売』一九九五年五月二一日号）
「女流棋士が見抜くトップの決断力　山内溥VS青葉かおり」（『Forbes』一九九六年一一月号）
「編集長インタビュー　山内溥氏（任天堂相談役）　ゲームはまだ終わらない」（『日経ビジネス』二〇〇三年二月二四日号）
「特集　山内溥相談役、岩田聡社長が語る　任天堂はなぜ強い　『たかが娯楽』の産業創出力」（『日経ビジネス』二〇〇七年一二月一七日号）

取材相手に「泣かれる」ほどの執念

山崎豊子

YAMASAKI TOYOKO

一九二四年一月二日～
二〇一三年九月二九日（満八九歳）
小説家

新聞記者から小説二作目で直木賞作家に

『白い巨塔』『華麗なる一族』など、社会小説とも呼ばれる長編小説を数々著した山崎豊子《やまさきとよこ》は、作品ごとに徹底した調査を行なう〝取材魔〟として知られた。

小説家の取材にはさまざまなスタイルがある。たとえば山崎は、自分の新聞記者時代の上司でもある井上靖《いのうえやすし》について、ある批評家が「足で書く作家」と評したことに、《井上さんは頭のなかで、ものをつくり上げてしまって、確認にいっておられるんです。だから、足で書くなどといわれたら、腹のなかで、苦笑いしておられることだろう》と反論している（「事実は小説よりも奇なり」、『小説ほど面白いものはない』所収）。

当の山崎は、構想を練ってから取材に出かけるところは井上と同じだったとはいえ、〝確認〟するだけではとても収まらなかった。構想をふくらませるため、小説の連載を始めてからも何度となく取材を繰り返している。

〝取材魔〟山崎豊子の原点は、先に触れた新聞記者時代に求められる。本来は教員志望で、新聞記者になるつもりはまったくなかった山崎だが、戦争で教員となる道を閉ざされてしまう。入学した京都女子専門学校（現・京都女子大学）ではほとんど授業はなく、勤労動員で弾磨きをさせられる日々を送り、幼い頃より好きだった読書の自由すらなかった。学校を卒業してどこにも就職しなければ、引き続き軍需工場で働かなければならない。山崎が毎日新聞大阪本社に入ったのは、それがいやだったからである。

山崎にとって大きかったのは、一九四五年の終戦前、調査部から異動した学芸部で、副部長を務めていた前出の井上靖と出会ったことだった。井上は、新聞記者としては筆の遅い彼女の資質を見抜いてか、企画ものの調査記事をよく命じたという。じっくり調べて書くという、後年にいたるまで貫かれた山崎のスタイルはこの時期に培《つちか》われたものだ。

井上はやがて『闘牛』で芥川賞を受賞したのを機に退社する。その際、山崎は井上から「自分の生い立ちと家のことを書けば、誰だって一生に一度は書ける」と小説執筆を勧められた。それがきっかけで、昆布商の父親や祖父をモデルに小説を書き始める。その処女作『暖簾《のれん》』は完成までに七年をかけ、一九五七年に出版にこぎつけた。『暖簾』は出版されるや、森繁久彌《もりしげひさや》主演で舞台化、さらに映画化されるなど好評を博した。

続けて『中央公論』で、吉本興業の創業者・吉本《よしもと》せいをモデルにした「花のれん」を連載、これが一九五八年上半期の直木賞に選ばれる。本人はまさか二作目にして受賞するとは思わず、選考会当日もいつもどおり勤務していたが、途端に取材される側となった。このとき井上靖から「直木賞受賞おめでとう／橋は焼かれた」との言葉を贈られ、会社をやめ作家として生きていく覚悟を決める。

その後の『ぼんち』（単行本は一九五九～六〇年）なども含め初期作品の大半は、生まれ育った大阪・船場《せんば》を舞台にしていたが、船場の老舗商家の熾烈な遺産相続争いを描いた『女系家族《にょけい》』（一九六三年）あたりを境に、山崎の興味は組織内における人間ドラマへと移っていく。『白い巨塔』（連載期間は一九六三～六五年）では大学病院、『華麗なる一族』（同一九七〇～七二年）では銀行、『不毛地帯』（同一九七三～七八年）では商社と、いずれも取材に困難のともなう組織を題材にした作品を立て続けに発表し、多くの読者を獲得。映画やテレビドラマと、繰り返し映像化もされた。

山崎自身は、組織になじめない人間だったといえる。文壇というものがまだ厳然と存在していた時代にあって、作家同士のつきあいに背を向け、また《小説などというものは急がされて、ねじハチ巻きでぎりぎり書くものではない》（「植林小説」、『大阪づくし　私の産声』所収）との考えから、「半年勉強して、半年書く」一年一作を貫いたのも異例だった。このスタイルが認められるまでは地獄だったという。

山崎の文壇への不信感は、一九六八年に『花宴』をめぐり持ちあがった「部分盗用」問題によって拍車がかかったのかもしれない。このとき山崎は連載誌上で陳謝し、日本文藝家協会を一時退会している（翌年復帰）。退会を受けて、文藝家協会の会長の丹羽文雄《にわふみお》が《協会としては、山崎氏が今後筆を断つことが望ましいが、それは本人次第だ。これで文壇的生命は一応終ったと考えられる》とコメントし（『朝日新聞』一九六八年三月二八日付夕刊）、ほかの作家からも批判というより罵詈雑言《ばりぞうごん》に近い言葉を浴びせかけられた。

その後も山崎作品をめぐっては、他人の著作からの「盗作」、あるいはモデルとされる人物やできごとに関する「改変」などがたびたび指摘された。その詳細や是非はここでは触れないが、こうした問題、とくにモデル問題には、山崎の取材手法が大きくかかわっているように思われる。

取材相手に「泣かれる」

二〇〇九年、八五歳を前に『運命の人』を書き終えたときに自らそう称したとおり、山崎は「根っからの小説家」だった。ジャーナリストが事実を一つひとつ積み上げて真相に迫るため取材を行なうのに対し、小説家である山崎の場合、まず人物やストーリーをかっちりと設定したうえで、それにリアリティを与えるべく、自分のわからないことや体験できないことをこれぞという人に訊《き》いてゆくことこそが取材であった。そのことは、一九七八年の『不毛地帯』完結時の以下の発言からもうかがえる。

《取材先ではずいぶん泣かれました。「これ以上は専門家も知らない」といわれても「専門家は、知らなくても、イザとなったらできる。私は知らないと書けない」って、食いさがったものだから。そのうち、流れてきた風評によれば、「あれは小説しか頭にない。小説バカだ」（笑）》（「作家とは飢えを自らに課する存在」、『作家の使命　私の戦後』所収）

　取材相手に「泣かれた」例は、枚挙にいとまがない。『白い巨塔』の続編を書くにあたっては、正編で、主人公の浪速《なにわ》大学医学部第一外科の教授・財前《ざいぜん》五郎《ごろう》が誤療誤診をめぐる裁判に勝訴したのを覆そうと、国立がんセンターの総長に相談している。当初、戸惑っていた総長だが、次に山崎が来訪したときには、各部門の専門医たちからの意見を踏まえ「財前教授の医学的論拠は、覆りますよ」と太鼓判を押してくれた。

　『華麗なる一族』では、小銀行が大銀行を飲みこむ合併をどうすれば描けるか考えてほしいと、銀行関係者に訊ねてまわっては、そんなことは無理だと一笑に付された。数カ月かけてやっと聞き出し作品に書いたのち、現実においても神戸銀行と太陽銀行が合併、行名《こうめい》は太陽神戸銀行（現在の三井住友銀行）ながら本店は神戸に置かれたことから、地方を拠点とする小銀行が東京の大銀行を吸収したものと世間では受けとめられた。

当然というべきか、小説の設定をふくらませるための取材には閉口する者もいた。航空会社社員の恩地元《おんちはじめ》を主人公とした『沈まぬ太陽』（連載期間は一九九五～九九年）の執筆時に取材を受けた日本航空の元幹部は、同社に勤めていた恩地のモデルとされる人物のことばかり訊かれるのに堪えかねて、途中で「もう協力できない」と断ったと証言している（『週刊朝日』二〇〇〇年二月一八日号）。山崎はこのときも、主人公を物語のなかでどんなふうに行動させるか、そのヒントを得ようとするがあまり相手を質問攻めにしたのだろう。

恩人の言葉どおり「書きながら柩に入る」

その作品がことごとく大作で、連載の最終回を書き終えるたびに、夜中であろうが「完結！出獄！」と大声をあげて、自宅の廊下や庭を走り回っていたという山崎。もともと体が弱いうえ、年齢を重ねるごとに心身への負担は大きくなっていたのだろう、引退も何度か考えている。

一九九一年に『大地の子』を書き上げたときには、「もうこれ以上の作品を書く自信はない」と、長年世話になった新潮社の編集者・齋藤十一《さいとうじゅういち》（当時、同社取締役相談役）に引退を申し出たものの、「書きながら棺《ひつぎ》に入るのが作家だ」と言われ思いとどまっている。この際、齋藤から「ときに私の死期も近いから、私への生前香典として香典原稿を一作いただきたい」と依頼され、『週刊新潮』で連載することになったのが前出の『沈まぬ太陽』であった。なお、齋藤は同作完結の翌年、二〇〇〇年に亡くなっている。

続く『運命の人』にしても、最後の長編として取り組んだものであり、その完結後は執筆を断り続けた。が、長年気になっていた人物について、その運命に惹かれるうちに、原稿用紙三〇〇〜四〇〇〇枚ほどの作品にまとめるべく取材を始める。旧帝国海軍士官だったその人物を描くにふさわしいテーマがなかなか見つからず、構想は一旦頓挫《とんざ》するも、ある専門家が取材時に現代の潜水艦に関して語ってくれた余談をきっかけとして、ようやく構想がまとまった。

遺作となった『約束の海』はこうして書き始められ、二〇一三年九月上旬には第一部全二〇話（原稿用紙にして約五〇〇枚にのぼった）が完成した。山崎が入院して亡くなったのはそれからまもなくのことであり、文字どおり「書きながら柩に入った」のだった。

かつて山崎はあるインタビューで、《私は社会派とかなんとかいわれても、テーマのためとか、問題性のために書いているんじゃなくて、（中略）人間が先にあるんです。その人間に問題意識を持たせているんでしょうね》と語っていた（「取材方法と小説作法」、『大阪づくし　私の産声』所収）。人間まずありきという姿勢は、遺作まで貫かれたことになる。毀誉褒貶《きよほうへん》ありながらも、その作品の多くがいまなお読まれ、また映像化されてより多くの人たちに受け入れられているのも、何より人間を描いているからではないか。

「事実は小説より奇なり」というが、山崎は、前出の『華麗なる一族』で描いた銀行合併のように、ときに現実を先取りする〝奇〟を提示することもあった。同様に『不毛地帯』では、作中の戦闘機をめぐる商戦と、連載中に起こったロッキード事件との類似が話題を呼んだ。しかしそれもこれも、人間をドラマチックに描こうとして設定を事実で肉づけしていった結果、たまたまそうなったにすぎない。そうした思いがけない〝副産物〟も含めて、半世紀以上にわたって人々の話題をさらい続けた山崎は、やはり稀代のストーリーテラーであった。

参考文献

山崎豊子『山崎豊子全作品・1957〜1985』全一〇巻（新潮社、一九八五〜八六年）、『山崎豊子自作を語る1　作家の使命 私の戦後』、『山崎豊子 自作を語る2　大阪づくし 私の産声』、『山崎豊子 自作を語る3　小説ほど面白いものはない』（三冊とも新潮社、二〇〇九年）
鵜飼清『山崎豊子　問題小説の研究――社会派「国民作家」の作られ方』（社会評論社、二〇〇二年）
栗原裕一郎『〈盗作〉の文学史――市場・メディア・著作権』（新曜社、二〇〇八年）
「山崎豊子『沈まぬ太陽』大ベストセラーのカラクリ　下　読者が一番泣いた『御巣鷹山篇』こそ『許せない』」（『週刊朝日』二〇〇〇年二月一八日号）
「特集　最後までペンを離さなかった山崎豊子さん　遺作となった本誌連載『約束の海』」（『週刊新潮』二〇一三年一〇月一〇日号）
「元『毎日』記者　山崎豊子さんの『華麗なる一生』　本誌しか書けない『10の秘話』」（『サンデー毎日』二〇一三年一〇月二〇日号）

やなせたかし

YANASE TAKASHI

一九一九年二月六日〜二〇一三年一〇月一三日（満九四歳）

マンガ家・絵本作家

「困ったときのやなせさん」の絶望と転機

「手のひらを太陽に」を生んだ〝絶望〟

「手のひらを太陽に」といえば、マンガ家のやなせたかし（本名・柳瀬崇）が作詞し、ヒットメーカーであるいずみたくが作曲したものとして知られる。この歌はもともと一九六一年に、やなせが番組の構成を担当していたＮＥＴ（現・テレビ朝日）のニュースショーで、歌手で女優の宮城《みやぎ》まり子《こ》が歌ったものだ。翌六二年にはＮＨＫの『みんなのうた』でもとりあげられた。

やなせはこの歌をつくったとき、心身ともに不調で、「自殺したいくらいだった」という。それは冬のことで、絶望的な気持ちに陥りつつ、かじかむ手を電気スタンドで温めながら仕事をしていたところ、ふと自分の手の指と指のあいだに真っ赤な血が流れるのが、電球の光で透けて見えた。

《ぼくは自分の才能にも、また運命にも、その頃おきたいろんなトラブルのことにも、自分自身についても全く嫌気がさしていたが、それなのになんとぼくの血はまっかで元気そうに動いているのだろう。こんなに血が赤いのに、ぼくはまだ死んではいけないなとその時に思った》（やなせたかし『てのひらを太陽に』）

スランプとはいえ、この当時、やなせには仕事がなかったわけではない。むしろ多忙をきわめていた。一九一九年生まれのやなせより三歳下の水木《みずき》しげるが、『ゲゲゲの鬼太郎』のヒットする四〇歳すぎまで貧乏暮らしを送っていたのとは対照的に、やなせは《どん底の貧乏は経験したことがなく、なにもかも中くらいだった》と語っている（やなせたかし『アンパンマンの遺書』）。

やなせの絶望の原因は何だったのか。それは端的にいえば、ずっとマンガ家を自認しながらも、肝心のマンガの仕事は少なく、いつまで経っても代表作と呼べるようなものを生み出せない焦りから来るものだった。

自分は不器用だとことあるごとに語っていたやなせだが、むしろ器用貧乏というべきか、「困ったときのやなせさん」「速書《はやが》きやなせ」などと名づけられるほど、何事もそつなくやってのけてしまうことがかえって災いしたのかもしれない。そんな彼が、どうやって『アンパンマン』という代表作を得るまでにいたったのか、その経緯をちょっとたどってみよう。

思いがけない人たちからの仕事の依頼

やなせは東京高等工芸学校（現・千葉大学工学部）を卒業したのち、一九三九年に田辺製薬の宣伝部に入ったものの翌年に徴兵され、中国大陸での厳しい行軍《こうぐん》ののち上海で終戦を迎える。一九四六年に引き揚げてくると、郷里の高知新聞社に入社して一年間勤務。翌四七年、先に上京していた元同僚の女性（のちの暢《のぶ》夫人）の下宿に転がりこみ、百貨店の三越の宣伝部に入る。当時よりデザイナーかマンガ家志望だったのに就職したのは、貧乏するのがいやで、まずは食べられるようにならなければと考えたからだった。

三越で現在も使われる包装紙は、宣伝部時代のやなせがデザインしたものだという話を、ときおりネットなどで見かけるが、厳密にいえば違う。デザインしたのは洋画家の猪熊弦一郎《いのくまげんいちろう》である。やなせはその原画というか、白い紙の上に紅い紙を切り抜いて置いたものを受け取り、猪熊の指定どおり紅い模様に「Mitsukoshi」と筆記体でロゴを書き入れたのだ。これが一九五一年のことで、二年後には退職、フリーランスのマンガ家として再出発した。すでに三越在職中より、本業を早々に片づけると、せっせと副業に励んでいたという。退職の理由も、副業の収入が月給を上回ったことが大きかったようだ。

このころ、若手マンガ家だった小島功《こじまこお》を中心に結成された「独立漫画派」に参加。その事務所に通っては仲間たちと活発に交流する。副業も、主に事務所に出入りする人たちから得ていた。のちに芥川賞をとる作家の吉行淳之介《よしゆきじゅんのすけ》もその一人だ。吉行は当時『モダン日本』という雑誌の編集長を務めており、やなせに取材の仕事などをよくまわしてくれたという。

吉行にかぎらず、やなせが五〇年代から六〇年代にかけてかかわった人物はいちいち豪華だ。フリーになってまもなく、前出の宮城まり子にインタビューしたところ、直後にいきなり家に招かれ、彼女の初めてのリサイタルの構成を頼まれた。もちろん、やなせには舞台の構成の経験などなかった。しかしこれを引き受け、その後も宮城のステージについていっては構成や司会を担当するようになる。

放送作家・タレントの永《えい》六《ろく》輔《すけ》もまた、やなせが取材記事でたった一行触れたことがきっかけで、突然やなせ宅を訪ね、ミュージカル『見上げてごらん夜の星を』の舞台装置の制作を依頼してきた。やなせとはのちに「手のひらを太陽に」をはじめ多くの仕事で手を組むことになる作曲家・いずみたくと出会ったのもこのときである。

映画監督の羽《は》仁《に》進《すすむ》は、開局まもない東京12チャンネル（現・テレビ東京）で一年間の連続テレビ映画をつくるにあたり、まったく面識のなかったやなせにシナリオライターとして参加してくれるよう頼んだ。『ハローCQ』というそのテレビ映画で、やなせは全話の三分の一ほどのシナリオを書き、主題歌も作詞した。

これと前後して、やなせは映画雑誌でもエッセイを連載していた。このときの担当の女性編集者が、雑誌廃刊後にシナリオを書いていることを知ると、『ハローCQ』でも何度か書いてもらい、やなせが手を加えるということもあった。この元編集者とは誰あろう、のちに人気脚本家・直木賞作家となる向田邦子《むこうだくにこ》だった。やなせは後年、「いま思えば冷汗もの」と振り返っている。

同業者でいえば、手塚治虫《てづかおさむ》が長編アニメーション映画『千夜一夜物語』（一九六九年）を制作するにあたり、やなせに美術監督とキャラクターデザインを依頼している。アニメーションの仕事は初めてであったが、これも試行錯誤しながらも切り抜けた。

ここにあげた人たちも含め、やなせの友人や仕事でかかわった人たちの多くは次々と売れっ子になっていった。それに対してやなせ自身は、目の前に来る仕事をこなすだけで、自分がいったい何になればいいのかわからず、心細い状態がずっと続いていた。

一九六七年には『週刊朝日』の懸賞マンガ募集に、プロではあるが一念発起して応募している。応募作「ボオ氏」は、帽子を目深にかぶった顔の見えない人物を主人公にした、セリフのない四コママンガだ。ボオ氏は「某氏」にもかかっている。後年、《グラビアの説明によくある、右からA氏、ひとり飛ばしてB氏という、ひとり飛ばされる人を書きたいと思った》と説明したように、そこにはいまだに無名のやなせ自身のイメージも投影されていた（『アンパンマンの遺書』）。

「ボオ氏」は見事グランプリに選ばれたものの、受賞を機にさしたる変化は起きなかった。だが、やなせが各方面で手がけていた仕事は、やがて互いに影響して、ひとつの形をとり始める。

その兆しは『千夜一夜物語』の制作前後にすでに現れ始めていた。手塚治虫は映画がヒットした御礼に、短編アニメーションを自由につくってくださいと、ポケットマネーで製作費を出してくれた。そこでやなせがつくったのが『やさしいライオン』というアニメで、一九六九年度の毎日映画コンクールでは大藤信郎《おおふじのぶろう》賞など各部門で賞を受けた。同作はもともと文化放送のディレクターから頼まれて一晩で書いたラジオドラマであり、その後、男性ボーカルグループ・ボニージャックスの出演でミュージカル化されている。

『やさしいライオン』は一九六九年には絵本にもなった。版元のフレーベル館にはボニージャックスが推薦してくれたという。この本が好評だったおかげで、やなせはその後もフレーベル館で絵本を出し続けることになる。絵本『あんぱんまん』（当初のタイトルはひらがなだった）もこの流れから一九七六年に刊行された。これと前後して一九七三年には、山梨シルクセンター出版部（現・サンリオ）より、以後三〇年にわたって編集長を務めることになる雑誌『詩とメルヘン』を創刊している。

アンパンマンはラジオコントから生まれた⁉

もっとも、アンパンマンのアイデアは、かなり早い時期からやなせのなかにあったようだ。

初めてアンパンマンが登場したのは絵本やマンガではなく、一九六〇年代に文化放送で平日に五分間放送されていたラジオコントだった。やなせは五年間続けたこの番組で手当たりしだいにネタを叩きこむなか、「アンパンから生まれたアンパンマン」というような話を書いたのだという。

一九六〇年代後半に、ある出版社から書き下ろし童話の企画を持ちかけられたときにもアンパンマンの話を書いたが、編集者にこんなものは童話とはいえないとボツにされている。ただ、このときはべつの画家が絵を描く予定になっていたので、もし実現していたらアンパンマンはまったく違うものになっていた可能性が高い。

アンパンマンが初めて絵をともなって登場したのは一九七〇年、大人向けの短編メルヘン集『十二の真珠』の連作童話の一編としてだった。このときのアンパンマンは頭も手足も人間そのままだった。それでも、自分の顔をちぎるという形でこそないものの、お腹から取り出したアンパンを子供に与えるというアンパンマンの精神はすでに表れていた。

この精神の根底には、やなせが「人間は食べなくては生きられないということ」と「正義は簡単に逆転すること」を強く感じたという戦争体験があった。彼は唯一逆転しない正義があるとすれば、ひもじい人を助けることだと考え、ここからアンパンマンがアンパンを食べさせるという設定が生まれたのである。

とはいえ、前出のフレーベル館刊の絵本『あんぱんまん』は不評で、編集者から「もう二度とあんな本は書かないでください」とまで言われ、評論家たちにも無視された。ほぼ同時期に人気を集めていたウルトラマンや仮面ライダーといった強くてかっこいいヒーローたちに対し、飢えている人を救うため自分の顔を食べさせ、あげくには顔のないまま飛んでいくアンパンマンをはたして子供が好きになってくれるのか、当のやなせもまったく自信がなかった（そのことを絵本のあとがきでも吐露している）。が、そんな作者の不安をよそに、小さな子供たちから圧倒的な支持を集めていることを、しばらくして知ることになる。出版社の態度も一転し、『アンパンマン』の絵本はシリーズ化されるにいたった。

やがて、いずみたくから話を持ちかけられ、『アンパンマン』はミュージカル化もされた。このとき、アンパンマンには敵役が必要ではないかと考えたやなせは、ばいきんまんを初めて登場させている。ばいきんまんをつくったことで、アンパンマンといわば光と闇のような絶妙なコントラストが生まれた。

アンパンマンが初めてテレビ化されたのはＮＨＫの幼児向け番組『おかあさんといっしょ』の一コーナーとしてで、声を中村メイコがあてた。もっともこれは紙芝居で、テレビアニメ化は一九八八年から現在も日本テレビで放送が続く『それいけ！　アンパンマン』で実現する。

アニメ化の企画は当初、視聴率がとれるかを日本テレビの上層部から疑問視され、関東のみの放送で、局からは一切カネを出さないとの条件でようやく通った。しかし製作費をかき集め、スポンサーも何とかつけて放映が始まると、月曜の夕方五時という時間帯としては考えられない視聴率を記録。翌八九年には文化庁より優秀番組賞を受賞するにいたって、局側も番組を認めざるをえなかった。

役に立たない経験はない

『アンパンマン』のテレビアニメ化が始まってからというもの、やなせは無数のキャラクターを創案していくことになる。そこで役立ったのが、かつて『千夜一夜物語』でキャラクターデザインを手がけた経験だった。

《シナリオを読んでいると、登場人物が心の中にかたちとなって浮かび上がってくる。これがわりあいと何の苦もなくというほどではないが、三十分くらいで考えついて、ラフをつくり、FAXでスタジオへおくる》（やなせたかし『アンパンマン伝説』）

『アンパンマン』のアニメには一七〇〇点以上もの（絵本とあわせると二〇〇〇点を超えると

いう）キャラクターが登場し、二〇〇九年には世界一キャラクターの多いテレビアニメとしてギネスブックにも認定された。キャラクターづくり以外にも、やなせがかつて頼まれるがままに引き受けた仕事、たとえばステージの構成の経験などは『アンパンマン』のコンサートをやるときに活かされたようだ。

《巡りあってしまうと、それまでやってきたことが全部役に立つ。（中略）こんなことをしていていいのかと思っていたことが、みんな勉強になり、役に立っていく。人生にムダなことなんて一つもないんですよ》（やなせたかし『何のために生まれてきたの？』）

『アンパンマン』のヒットによって、やなせは七〇歳にして一躍世間の注目を集めた。メディアの取材に対してはユーモアたっぷりに語り、街でファンと会ってもがっかりさせないよう、オシャレにも気を遣うようになる。八〇歳をすぎて作曲にも挑戦し、オリジナル曲をパーティで歌ったり、ＣＤに収録してリリースしたりと、晩年にいたってもサービス精神は衰えないどころか、ますます旺盛になっていった。

それでも多くの病気を抱え、体は日に日に悪くなるばかりだった。一時は引退も考え、生前葬や自ら編集する雑誌『詩とファンタジー』で追悼号まで準備していた。東日本大震災が起こったのはちょうどその頃だ。「被災者のことを考えれば、引退なんて言っていられない。命あるかぎり全力を尽くそう」と、結局亡くなるまで現役を貫くことになる。震災ではまた、「手のひらを太陽に」や「アンパンマンのマーチ」といったやなせのつくった歌が被災者を元気づけたことが記憶に新しい。

妻に先立たれた二〇年前から、墓を設計するなど死んだときのための用意を着々と進める一方で、亡くなる直前までスタッフを前に「死にたくない」と口走るなどあがき続けた。だが、やなせが常々抱いていた「一番自分の華やかな時代に死にたい」との望みは十分かなえられたといっていいだろう。何しろ、自分の作品の力が最大限に発揮されたのを見届けてからその生涯を閉じたのだから。

参考文献

やなせたかし『てのひらを太陽に』（サンリオ・山梨シルクセンター出版部、一九七一年）、『アンパンマンの遺書』（岩波書店、一九九五年）、『アンパンマン伝説』（フレーベル館、一九九七年）、『絶望の隣は希望です！』（小学館、二〇一一年）、『何のために生まれてきたの？ 希望のありか』（ＰＨＰ研究所、二〇一三年）

やなせたかし・戸田恵子『アンパンマンVSアンパンマン』（フレーベル館、二〇〇〇年）

中村圭子編 『やなせたかし メルヘンの魔術師 90年の軌跡』（河出書房新社、二〇〇九年）

「阿川佐和子のこの人に会いたい 第８９６回 アンパンマンの歌が流れると、被災地の子たちが一斉に歌い出したって。嬉しかったねえ。 漫画家 やなせたかし」（『週刊文春』二〇一一年一〇月二七日号）

「巻頭大特集 『手のひらを太陽に』50周年記念 やなせたかしとアンパンマン 愛と勇気のメッセージ」（『ＭＯＥ』二〇一二年三月号）

「人生に乾杯！21 やなせたかし うまくいくには『運・鈍・根』。運があるうえに鈍重さと根気が必要」（『週刊朝日』二〇一二年三月一六日号）

「連続インタビュー6 私の『大往生』 死は怖くない！ 漫画家 やなせたかし「みんなを笑わせながら、面白く死にたい」」（『週刊文春』二〇一二年八月二日号）

「やなせたかしのメッセージ 本当の正義と一筋の希望」（『ＡＥＲＡ』二〇一三年七月二九日号）

「総特集 やなせたかし アンパンマンの心」（『ユリイカ』二〇一三年八月臨時増刊）

川上哲治

KAWAKAMI
TETSUHARU

一九二〇年三月二三日～
二〇一三年一〇月二八日（満九三歳）
プロ野球選手・監督

背負い続けた「孤独」

日本一監督となった星野仙一との因縁

二〇一三年のプロ野球の日本シリーズでは、読売ジャイアンツ（巨人）と、シリーズ初出場となった東北楽天ゴールデンイーグルスが対戦した。このとき三勝三敗の五分《ごぶ》で迎えた七戦目（一一月三日）を楽天が制し、球団創設九年目にして初の日本一に輝いている。

このシリーズのさなかの一〇月二八日、戦前から戦後にかけて巨人で活躍した名打者であり、監督としても一九六五年から一九七三年まで九年連続で巨人の日本シリーズ制覇（Ｖ９）を達成した川上哲治《かわかみてつはる》が死去した。訃報が伝えられた一〇月三〇日の日本シリーズ第四戦では、巨人だけではなく楽天の選手たちも喪章をつけて試合にのぞんだ。

所属した巨人のみならず楽天の選手も喪に服したのは、球界から初めて文化功労者（一九九二年）となるなど、川上の球界全体での業績に敬意を称したものであったのだろう。それと同時に、楽天の当時の監督・星野仙一《ほしのせんいち》の川上への個人的な思いもあったと思われる。

星野と川上の因縁は、星野が明治大学卒業を控えた一九六八年のドラフト会議までさかのぼる。このとき、星野は巨人から一位指名されるものと思いこんでいたが、巨人は島野修《しまのおさむ》を指名、結局中日ドラゴンズに入団した。川上によれば、会議の四日ぐらい前までは星野をとるつもりであったが、肩を壊していて使いものにならないとの情報を得て、とりやめたのだという（『BOSS』二〇〇三年一〇月号）。

ともあれ星野はそれ以来、巨人に対しひときわ闘志を燃やした。一九七四年には中日のエースとして、川上率いる巨人のV10を阻むのに大きく貢献している。

そんな星野だが、現役引退後は川上を慕い、師弟ともいえる関係を築いた。きっかけは、星野が引退してNHKの解説者となったことだった。先に解説者となっていた川上やほかの巨人OBとゴルフに出かけるなど、つきあううちに互いに信頼を寄せるようになったらしい。

一九八六年のシーズンオフに中日ドラゴンズの監督に就任した星野は、背番号を「77」とした。その後も阪神タイガース、北京オリンピックの日本代表チーム、そして楽天と、彼が監督を務めるたびにつけてきた77番は、川上の監督時代の背番号にあやかったものだ。

そもそも川上が背番号を「77」としたのは、巨人の監督になって四年目の一九六四年のシーズンを終えてからだった。それまでは現役時代からの「16」をつけていたものの、「川上は監督になっても16番をつけて、打者としての功績をひけらかしている」との批判があがったため、思い切って背番号を変えたのである。

「77」を選んだ理由について、会見では「ダブルラッキーセブンでいいじゃないか」と話したものの、それ以外に、この頃試合のあいまに楽しみにしていた探偵もののテレビ映画『サンセット77』の人気にあやかったのだとものちに明かしている。

批判がつきまとった監督時代

背番号を変えた一九六四年のシーズンオフは、川上にとって「地獄だった」という。この年の巨人は、王貞治《おうさだはる》が五五本のシーズン本塁打の日本記録（当時）を達成したとはいえ、チームの順位は三位に終わった。そればかりか、遊撃手として華麗な守備で評価の高かった広岡達朗《ひろおかたつろう》をめぐり騒動が持ちあがる。これは、チームの戦術を批判した広岡に対し、チームワークを乱すと考えた川上が他球団への放出を画策、それにマスコミが非難の集中砲火を浴びせかけたというものだ（結局、広岡は巨人にとどまった）。

この騒動の心労から、川上夫人が直腸潰瘍《ちょくちょうかいよう》で倒れてしまう。川上は「もう野球はやめる」とまで口にしたものの、病床の妻から「あなたから野球をとったら何が残るの」と言われ、思いとどまった。新たな背番号でのぞんだ一九六五年のシーズン、巨人は二年ぶりに日本一となり、V9の第一歩を踏み出す。

一九六一年シーズンから監督として巨人を率いるようになってからというもの、川上に対しては常に批判がつきまとった。同年春の宮崎キャンプでは、取材の時間や場所の規制を行ない、練習中はグラウンドから記者たちを締め出したため、マスコミは「哲《てつ》のカーテン」と揶揄《やゆ》した。

V9時代にあっても、一点でも多く稼ぐべくバントや犠牲フライを選手に指示することも多かったため、「田舎者野球」「コセコセ野球」「面白みのない点取り野球」とも評された。川上の不人気ぶりは、V9を支えたスター選手である王貞治・長嶋茂雄《ながしましげお》の「ON」の二人の人気とは裏腹であった。

それでも、米メジャーリーグのロサンゼルス・ドジャースの戦法などから学びつつ、いまでは当たり前となっている守備のフォーメーションや投手のローテーションを導入したことは（川上以前にすでに三原脩《みはらおさむ》や水原茂《みずはらしげる》といった監督が採り入れ始めていたという指摘もあるが）、日本の野球の歴史において画期的であったことはまちがいない。

軍隊時代の「孤独」

一九二〇年に現在の熊本県人吉市《ひとよし》に生まれた川上が、熊本工業学校（現・熊本工業高校）から巨人に入団したのは一九三八年のこと。その前年、卒業を前に巨人からスカウトを受けた際、父親は長男である川上がプロ野球に進むことに不安を覚えて反対し、同時期に誘われていた国鉄の門司《もじ》鉄道局への就職を勧めた。まだ巨人が結成されて五年足らずの時期だから、それも無理はないだろう。

当時「職業野球」と呼ばれていたプロ野球に対し、世間ではまだ関心は薄かった。川上は二年目より投手から打者に転向してまもなく、春のシーズンで初の首位打者を獲得するなど頭角を現したものの、ファンからサインを求められたことは戦前には一度もなかったという。太平洋戦争に突入したころには、バットケースをかついで電車に乗っていると、「いい若い者が、この時代に……」などと白い目で見られたりもした。

一九四二年に徴兵されて軍隊生活に入ったあとは、もう二度と野球をすることはないと思っていたという。終戦を迎えたのは、立川《たちかわ》の飛行整備学校の教官（階級は少尉）としてだった。スポーツについての著作も多い作家の虫明亜呂無《むしあけあろむ》は戦時中の一時期、学徒兵として〝鬼教官〟川上のもとで鍛錬を受けた体験を後年つづっている。

それによれば、学徒兵のあいだでは、自分たちに対して容赦なく鉄拳制裁を加える一方で、上官には媚びへつらう川上は憎悪されるとともに、どこか憐れみをもって見られていたという。もっとも、虫明自身は川上から手をあげられたことはなかったようだ。そればかりか、川上の心の温かさに触れる機会すらあった。あるとき虫明は叔父が面会に来たと知り、喜びのあまり勝手に学校を抜け出した。そこを川上に見つかってしまうのだが、彼は「いかんじゃないか」と虫明の額《ひたい》を指でつついただけで、「よし行け。二度とするな」と見逃してくれたという。それもあって、虫明は仲間たちのように彼を最後まで憎む気にはなれなかった。

《むしろ、世の世評のさなかで、彼が彼なりの道をひた走りに走っている姿に、男のかなしみを感じることが、しばしばであった。川上哲治は、いつも、ひとりぼっちだった。二十をすぎて、幾つにもならないに、すでに、ひとりぼっちだった。当時、十八歳だった子供のぼくなんかには、はかりしれないほどの「孤独」を、川上哲治は全身に背負っている感じだった。軍隊だと、それがとくに強調して受けとれた》（『文藝春秋』一九六八年五月号）

虫明が川上に感じた「孤独」は、彼がプロ野球入りしてから、さらに監督時代もずっと引きずっていたものかもしれない。

川上は監督になる前、巨人の生みの親である読売新聞社社主の正力松太郎《しょうりきまつたろう》から、「私情を入れてチームを指揮したら許さん」と釘を刺されていた。それだけに、チームのため、ときに選手やコーチに対し非情ともとれる処分を下すことも少なくなかった。

たとえば、コーチの別所毅彦《べつしょたけひこ》が、ある投手が寮で深夜まで飲んでいたのを咎《とが》めて手を出し、川上の前で謝らせたということがあった。話はその場で収まったものの、しばらくしてこれが殴打事件として週刊誌で大きくとりあげられてしまう。川上は表沙汰になった以上、別所には謹慎させ、ほとぼりが冷めるのを待とうと判断を下したが、当の別所は「川上さんに裏切られた」と辞表を叩きつけたのだった。

この直後、川上は遠征先の大阪で、別所を止められなかったことを悔やみ「おれは、人間を抱いてやれぬ男なのだろうか」と涙を流したという。監督の孤独を感じさせるエピソードである。

両親のためだったプロ入り

川上が背負っていたのは孤独だけではない。プロに入ってからというものずっと、両親をはじめ一家を支える責任を負っていた。

そもそも反対する父親を説得して巨人入りを決めたのは、巨人から支度金三〇〇円・月給一一〇円という条件を提示されたことが大きかった。川上家では、仕事で失敗して家や土地を失ったあげく体を壊して働けなくなった父に代わり、母が農作業や日雇いの仕事で家計をどうにか支えていた。それも巨人に入れば、いますぐ支度金がもらえ、土地や家を取り戻せると考えたのだ。

時代は下って終戦後、熊本に戻って農業を始めていた川上は、巨人から復帰を打診されたものの、すぐに決心がつかなかった。それというのも、野球選手に戻っても、妻や生まれたばかりの子供を喰わせていくのが精いっぱいで、両親に仕送りをするのは無理だろうと思ったからだった。考えた末に、川上は両親が食べていけるだけのまとまった金が必要だとして、三万円を払ってくれるなら巨人に復帰するとの手紙を出す。

一九五六年に日本プロ野球史上初めて通算二〇〇〇本安打を達成する（二年後の引退までにこれを二三五一本まで伸ばす）など、戦後のめざましい活躍は、このとき川上の要求を巨人が受け入れたからこそ実現したのである。

後年、監督を退任して解説者となった川上が、監督時代の教え子である淡口憲治《あわぐちけんじ》を評して「この選手は親孝行だから大成しますよ」と語ったところ、アナクロニズムだと強い反発も受けた。だが、野村克也《のむらかつや》（Ｖ９時代の一九七三年には、南海ホークスの兼任監督として日本シリーズで川上巨人と対戦している）はこの発言について、《その選手が親孝行ならば、もっと野球がうまくなって給料を上げてもらい、親に楽をさせてやろうと考えるだろう。素直な性格で、監督やコーチのアドバイスにも積極的に耳を傾けるはずだ。これで成長しないわけがない》と川上は考えたのだろう、と解釈している（野村克也『巨人軍論』）。川上自身の生い立ちを考えれば、この解釈はしごく納得がゆく。

球界改革への提言と経営者からの支持

川上の言動を振り返ってみると、その論調が一筋縄ではいかない。インタビューや著書には、「禅」や「報恩感謝」などといったアナクロチックな言葉に交じって、球界へ改革を求める提言もたびたび出てくるので戸惑ったりもする。

たとえば、一九九三年の「プロ野球を10倍面白くする法」と題する雑誌への寄稿では、球団経営への新規参入を積極的に認め、フランチャイズも全国に拡大することや、プロとアマチュアとの交流の活発化なども提言している。いずれもその後、徐々にではあるが実現していることだ。同じ記事にはこんなことも書かれていた。

《個人技も含めて野球の魅力をもっとアピールできるようなプレーをすれば、野球は面白くなくなったなどという声は聞かれなくなるというのが私の意見です。快速球、豪快なホームランが野球最大の魅力であることに間違いはないけれど、豪華な守備、走塁もまた野球の醍醐味です。そして、これは訓練次第でどんどん向上する》(『文藝春秋』一九九三年三月号)

川上の野球は管理野球だというイメージを持っている人には、意外にも思える発言だろう。だが、じつはこうした野球観は彼が監督時代から抱《いだ》いていたものだったりする。

日本シリーズ四連覇を達成した直後の記事では、巨人連覇を「チームプレイの成果」と評価するマスコミに対し、むしろ「総力の結集」という言葉で表現してもらいたいと書き、その理由を次のように説明していた。

《なぜなら、〝総力〟の裏打ちをするものが巨人軍の場合、選手ひとりひとりのゆたかな〝創意〟だからである。ファンのみなさんが、グラウンド上で発見される個性的な好プレーは、選手たちの、野球に対するあくなき開発精神が生んだ、一つのアイデアなのだ》（『現代』一九六八年一月号）

「開発精神」という言葉が出てくるあたり、ビジネスマンの読者を多分に意識していることがうかがえる。事実、このあとには《この、いわば〝アイデア開発法〟は、ひとり野球の世界ばかりでなく、広く一般のビジネス社会にも通じることだと思うのだが》と記されていたりする。

監督退任後には、ビジネスマン向けの著書『悪の管理学』（一九八一年）がベストセラーとなったほか、講演を行なうことも増え、中間管理職や経営者が川上の言葉に注目するようになった。

実績を残したプロ野球の監督がそういう活動により人々の耳目を集めることは、いまや珍しいことではない。

川上は財界にも人脈を広げ、新人時代よりつきあいのあった野村證券の瀬川美能留《せがわみのる》などからはよく助言を受けた。監督就任と同時に、財界人による巨人の後援会「無名会」も結成されている。草創期は一般の関心も薄く、蔑《さげす》まされることさえあったプロ野球だが、戦後は国民的娯楽として定着し、監督の指導術が経営の手本とされるまでになった。その地位向上のため、川上が果たした役割は大きい。

監督退任後の夢

監督を退任したあとの川上の夢のひとつに、少年野球の指導があった。退任後、読売球団に専務として残った川上は、球団社長の正力亭《しょうりきとおる》の勧めで、全国で野球教室を開催した。だが、その実態は、川上が監督をやめる数年前から家族に語っていた《車のトランクにバットを一本入れておいて、どこかで草野球をやっている子供をみつけたら車を停めて野球を教える》という夢からはかけ離れたものだったようだ（川上貴光《かわかみよしてる》『父の背番号は16だった』）。

《全国の読売新聞の販売店を拠点に、一年間に百三十カ所で開かれ、土、日祝日はもちろん、夏休みなどはほとんど一日おきにまわった。その間、球場に足を運ぶことはもちろん、テレビでジャイアンツの試合を見ることもほとんどできなかった》（前出書）

専務の給料は監督時代の半分であり、川上は「捨てぶちをもらって新聞の販売拡張をやらされたようなもんだった」とぼやいたと、長男でノンフィクション作家の川上貴光は書いている。一九七六年、川上は巨人を離れてＮＨＫの解説者となる。同時に、自身の事務所を設立し、ＮＨＫの後援のもと、各地を巡回しての少年野球の指導を続けることになった。両親に仕送りをするとか、チームを常勝させるといった目的から離れて、純粋に野球の楽しさを子供たちに伝えることを始めたとき、川上はようやく、それまで背負い続けてきた孤独や重い責任感から解放されたのではないだろうか。

参考文献

川上哲治「悪評と誤解に初めて答える」(『現代』一九六八年一月号)、「いまこそ言う巨人軍の内幕」(聞く人・虫明亜呂無、『文藝春秋』一九七五年二月号)、「プロ野球を10倍面白くする法」(『文藝春秋』一九九三年三月号)、『遺言』(文藝春秋、二〇〇一年)、「私の履歴書　川上哲治」(『私の履歴書　プロ野球伝説の名将』日経ビジネス人文庫、二〇〇七年所収)
川上貴光『父の背番号は16だった』(朝日新聞社、一九九一年)
草柳大蔵『実力者の条件　この人たちのエッセンス』(文春文庫、一九八五年)
玉木正之『プロ野球大事典』(新潮文庫、一九九〇年)
野村克也『巨人軍論――組織とは、人間とは、伝統とは』(角川oneテーマ21、二〇〇六年)
宮本治雄『戦後ヒーロー・ヒロイン伝説』(朝日文庫、一九九五年)
虫明亜呂無「教官川上哲治のゲンコツ」(『文藝春秋』一九六八年五月号)、「弱い男　川上哲治」(『現代』一九七〇年六月号)
読売新聞解説部『時代の証言者3　大きなヒーロー』(読売新聞社、二〇〇五年)
「V9監督・川上哲治が語る『星野マジック』のすべて」(聞き手・羽佐間正雄、『BOSS』二〇〇三年一〇月号)

二〇二三年の物故者たち

二〇二三年九月、一九六四年以来、実現すれば五六年ぶりとなるオリンピックの東京開催が決まった。先の東京オリンピックでもっとも日本国民の耳目《じもく》を集めた競技は、何といっても、女子バレーボールである。**河西昌枝**《かさいまさえ》（結婚後の姓は中村《なかむら》。一〇月三日・八〇歳）が主将を務める日本チームは「東洋の魔女」と呼ばれ、最大のライバルであったソ連を下して金メダルを獲得した。決勝戦のテレビ中継で実況を担当したNHKアナウンサー・**鈴木文彌**《すずきぶんや》（一月二〇日・八八歳）は、試合終盤、「いよいよ金メダルポイントです」と、その興奮を伝えた。

東京オリンピック開催前より、テレビ中継を通じて相撲やプロ野球が国民的スポーツとして定着していた。「巨人・大鵬《たいほう》・卵焼き」という言葉が流行したのもこの頃だ。一九六一年、角界では**大鵬幸喜**《たいほうこうき》（一月一九日・七二歳）がライバル・柏戸剛《かしわどつよし》とともに横綱に昇進、またプロ野球では巨人が**川上哲治**《かわかみてつはる》（一〇月二八日・九三歳→一一四頁）の監督就任一年目にして日本シリーズ制覇を果たす。川上巨人は東京五輪開催の一九六四年は三位に終わったが、翌六五年からは九年連続日本シリーズ制覇（V9）を成し遂げた。大鵬も一時けがに悩まされたものの、それを克服し、一九七一年に引退するまでに史上最多の優勝三二回を記録している。

川上は現役時代の一九五三年の日本シリーズでMVPに選ばれた際、トヨタ自動車工業（当時）の役員に「来年からは賞品に自動車を提供してくれないか」と持ちかけている。これにより翌五四年から、MVPにはトヨタが乗用車を提供するようになった。

多くの人がマイカーを持つ時代はもう少し先であったが、当時すでにタクシーなどの営業車、法人の自家用車などの需要は拡大し、供給不足が指摘されつつあった。トヨタ自動車の創業者の豊田《とよだ》喜《き》一郎《いちろう》の従兄弟で、当時取締役だった**豊田英二《えいじ》**（九月一七日・一〇〇歳）は、市場の変化を見据えて、月産五千台規模の乗用車専用工場の建設を提案している。工場は一九五九年に操業を開始し、たちまち月販一万台を達成したトヨタは、他社に大きくリードをとった。

豊田は副社長時代（一九六〇〜六六年）には、貿易と資本の自由化を前に、国際競争力の強化のため、日野自動車やダイハツと提携をはかっている。合併や外国メーカーとの提携も含め、一九六〇年代における自動車業界の再編は、小説家の**山崎豊子《やまさきとよこ》**（九月二九日・八九歳→九一頁）の代表作のひとつ『不毛地帯』（一九七六〜七八年）でも題材としてとりあげられた。

自動車業界再編のなかで、二輪車に加え四輪車市場に進出した本田技研工業（ホンダ）は、一九七二年、アメリカのマスキー法（大気汚染防止法）にもとづく自動車排出ガス規制に世界で初めて対応した「ＣＶＣＣエンジン」を開発する。これを主導したのは当時本田技術研究所社長で、翌七三年にホンダの二代目社長に就任した**河島《かわしま》喜《き》好《よし》**（一〇月三一日・八五歳）であった。

一九七〇年代から八〇年代にかけて、石油危機もあり、低燃費の日本車は生産台数・輸出台数ともに伸ばしたが、欧米諸国からは反発も起こった。それをかわすため各メーカーは海外での現地生産に乗り出す。早くから二輪車の現地生産に積極的だったホンダは、河島社長時代の一九八二年には、日本の自動車メーカーでは初めてアメリカで四輪車の生産を開始した。

日産自動車もまた一九八〇年代にはイギリスやアメリカなどに工場をつくり、積極的な海外進出を始めている。こうした当時の石原俊《いしはらたかし》社長の方針に対し、自動車労連（日本自動車産業労働組合連合会。日産自動車および関連会社の労組の連合体）の会長であった**塩路一郎**《しおじいちろう》（二月一日・八六歳）は真っ向から反対し、世間の注目を集めた。

企業の積極果敢な設備投資や海外投資は、業績を伸ばす一方で、多額の負債として跳ね返ってくることもある。樋口廣太郎《ひぐちひろたろう》（二〇一二年没）社長時代のアサヒビールがまさにそのケースであった。スーパードライの大ヒットで売上を拡大した同社だが、一九九二年に樋口の後任社長に**瀬戸雄三**《せとゆうぞう》（五月一三日・八三歳）が就任した時点で、売上を大きく上回る借金があった。瀬戸はその事実を社員に隠し通し、事業を整理して本業に集中することで危機を乗り越える。

リクルートが一時期、再建のためダイエーの傘下に入ったのも、不動産と金融部門で巨額の負債を抱えたためであった。その原因には、情報産業のままでは財界で地位を築けないとの焦りから、創業者・**江副浩正**《えぞえひろまさ》（二月八日・七六歳）が不動産事業に走ったことも大きかったようだ。一九八八年に発覚したリクルート事件も、江副が自社の地位向上のため政官財の要人たちに接近をはかるなかで起こった。江副の志向したものは、任天堂を世界的なゲーム機・ソフトメーカーへとのしあげた**山内溥**《やまうちひろし》（九月一九日・八五歳→八〇頁）が、経済団体などにはほとんど加入せず、また、「自分の会社は娯楽産業を売っている」との意識を終始失わなかったのとは対照的だ。

リクルート事件では、**吉永祐介**《よしながゆうすけ》（六月二三日・八一歳）が東京地検検事正として捜査を指揮した。吉永は「ミスター検察」「特捜検察の顔」などと称されたが、弁護士の**中坊公平**《なかぼうこうへい》（五月三日・八三歳）は「平成の鬼平」と呼ばれた。これは一九九六年、住宅金融債権管理機構（のちの整理回収機構）の社長となった中坊に対し、バブル崩壊で破綻した住宅金融専門会社（住専）の債権回収の断行をマスコミが期待して呼んだものだ。だが、二〇〇〇年、整理回収機構が社長の直轄案件として進めていたある業務において、「不適切な回収」が行なわれていたことが発覚する。中坊はのちに、その責任をとって弁護士を廃業するにいたった。

ところで、先述の日産のイギリス進出は、日本と欧米の貿易摩擦の解消のため、時の首相・中曽根康弘《なかそねやすひろ》とイギリス首相の**マーガレット・サッチャー**（四月八日・八七歳）が強く後押ししたものだとされる。サッチャーは一九七九年に首相に就任して以来、「小さな政府」を標榜し、国有企業の民営化などを推し進めた。日本でも中曽根政権期に、国鉄など三公社の民営化が実現した。この民営化を提言したのが、第二次臨時行政調査会で部会長を務めた経済学者の**加藤寛**《かとうひろし》（一月三〇日・八六歳）だ。加藤は政府の行政改革にブレーンとしてかかわるなかで、イギリスでのサッチャー改革のほか、アメリカの経済学者でノーベル経済学賞も受賞した、**ジェームズ・M・ブキャナン**（一月九日・九三歳）の「公共選択の理論」などを参考にしている。

サッチャーは一九八〇年代、英連邦に加盟するアフリカ諸国から、アパルトヘイト（人種隔離政策）をとっていた南アフリカに対する制裁措置が生ぬるいのではないかと批判を受けていた。事実、サッチャーは、政治犯として一九六三年より獄中にあった黒人解放運動指導者の**ネルソン・マンデラ**（のち大統領。一二月五日・九五歳）の釈放を要求していたとはいえ、経済制裁には慎重だった。それというのも、制裁により南アフリカの経済が悪化すれば、黒人にもかえって悪影響が出てくるのではないかと懸念を抱いたからだ。

結局、サッチャーが手をこまねいているあいだに、一九九〇年二月にマンデラは釈放される。サッチャーの首相辞任は同年一一月のことだった。アパルトヘイト撤廃後の南アフリカでは、黒人のなかに新たな富裕層も現れたものの、黒人の多くはいまなお白人と経済面で大きく隔たった生活を送っている。

アフリカやアジア、南アメリカ諸国には、経済発展の著しい国もあるが、たいてい国内では格差問題を抱えている。南米ベネズエラの大統領**ウーゴ・チャベス**（三月五日・五八歳）は、社会主義政策により貧困解消をめざしたものの、その独裁的手法には疑問視する声も内外であった。彼の没後、二〇一三年四月に実施された大統領選挙では、候補者のひとりのマドゥロ暫定大統領がチャベス体制継続を訴えたものの、反対派のカプリレス候補に一・五パーセント差にまで迫られる接戦となり、辛くも勝利した。

南アフリカと同じくかつてイギリスの植民地であったナイジェリア出身の小説家**チヌア・アチェベ**（三月二一日・八二歳）は、一九五八年に『崩れゆく絆』でデビューした。折しもアフリカ諸国があいついで独立していた頃であり、アフリカ人自身の姿を初めてアフリカ人の手で描いたアチェベは「アフリカ文学の父」とも呼ばれる。アチェべ来日時に雑誌で対談も行なった文化人類学者の**山口昌男**《やまぐちまさお》（三月一〇日・八一歳）が、アフリカの調査のため最初に赴いた国もナイジェリアであった。

山口をはじめ、建築写真家の**二川幸夫**《ふたがわゆきお》（三月五日・八〇歳）、考古学者の**森浩一**《もりこういち》（八月六日・八五歳）、民俗学者の**谷川健一**《たにがわけんいち》（八月二四日・九二歳）といった人たちは、綿密なフィールドワークにもとづく独創的な研究や作品制作でそれぞれの分野に大きな足跡を残した。詩人・評論家の谷川雁《がん》、東洋史学者の**谷川道雄**《みちお》（六月七日・八七歳）の兄である谷川健一は、地名の研究でも知られる。その最晩年の編著『地名は警告する』では、過去に津波などの自然災害に遭ったことを示す地名に着目し、そこから先人たちの警告を読み取るべきだと訴えている。

作家・映像ディレクターの**戸**《と》**井**《い》**十月**《じゅうがつ》（七月二八日・六四歳）は、オートバイで世界各地を駆け回りながら、多くの著作をものした。二〇〇〇年代には数回にわたってキューバの革命家、チェ・ゲバラの足跡をたどり、ルポルタージュも著している。イギリスの考古学者で、第一次大戦下のアラブ独立運動の支援者、T・E・ロレンスもオートバイを愛用した（亡くなったのもバイクの事故によってだった）。一九六二年製作のイギリス映画『アラビアのロレンス』では、舞台俳優の**ピーター・オトゥール**（一二月一四日・八一歳）がロレンス役に抜擢された。

ロレンスについては、イギリスの作家、**コリン・ウィルソン**（一二月五日・八二歳）もその最初の著作『アウトサイダー』（一九五六年）で言及している。社会秩序の外側に身を置くアウトサイダーたちの生き方を、古今東西の書物をひもときながら論じた同書では、カミュの『異邦人』やドストエフスキーの『罪と罰』なども参照されている。文芸評論家・**秋山駿**《あきやましゅん》（一〇月二日・八三歳）は『想像する自由―内部の人間の犯罪―』（一九六三年）で〝理由なき殺人〟を論じて注目されたが、ここでもまた、カミュやドストエフスキーの作品が引き合いに出されていた。

推理作家の**佐野洋**《さのよう》（四月二七日・八四歳）は、推理小説で新本格派の代表作家となる一方で、前職の新聞記者の経験を生かして、三億円事件や布川事件など実際に起こった事件を題材とした小説やノンフィクションも著している。**小田晋**《おだすすむ》（五月一一日・七九歳）は犯罪精神医学を専門とし、日航機羽田沖墜落事故の機長や新潟県での女性監禁事件犯人の精神鑑定などを担当した。

精神科医の**なだいなだ**（六月六日・八三歳）は、凶悪事件が起きるたびに、事件の背景を探り対策をとれと主張する人たちに疑問を呈している。なだは、事件の原因がたいていは個人のモラルの問題にすぎないにもかかわらず、対策のため十把《じっぱ》一《ひと》絡《から》げに管理が強化されることに異を唱えたのだ。なお、小説も多数残したなだは芥川賞に六回ノミネートされている（歴代タイ記録）。

安岡《やすおか》**章**《しょう》**太郎**《たろう》（一月二六日・九二歳）は、一九五三年に『悪い仲間』『陰気な愉しみ』で芥川賞を受賞し、同時期にデビューした吉行淳之介や遠藤周作《えんどうしゅうさく》などとともに「第三の新人」と呼ばれた。先行する戦後派の作家たちとくらべ、政治的関心の欠如が指摘されたりもした「第三の新人」だが、安岡は一九六〇年にアメリカ南部への留学中、黒人差別を目の当たりにしたことなどをきっかけに、日本国内に存在する同和問題などに対しても積極的に発言するようになった。

常盤新平《ときわしんぺい》（一月二二日・八一歳）は、終戦直後、占領軍とともにもたらされたアメリカ文化にどっぷり浸かりながら青年時代をすごした世代にあたる。一九八七年には自伝的小説『遠いアメリカ』で直木賞を受賞した。二〇一三年の物故者のうち直木賞作家にはほかに、『花のれん』（一九五八年）で受賞した前出の山崎豊子、『恋文』（一九八四年）の**連城三紀彦**《れんじょうみきひこ》（一〇月一九日・六五歳）、『恋忘れ草』（一九九三年）の**北原亞以子**《きたはらあいこ》（三月一二日・七五歳）がいる。

連城三紀彦にせよ前出の戸井十月にせよ、六〇代での死去でいまでは早世の部類に入る。が、二〇一三年はさらに若い、小説家の**殊能将之**《しゅのうまさゆき》（二月一一日・四九歳）、ゲームクリエイターの**飯野**《いいの》**賢治**《けんじ》（二月二〇日・四二歳）、情報工学者・ソフトウェア開発者の**金子勇**《かねこいさむ》（七月六日・四二歳）、マンガ家の**風間**《かざま》**やんわり**（六月一三日・三六歳）、それから事故で急逝したお笑い芸人の**桜塚**《さくらづか》**やっくん**（一〇月五日・三七歳）と、三〇〜四〇代の著名人の物故者も目立った。

このうち金子は、ファイル交換ソフト「Winny」の著作権違反の幇助《ほうじょ》罪に問われるも、七年間の裁判の末、無罪となった。著作権の保護期間が現行の五〇年から七〇年へ延長しようという動きも見られるなか、著作権の切れた文学作品を一種の公共財産として、ウェブ上で自由に読めるようにした「青空文庫」の世話人・**富田倫生**《とみたみちお》（八月一六日・六一歳）や金子は、それに抗する存在であった。富田はもともとフリーランスの編集者だったが、前出の常盤新平もまた、早川書房で『ミステリマガジン』などの編集者を長年務めている。その著作には、『アメリカの編集者たち』（一九八〇年）など雑誌や編集者をとりあげたものも少なくない。

大橋鎮子《おおはししずこ》（三月二三日・九三歳）が編集者となったのは、終戦直後、「戦争中、女の人はお稽古事も何もできなかった。だから女の人に役立つことを印刷物にして売ろう」と思い立ったことがきっかけだった。ちょうどこの頃出会った花森安治《はなもりやすじ》の手を借りる形で、一九四六年に洋服の直線裁ちのつくり方を紹介する『スタイルブック』を発行、さらに一九四八年には『美しい暮しの手帖』(のちの『暮しの手帖』)を創刊する。以来、大橋は六〇年近くにわたり『暮しの手帖』の編集に携わり、「女の人に役立つこと」を提案し続けた。

花森と大橋の関係は、一九七九年に『広告批評』を創刊した**天野祐吉**《あまのゆうきち》(一〇月二〇日・八〇歳)と**島森路子**《しまもりみちこ》(四月二三日・六六歳)とも重なるところがあるかもしれない。大手出版社から、天野に誘われて広告制作会社に移った島森は、やがて彼が長年構想を温めていた雑誌の編集に参加することになる。それが『広告批評』だった。同誌では、広告の世界にとどまらず、さまざまな分野の表現者が登場する。島森は彼らから魅力的な言葉を引き出すインタビュアーとして定評があった。

マガジンハウスの編集者・**甘糟章**《あまかすあきら》(一一月一九日・八四歳)は一九七五年、友達夫婦的なニューファミリーという階層が登場してきたとの仮説にもとづき、新しいタイプの女性誌『クロワッサン』を創刊する。ちょうど同じ年、**堤清二**《つつみせいじ》(一一月二五日・八六歳)率いるセゾングループの一角パルコもまた、広告においてやはり友達夫婦的なイメージで、ニューファミリー像を提示してみせた。

日本人の女性観を打ち破った広告のひとつに、一九六六年、当時まだ新人だった女優の**前田美波里**《まえだびばり》が日焼けした肌をさらした、資生堂のサマーファンデーション「ビューティケイク」のポスターがある。そのアートディレクションを担当したのは、のちに資生堂宣伝部長も務めた**中村誠**《なかむらまこと》(六月二日・八七歳)だった。

資生堂の広告がセンセーショナリズムをもって人々に受けとめられる以前、ザ・ピーナッツは「恋のバカンス」（一九六三年）ですでに「陽にやけたほほよせて」と歌っていた。この詞を書いた岩谷時子《いわたにときこ》（一〇月二五日・九七歳）は、数多くのヒット曲を生んだ作詞家であるとともに、宝塚歌劇団の文芸部在籍中からの付き合いである女優・歌手の越路吹雪《こしじふぶき》のマネージャーでもあった。越路が一九五一年に宝塚から東宝に移籍するのとあわせ、岩谷も東宝の文芸部に移っている。

のちに岩波ホールの創立（一九六八年）と同時に総支配人となる高野悦子《たかのえつこ》（二月九日・八三歳）が東宝文芸部に入ったのは、岩谷が移籍した翌年、一九五二年のことだった。そこで高野が任された「製作企画調査」の仕事には、宝塚歌劇の男役を廃止するか否かを調査し、報告書にまとめるというものもあったという。

岩谷時子の代表作には「恋のバカンス」など、作曲家のいずみたくと組んだものも多い。マンガ家の**やなせたかし**（一〇月一三日・九四歳↓一〇一頁）も、いずみたくの作曲で「手のひらを太陽に」などいまでも愛唱される歌を数々作詞している。やなせの代表作『アンパンマン』をミュージカル化したのも、いずみだった。

歌手の**島倉千代子**《しまくらちよこ》（一一月八日・七五歳）は一九六六年、デビュー以来の〝お涙歌謡路線〟から脱却をはかり、岩谷時子作詞によるポップス調の「ほんきかしら」を歌っている。演歌のイメージが強い島倉だが、その後も小田和正《おだかずまさ》や山崎《やまさき》ハコ、それから遺作となった新曲「からたちの小径《こみち》」の南こうせつと、ポップス系のミュージシャンからの楽曲提供も目立つ。

一九六九年に、作詞家の**石坂《いしざか》まさを**（三月九日・七一歳）のプロデュースによる「新宿の女」

でデビューした**藤圭子**《ふじけいこ》（八月二二日・六二歳）は、ブームのなかで流布された〝薄幸〟〝苦労人〟というイメージに違和感を抱き続けていたようだ。デビュー前に北海道の温泉場で歌っていた頃から、歌うことは嫌いだと思いこんできた藤だが、一九七九年に一度引退してから、自分は歌が好きだったんだと気がついたと、後年語っている。

藤の売り出し方は、後年のアイドルのそれを先取りしたものとの指摘もある。芸能事務所・サンミュージック創業者の**相澤秀禎**《あいざわひでよし》（五月二三日・八三歳）は一九六〇年代後半以降、数々のアイドルを世に送り出してきた。なかでも一九八〇年にデビューした松田聖子《まつだせいこ》は、歌だけでなくその生き方も含め、時代を象徴する存在となった。

一時代を築いたTBSテレビの音楽番組『ザ・ベストテン』を、**弟子丸千一郎**《でしまるせんいちろう》（一〇月二七日・七〇歳）らとともに企画・プロデュースした**山田**《やまだ》**修爾**《しゅうじ》（八月二八日・六七歳）は、松田がデビューして以来、番組が終わってからも親交が続いた。あるとき山田は、松田に「あなたには歌手という仕事に挑戦的であってほしいし、自由な女性の姿を表現してほしい」と頼んだことがあったという。

『ザ・ベストテン』と同じ一九七八年に開始されたテレビ東京の『演歌の花道』も長寿番組となり、ナレーションの**来宮良子**《きのみやりょうこ》（一一月二五日・八二歳）の名調子でも知られた。来宮は『ベルサイユのばら』などテレビアニメの声優としても活躍している。来宮と同様、**納谷悟朗**《なやごろう》（三月五日・八三歳）や**内海賢二**《うつみけんじ》（六月一三日・七五歳）も、テレビアニメや洋画の吹替えで息の長い活躍を続けた俳優だった。

納谷悟朗は、東映製作の特撮ヒーローもの『仮面ライダー』（一九七一年）では、ライダーの敵役・ショッカー首領の声をあてている。『仮面ライダー』のプロデューサーである**平山亨**《ひらやまとおる》（七月三一日・八四歳）は長らく東映の京都撮影所で助監督を務めてきたが、監督になった直後、テレビへの転身を命じられる。これは、庶民の娯楽が映画からテレビへと移るなかで余儀なくされたものだ。

時代劇もまた映画からテレビに主戦場を移していく。フジテレビの『三匹の侍』（一九六三年）はそのなかで生まれたヒット作だ。出演する**長門**《ながと》**勇**《いさむ》（六月四日・八一歳）の「おえりゃあせんのう」というセリフは流行語になった。同作で音楽を手がけた**津島利章**《つしまとしあき》（一一月二五日・七七歳）は、その後、映画『仁義なき戦い』（一九七三年）のおなじみのテーマを作曲したことでも知られる。同じく作曲家の**三善晃**《みよしあきら》（一〇月四日・八〇歳）はいわゆる現代音楽の世界から登場したが、一般的にはテレビアニメ『赤毛のアン』（一九七九年）の主題歌「きこえるかしら」といった仕事のほうが知られているかもしれない。

『三匹の侍』と同じく一九六三年に始まったNET（現・テレビ朝日）の公開番組『大正テレビ寄席』は、ウクレレ漫談の**牧伸二**《まきしんじ》（四月二九日・七八歳）の司会とともに人気を呼んだ。**高崎**《たかさき》**一郎**《いちろう》（八月一〇日・八二歳）は、ニッポン放送のプロデューサーとして『オールナイトニッポン』（一九六七年放送開始）に企画段階からかかわり、パーソナリティも務めた。またテレビを活用した通信販売事業にも着目、百貨店の三越と立ち上げたフジテレビ『東京ホームジョッキー』（一九七〇年）は、テレビショッピングの走りとされる。高崎が一九八三年より長らく司会を務めたテレビ東京の『レディス4』もその延長線上にあった。

「テレビや広告などマスメディアが日々新しい言葉を生み出すせいで、詩人は言葉を使いにくくなる。たとえば『愛は地球を救う』という言葉をテレビ局がキャンペーンのテーマにしたその日から、詩人たちには『地球』という言葉が使いにくくなるという具合に」とは、詩人で小説家の辻井《つじい》喬《たかし》の言である。辻井はこの例としてさらに、「じぶん、新発見」「おいしい生活」といった広告コピーをあげているが、これらはほかならぬ、辻井がもうひとつの人格、堤清二（前出）として経営する西武百貨店の広告で使われたものであった。

経営と文学の二足の草鞋《わらじ》を履いた辻井喬は、小説『虹の岬』（一九九四年）で、自分と同じく実業の世界でも活躍した歌人・川田順《かわだじゅん》を描いた。映画化の際には、川田を**三國連太郎**《みくにれんたろう》（四月一四日・九〇歳）が、川田に妻を取られてしまう大学教授を**夏八木勲**《なつやぎいさお》（五月一一日・七三歳）が演じている。

辻井は一九九〇年代以降、日本では近代化の過程で、伝統からの断絶が生じ、それが文化の衰弱をもたらしたと繰り返し指摘した。とくに戦後は、戦時中に伝統が悪用されたことへの反動から、伝統は排斥されてきたというのだ。そんな時代にあって、歌舞伎役者の**市川團十郎**《いちかわだんじゅうろう》（一二代目。二月三日・六六歳）は、一一代目團十郎を襲名した父がその名跡《みょうせき》の重圧に苦しむ姿を見ながら育ったがゆえ、伝統の継承に常に意識的であった。狂言師の**茂山千作**《しげやませんさく》（四世。五月二三日・九三歳）もまた、古典狂言以外にも、新作狂言・歌舞伎・新劇・テレビドラマと活躍の場を広げ、狂言の普及に努めた。

伝統芸能には長い年月をかけて形成された「型」がある。日本の現代詩を代表する詩人のひとりである**飯島耕一**《いいじまこういち》（一〇月一四日・八三歳）もまた、現代詩も定型を見直したほうがいいのではないかと提唱した。これは俳句へのコンプレックスからの発言などと受け取られ、一九九〇年前後に論争を巻き起こす。だが、飯島のなかには詩の形式の自由さが、かえって不自由さを招き、ひいては大衆と現代詩とを遊離させたとの反省があった。

飯島は、映画監督の**大島渚**《おおしまなぎさ》（一月一五日・八〇歳→六二頁）のデビュー作『愛と希望の街』（一九六〇年）をいち早く論じた一人でもある。この題名は映画の内実とはかけ離れている、せめて『鳩』とすべきだったろうとの飯島の指摘はまさに正鵠《せいこく》を射ており、じつは大島も当初、『鳩を売る少年』とつけたものの、会社（松竹）側の意向で改題を余儀なくされたのだ。

大島は、集団と個、男と女、日本人と外国人など、さまざまなボーダー（境界）を意識して作品をつくってきたといえる。『愛のコリーダ』（一九七六年）や『戦場のメリークリスマス』（一九八三年）などの作品は外国資本で製作され、後者ではキャストにもスタッフにも外国人が多数参加し、ボーダーレスな製作体制がとられた。

思えば、二〇一三年の物故者には、白人による差別に立ち向かった黒人指導者や、男性社会に飛びこんで才能を発揮した女性など、あるボーダーを超えて大きな業績を残した人たちが目立つ。二年前の福島第一原子力発電所の事故で、文字どおり生と死の境目に立たされながら、最悪の事態を回避した同発電所長の**吉田昌郎**《よしだまさお》（七月九日・五八歳）は、その最たるケースといえる。

このほか、二〇一三年には、最近映画化もされた詩集『くじけないで』により一〇〇歳にしてベストセラー作家となった**柴田トヨ**《しばた》（一月二〇日）、一九五四年のディエン・ビエン・フーの戦いでフランス軍を破ってベトナム軍を勝利に導いた将軍、**ヴォー・グエン・ザップ**（一〇月四日）が、それぞれ一〇一歳、一〇二歳で亡くなっている。それにしても、国籍や職業といったボーダーを取り払い、生年だけ見れば、この二人は一九一一年生まれの同世代というから不思議なものだ。島倉千代子ではないけれど、まさに「人生いろいろ」——。ここまであげた人たちの多彩な人生と業績に想いをはせながら、あらためて哀悼の意を表したい。

二〇一四年

ICHIKOJIN
2014

主なできごと

2月　ソチ冬季オリンピックで、羽生結弦がフィギュアスケート男子シングルの種目で日本人初の金メダルを獲得。音楽家・佐村河内守が、楽曲の代作疑惑について会見。

クリミア半島の帰属をめぐりロシアとウクライナの間に政治的危機が生じる。翌月、ロシアがクリミア併合。

3月　映画『アナと雪の女王』日本公開。テレビ番組『森田一義アワー 笑っていいとも！』放送終了。

4月　STAP細胞の論文改ざん疑惑について小保方晴子が会見。

9月　御嶽山が噴火。戦後最悪規模の火山災害に。

10月　青色発光ダイオード発明の功績で、赤﨑勇、天野浩、中村修二の3名がノーベル物理学賞を受賞。

12月　第47回衆議院議員総選挙実施。第三次安倍晋三内閣発足。

永井一郎

NAGAI
ICHIRO

一九三一年五月一〇日〜
二〇一四年一月二七日（満八二歳）
声優・俳優

いかに行動するかを考え抜いた声優哲学

不承《ふしょう》ながら電通の正社員に

永井一郎《ながいいちろう》は、学歴を詐称したことがある。ただし、学歴詐称というとたいていは低い学歴を高く偽るものだが、永井の場合は逆だった。京都大学文学部仏文科卒という高学歴ながら（大学進学率がいまよりずっと低かった一九五〇年代当時のことだからなおさらである）、大手広告代理店の電通《でんつう》でアルバイトを始めたとき、それを隠して高卒ということにしたのだ。

京大在学中に学生劇団に入り、のちに映画監督となる大島渚《おおしまなぎさ》などとともに演劇に熱中していた永井は、卒業前に二つばかり入社試験を受けたものの不合格で、いよいよ俳優になる決心を固め上京した。ところが「新劇御三家」と呼ばれる劇団のうち文学座と劇団民藝の試験に立て続けに落ちて、その時点で残る俳優座を受ける勇気が失せてしまう。結局、全日制ではない夜間の小さな養成所に入った。あわせて生活のため、父親に紹介された人にアルバイト探しを頼んだものの、ひと月ほど待たされたあげく、「探したけど、ないよ。学歴を隠して、うちでメッセンジャーボーイをやらないか」と言われる。「うち」というのが電通で、その人は同社で部長を務めていた。

バイトを始めてしばらく経った頃、部長の机の引き出しにしまわれていた永井の履歴書が、うっかりその部署内の人間に見つかってしまう。悪いことに見つけた人が京大ＯＢだったため、自分の後輩がアルバイトとはどういうことかと社内は騒ぎとなった。

ここから、電通にいた二二人のバイトを全員正社員にするという話になり、社長面接が行なわれることになる。当時の社長は、広告代理業の近代化を推し進め、電通の発展の基礎を築いた吉田秀雄《よしだひでお》だ。アルバイトたちを前に、吉田があらためて「全員を社員に採用する」と告げると、永井は「私は役者になりたいので、電通の仕事には責任を持てません。辞めさせていただきます」ときっぱり申し出る。むろん、吉田は怒って、「クビだ」と言い放った。

吉田からの宣告を受けて、それから一週間ほど永井は会社に行かなかった。しかしバイトを紹介してくれた人には謝らねばとあらためて訪ねたところ、どういうわけか、「もう社員になることは決まったのだから、明日から出社しろ」と言われる。永井は、夜は養成所に行っているので無理だと渋ったものの、「いつ来て、いつ帰ってもいいから」と押し切られてしまう。結局、彼は電通側の好意に甘え、養成所に通いつつも二年ほど正社員として勤務することになる。

声優になったのは偶然のなりゆき⁉

一九五五年に電通を退社後、永井は「劇団三期会」が次の公演のため俳優を募集していると聞きつけ、応募する。このとき採用されて、客演という形で舞台に立ったのが『感化院の暴動』という芝居だった。三期会の公演に出るのはそれで終わるはずだったが、何とか正式な劇団員として入れてもらえないかと頼みこみ、認められる。この劇団は俳優座養成所の出身者で結成されたものだが、永井は外部から初めて入団した俳優であったという。年齢からいっても、劇団員の平均年齢は二一歳ぐらいで、当時二四歳の永井は最年長だった。そのため公演では老け役ばかりが回ってくる。永井はこれを喜んで引き受けた。

時期的にはちょうどテレビ放送が始まったばかりのころだ。アメリカ製のテレビドラマ『スーパーマン』(一九五六年)の吹き替えでは、三期会の俳優たちがユニット出演していた。ユニット出演というのは、主役やメインの登場人物以外の脇役全般を一劇団で引き受けるというものである。永井は舞台同様、ここでも年寄り役を演じた。

当時の吹き替え(アテレコ)はすべて生放送。永井いわく《トチったらトチりっぱなし、絶句したら絶句しっぱなしの時代》であった(『公研』二〇一〇年一月号)。そのなかで、若いのに老け役がやれる人がいると、永井の存在は認知されてゆく。なかでも、アメリカ製のテレビ西部劇『ローハイド』(一九五九年)への出演は、その後の彼の道を決定づける画期となった。もっとも、そうなったのには偶然によるところが大きい。

当初、彼が声をあてる役には名前がなく、渡された台本には「御者1」としかなかった。セリフも「やあ、やあ」と「どうー」と言うぐらい。ようするに端役《はやく》にすぎなかったわけだ。第一回のアテレコを終えたのち、ディレクターから、来週もスケジュールは空いているか聞かれる。仕事などほとんどないから、空いていた。そこで翌週もアテレコに赴く。このときもセリフは、ひと言、ふた言だけ。ディレクターからはまた予定を聞かれ、翌々週も仕事を引き受ける。

そんなことを一カ月ほど続けているうちに、「御者1」にウィッシュボンという名前がつく。出番もセリフも急に多くなり、いきなり準主役に成長したのである。草創期のテレビでは、洋画やアメリカ製のテレビドラマの放送も多かっただけに、『ローハイド』をきっかけに永井は老け役専門の声優として引っ張りだことなった。テレビのレギュラーが決まると、スケジュールが埋まってしまうので、舞台の稽古も旅公演もできない。そのため、いや応なしに永井の仕事は声優に絞られることになった。

もし、『ローハイド』の第一回のあと、彼のスケジュールが一週でも空いていなかったら、端役だからすぐに代役を立てられていたことだろう。そうなれば、〝声優・永井一郎〟は誕生していなかった可能性が高い。

《私が老け役専門の声優として評価を得たのはまったく偶然の積み重ねにすぎませんでした。こういうのを「運」がよかったと言います。もしこのとき、この「運」がなかったら、また全然別の道が開けていたかもしれません。映画の世界に行ったかもしれないし、舞台に踏み止どまったかもしれませんし「もし」はありません。ひょっとしたらそのほうがよかったかもしれません。しかし歴史に「もし」はありません。声優として食べていけるようになったのですから「運」がよかったと言うべきでしょう》(『永井一郎の「朗読のヒント」』)

永井が声優になったことは、彼自身にとどまらず、声優をなりわいとする人たち全般にとっても幸運だったように思う。彼は、声優の地位向上や待遇改善のための活動でも中心的役割を担ったからだ。

声優の地位向上と待遇改善をめざして

先述のとおり、テレビ草創期には吹き替えの必要な番組が多かったが、映画や新劇の大劇団の俳優たちは声の仕事を避ける傾向が強かった。テレビを「電気紙芝居」と呼ぶなどバカにしていたし、そもそもアテレコを俳優の仕事とは見ていなかったからだ。一九六二年には、新劇の大御所の一人、東野英治郎《とうのえいじろう》の「声優に危険手当てを」(『東京新聞』一九六二年二月一九日付)という記事をきっかけに「アテレコ論争」が起こった。

東野は「動くから自然に声が出るのであり、声が出るから動くものなのである」とし、マイクの前で動かない声優の仕事は、俳優演技の分野には入らないと断じたのだ。このような声優を否定する理論が成立した根拠として、当時の演技論は舞台での演技以外には新しいものを包括する力がなかったことに加え、「新劇の俳優にあらざれば俳優にあらず」とする権威主義があったことを永井は指摘している（『永井一郎の「朗読のヒント」』）。

なお、それから一五年ほどあとになって永井は、スポーツ関係の論文を参照にしながら、声優も俳優の仕事であるとの理論を導き出し、かつての東野の言い分を覆《くつがえ》した。この論文では、筋電計を使った実験のデータにもとづき、たとえ体を動かしていなくてもイメージするだけで筋肉は活動することを証明していた。永井はここから、声優も体こそ動かさないものの、頭のなかでは役をイメージして演技しているのだから、舞台や映画俳優と同様に筋肉は動いていると主張したのである。

「アテレコ論争」のあった翌年、一九六三年には国産のテレビアニメシリーズの第一号である『鉄腕アトム』の放映が始まり、永井もこれに出演する。以後、アニメ番組は増え続け、声の仕事はさらに広がった。しかしこれとても、洋画の吹き替えをしている俳優たちに「アニメの声をやるとは何事か」みたいなことを言われたりもしたという。

一九六九年に放送が開始されたアニメ『サザエさん』は、当時としては珍しくオーディションで声優が決まった。いうまでもなく、このとき永井は磯野波平《いそのなみへい》という役を得たわけだが、最初は二、三年で終わるだろうと思っていたという。それが半年ごとに契約を続けているうちに、気づけば五年、一〇年と放送期間を重ねていった。

だが、どれだけアニメがブームになろうとも、声優の出演料は低く抑えられ、その待遇はとてもよいものとはいえなかった。永井は『オール讀物』一九八八年九月号に「磯野波平ただいま年収百六十四万円」と題する手記を発表している。そこでは、『サザエさん』の一回分の出演料は五万円に満たず、一年間でも二三〇万円足らず、手取りで約一六四万円と当時の生活扶助基準額にも満たないことがあきらかにされた。二〇一〇年の雑誌インタビューでも、その後『サザエさん』での永井の年収は三百数十万円に上がったとはいえ、これが声優の出演料の最高ランク、業界全体では「状況はちっとも変わっていないと思う」と語っている（『公研』前出号）。

じつのところ、以前は外国製のドラマ・映画の吹き替えも含めアテレコの出演料はもう少し高かった。それが一九六一年頃より、テレビ局が合理化と著作権処理の煩雑《はんざつ》さを避けるため、制作の下請け化を始めるようになってから額がダウンしたという。

一九七三年八月八日には声優の団体が「二四時間出演拒否」のストライキを決行。これを受けて出演料の見直しが行なわれ、平均三・一四倍のアップとなる。倍率だけ見れば大幅なアップと思ってしまうが、もともとの額があまりに低かったので状況が劇的に改善したとはとてもいえない。そのことは永井が手記で明かした金額を見ればわかるだろう。

なお、くだんのストライキの本来の目的は再放送料の獲得であった。これというのも、初期のテレビ局製作の作品では支払われていた再放送料が、やはり下請け化とともになくなってしまったからだ。ストのあと、保留期間を置いて問題の解決がはかられ、アニメと洋画のアテレコ（声の仕事でもナレーションなどは除く）には再放送料が支払われるようになった。が、その収入も出演者に分けられるほどにはなく、組織でまとめて受け取り、全体のために使うという按配《あんばい》だった。

その後のインターネットなどメディア環境の大きな変化から、声優の権利問題に関する新たなルールづくりにも永井はかかわることになる。そうした体験から、永井の見出した進歩や自由に対するとらえ方が何とも興味深い。

《進歩し過ぎること、あるいは自由化なんてのは、私には人間や地球を壊すとしか思えない。人間が自由を獲得したのは、フランス革命と奴隷解放ぐらいと言われています。フランス革命は、一般市民が自由を勝ち取ったのではなくて、貴族が市民を支配する自由はないんだ、奴隷解放は白人は黒人をタダで使う自由はないんだよってことなんじゃないかな》（『公研』前出号）

「不自由な職業」のなかの「自由」

永井は、自分の仕事について「こんな不自由な職業はない」ともことあるごとに語っている。『サザエさん』のような長寿番組ともなると、大勢のスタッフのサイクルが固定され、出演者が長期間旅行に出たくても簡単にスケジュールを変えるわけにはいかない。そのほかにも多くの仕事を抱え、休日は年に二、三回ということがずっと続いてきた。それでも永井は、不自由さのなかにも自由を見出し、むしろそれこそが俳優・声優の醍醐味であると感じていたのではないか。

一九三一年に大阪府池田市に生まれた永井は、「ものすごく自由な家庭」で育ったとのちに振り返っている。父親は勉強しろなどとうるさく言う人ではなかったし、慶應義塾の学生時代にマンドリンクラブに所属していただけに、ジャズやクラシックのレコードをたくさん持っており、それらを子供にも自由に聴かせた。うっかりレコードを割ってしまっても(当時のレコードはもろい材質でできていた)、「いいんだ、いいんだ。形あるもの必ず滅す」とけっして怒らなかったという。だが、一方でちょっとでも人の道を外れるようなことをすると「バカ」と叱られた。

普段は何も教えてくれなかった父だが、悩んだときなどに相談すると、ビシッと言葉を返してくれた。永井が俳優になろうと決意し、その思いを打ち明けたときには、父は一切反対せず、「おれは地位も財産も何も残してやれない。ただ、絶対の自由を残してやる。好きにしろ」とだけ言ったという。そのような言い方で父は「おまえは必然的にしか動けないんだ。人間に自由はないいんだよ」ということを教えてくれたのだと、永井は解釈した。

もしこのとき父が反対したのなら、それに従うなり反抗するなりできたが、「絶対の自由を残してやる」などと言われたら、砂漠の真ん中に置かれたようなもので、どうにも動けない。しかたがないから、渦巻き状に歩いて行こうと覚悟を決めた。ものすごく時間がかかるだろうが、何かにぶつかるかもしれない。そんなほとんど頼りのないなか、永井は俳優になるための一歩を踏み出したのだ。やがて彼は声優という職業に〝ぶつかる〟ことになるわけだが。

永井は、父親の「絶対的な自由」という言葉を「いかに行動すべきか、すべて自分で決めなければならない」と受けとめたともいえる。彼は役づくりにおいて「演じる人物がどう行動しようとしているのか把握すること」を第一としたが、それも父親の言葉を受けてのことと考えると納得がゆく。

こうした役づくりの信条から、永井は台本に書きこむ注意書きにも、どんな心理にもとづいた行動なのか、その方向性を具体的に示す動詞を使った。これが「強く」「ゆっくりと」などといった形容詞や副詞では、あいまいでとらえどころがない。注意書きを動詞に限定したのは、子供などを相手に朗読の指導をする際にも変わらなかった。セリフの横に「大きく」と書くだけでは、子供たちは大きな声を出さなければ間違いだと思ってしまうが、これをたとえば「注意する」「危険を知らせる」としたのなら、おのおの自分なりに表現しようとするはずだ。そのほうがはるかに自由で独創的であり、イマジネーションに富んでいる、というわけである。

永井はまた演じる人物の行動を把握するため、その人物が何を幸せと感じるのかということも考えた。宮崎駿《みやざきはやお》監督の劇場アニメ『風の谷のナウシカ』（一九八四年）で演じたミトの場合、彼はナウシカの父・ジル王の家臣なのだから、「ナウシカを守り抜く行為そのもの」に幸せを感じているに違いない。だとすれば「ひめさまー」のセリフさえしっかり言えれば、あとは自然についてくるはずだ。永井はそう信じて、収録にのぞんだのだという。

以上の方法はすべて「俳優の仕事は一人の人間をつくること」という永井の持論から導き出されたものである。『サザエさん』に出演するにあたっては、波平の年齢を五三歳とした。長谷川町子《はせがわまちこ》の原作では五四歳の設定になっているものの、放送開始当時の大方の職場での定年だった五五歳直前にはしたくないと、ひとつ年齢を下げたのだ。また台本では波平のセリフの語尾が「～じゃ」「～じゃよ」となっていたが、それでは年寄りすぎると、実際に演じるときには一部の場面（タラちゃんにしゃべりかけるときなど）をのぞけば「～だ」「～だよ」と言い換えたという。

そればかりでなく、永井自らの行動――ものの考え方も生活のしかたも、『サザエさん』を基準に変えるようにしたという。たとえば、波平は車を持っていないから、自分も車の運転をやめた。ここまで来るともはや、永井が波平をつくったというよりも、波平が永井をつくっていったというほうが正しいかもしれない。

永井演じる波平は、亡くなる前に収録されていた二〇一四年二月九日放送分をもって出番を終えた。同日、二代目波平役に茶風林《ちゃふうりん》が決まったと発表され、さっそく翌週の放送分より出演している。その初回を見て、長年聞き慣れた声とは違うからさすがにまだなじめない部分もある一方で、意外とハマっているようにも感じられた。かつてテレビアニメ『YAWARA!』（一九八九年）で共演したことのある茶風林が波平役を継ぐと知ったら、はたして永井はどんなアドバイスをしただろうか？

永井はかつて、テレビドラマ『図々しい奴』（一九六三年）で初めて単なる解説ではない、朗読に近いナレーションに挑戦した。初回の収録前の練習では、その筋の名人たちの真似をするなどしたのだが、どうもしっくり来ない。それがいざ収録するというときになって、『図々しい奴』なんだから図々しくやればいいと思い切った。すると、気づけば講談調のクサいしゃべり方になっていたという。このとき彼が感じたものもまた「自由」であった。この話を知ればなおさら、永井が茶風林にアドバイスするとしたらやはりこのひと言しかありえないと思われる。そう、「私の真似をするな。絶対の自由を残してやるから、好きにしろ」という言葉以外には。

参考文献

永井一郎　「磯野波平ただいま年収百六十四万円」（『オール讀物』一九八八年九月号）、『永井一郎の「朗読のヒント」』（蕗薹書房、一九九九年）、『バカモン！　波平、ニッポンを叱る』（新潮社、二〇〇二年）

「行くカネ・来るカネ　第289回　冷遇されている声優のギャラアップを！『サザエさん』の波平父さん、アニメ界の現状を訴える」（『週刊文春』一九九一年六月六日号）

「インタビュー　永井一郎」（「日本語で勝負　第20回」、青山美佳取材・文、『月刊日本語』二〇〇二年一一月号）

「声は人なり――波平演じて四十年」（「私の生き方　第479回」、『公研』二〇一〇年一月号）

「新春インタビュー『波平』さん、『声』を語る　永井一郎さん」（『母の友』二〇一三年一月号）

坂井義則

SAKAI
YOSHINORI

一九四五年八月六日〜
二〇一四年九月一〇日（満六九歳）
東京オリンピック聖火最終走者

東京オリンピック聖火最終ランナーの真実

聖火リレーにふさわしいのは往年の名選手か、それとも若者か？

オリンピックの聖火リレーの最終ランナーというと、過去の大会でのメダリストが務めるケースが多い。近年でも、二〇〇八年の北京大会、一〇年の冬季バンクーバー大会、一四年の冬季ソチ大会と、それぞれの開催国を代表する金メダリストたちがこの役を担った。こうしたケースは、一九五二年のヘルシンキ大会にて、開催国フィンランドの国民的英雄だった陸上選手ヌルミ（オリンピックでは計九個の金メダルを獲得）が起用されたのが最初である。

以後もたとえば、一九九六年のアトランタ大会では、地元アメリカの金メダリスト（一九六〇年・ローマ大会）で元プロボクサーのモハメド・アリが大役を担った。このとき、アリが病気で不自由になった体をおして聖火台に点火する姿は、世界中の人々に強い印象を残した。

こうした過去の事例を踏まえれば、おそらく二〇二〇年の東京大会でも、北島康介《きたじまこうすけ》や吉田《よしだ》沙保里《さおり》などこれまでオリンピックで何度となく活躍した選手が候補にあがることだろう。先の東京大会――一九六四年の第一八回オリンピック東京大会でも当初は、日本選手初の金メダリスト・織田幹雄《おだみきお》による単独か、もしくは南部忠平《なんぶちゅうへい》と田島直人《たじまなおと》の三人による、最終聖火ランナーの案が出ていたという。三者とも陸上・三段跳びの選手で、それぞれ一九二八年のアムステルダム大会、三二年のロサンゼルス大会、三六年のベルリン大会での優勝者だ。

オリンピック東京大会組織委員会の原案ではまた、聖火リレーのランナーについて、各自治体の首長や議員、あるいは財界有力者やスポーツ功労者たちを優先して選ぶことになっていた。しかし、これには組織委員会内で反対の声があがる。まず異を唱えたのが、東京オリンピック選手強化対策本部長だった大島鎌吉《おおしまけんきち》だ。「スポーツとは無縁のビール腹の大人たちを走らせたら、世界中から集まる青年たちのスポーツの祭典が、開会する前にイメージダウンしてしまう」「われわれのような大人が大舞台の立役者になってもしょうがない。聖火ランナーは若者にまかせればいい」というのが大島の言い分だった。この意見に、最終走者に名前のあがっていた織田幹雄も賛同する。

《私も聖火ランナーの主役は、若者たちに限ると考えます。また、最終聖火ランナーに私や南部さん、田島君の名前も挙がっているようですが、あの国立競技場の百八十段以上ある階段を、私たちが駆け登るのは大変だと思います。そういったことを考えても、聖火ランナーは元気な若者たちに任せるべきです》（岡邦行《おかくにゆき》『大島鎌吉の東京オリンピック』）

こうして、東京オリンピックでの聖火リレーは若者中心で行なわれることになった。この時点で、一〇月の大会開催までわずか三カ月に迫っていた。聖火リレーの最終ランナーは、組織委員会から委任された日本陸上連盟（陸連）首脳部が選考することになる。選考基準としては、終戦（一九四五年八月一五日）以後に生まれた東京近郊に住む高校生を主な対象に、八月上旬の大阪での全国高校陸上競技大会の成績をもとに決めるものとされた。だが、高校陸上では肝心の東京近郊の選手たちの成績が不振だった。そのため、選考対象の枠を東京近郊の中学と大学に在学中の陸上選手にも広げて、あらためて検討が行なわれることになる。

ここで新たに候補に加えられたのが、都内の中学生二人と、早稲田大学教育学部一年で一九歳の坂井《さかい》義則《よしのり》だった。高校陸上の終わった翌日、八月一〇日の『朝日新聞』朝刊は聖火最終走者に坂井が内定したと一面で報じた。他方、同日の『毎日新聞』夕刊の記事は、選考枠を広げた結果、七人の候補があがり、そのうち坂井を含む四人から選ばれる公算が高いと、断定を避けている。同じ記事には、坂井について一部で反対論があるとも書かれていた。

問題視されたのは、坂井の一九四五年八月六日という生年月日だった。聖火最終走者の選考基準とされた「終戦以後の生まれ」という枠から外れているばかりか、その日はいうまでもなく広島への原子爆弾投下の当日である。選考する陸連幹部のあいだでは、原爆とオリンピックを結びつけることに異議も出たという。その論拠はつまびらかではないが、おそらく、原爆を投下したアメリカを刺激したくないとの思いもあったのではないか。

オリンピック出場を逃すも大役が舞いこむ

その日、坂井義則は広島県三次町《みよし》（現・三次市）に生まれた。その数時間前、買い出しに行っていた坂井の父親は、七〇キロ南に離れた広島市の上空がピカッと光るのを見たという。のち、東京オリンピックの聖火リレー最終ランナーに正式に決まったとき、坂井は手記のなかで《ぼくは戦争を知らない。しかし、何万という日本人が、戦争の犠牲となって一瞬のうちに死んだ同じ日に生をうけたことは、ぼくに〝偶然〟といってすまされないものを感じさせる》と書いている（『朝日新聞』一九六四年八月一九日付）。

父・守夫《もりお》は中学生時代、水泳を除くスポーツの万能選手で、息子が聖火ランナーに選ばれた当時は中国電力勤務で三次市の体育協会理事も務めていた。このころも職場対抗の軟式テニス大会でたびたび優勝していたという。母もまた旧制女学校時代は陸上短距離の選手として鳴らし、坂井の二歳下で当時高校二年生だった弟も陸上四〇〇メートルの選手と、典型的なスポーツ一家だった。

坂井少年は小学校の運動会のかけっこではいつも一等賞、中学に上がると陸上部で走り幅跳びに専念する。中学三年のときには県総合大会において、当時の全国の中学記録で二位となる六メートル四七を跳んで優勝した。県立三次高校に進んでもしばらく走り幅跳びを続けたが、一年生だった一九六一年、秋田国体の予選でわずか一センチの差で選に漏れる。しきりにくやしがる息子に、父はトラック競技への転向を勧めた。息子が走り幅跳びの助走で見せるきれいなフォームに目をつけていたのだ。

中距離ランナーとして再出発した坂井は、国体予選会直後の県五地区対抗の陸上競技大会の四〇〇メートル競走で優勝したのを手始めに、翌六二年の全国高校陸上の同種目で三位、岡山国体の高校陸上四〇〇メートルでは二位ながら四九秒〇の大会新記録を出した。さらに三年生で迎えた六三年の山口国体の同種目では四八秒五の日本記録に迫るタイムで優勝した。また、この年の広島県陸上大会では高校の部一〇〇メートルと二〇〇メートルでそれぞれ優勝を果たしている。

一九六四年、早稲田大学の競走部に入ると、その年の東京オリンピックの四〇〇メートルと一六〇〇メートルの強化選手に指名される。しかし代表選考会では敗退し、東京大会出場の夢は断たれた。高校時代からずっと東京オリンピックに出場することだけを考えてトレーニングしてきただけに、坂井は抜け殻のようになり、しばらく実家でぶらぶらしていたという。

そこへ大学の先輩から「まだ絶対秘密だから」と前置きしたうえで「陸連関係者のあいだで、聖火最終走者として君が最有力候補にあがっている。これからは自重するように」と書かれたはがきが届く。このとき坂井は父親から《聖火をかかげてメーンスタジアムにかけ込む方がずっと晴れがましく名誉なことだ》と励まされたと、後日新聞では伝えられた（『朝日新聞』一九六四年八月一一日付夕刊）。だが、当人にしてみれば《行動を慎むようにと言われても……何だか聖火ランナーなんてピンとこなかった》というのが正直なところであったらしい（JOC「東京オリンピック1964 東京オリンピック聖火最終ランナー・坂井義則氏」）。この時点で彼のなかでは「オリンピックは終わった」という思いが強かったのだ。

実家には、どこで聞きつけたのか報道陣が殺到する。そのなかで坂井内定のスクープをものにしたのが、先にあげた朝日新聞だ。同社の運動部記者はこのとき坂井を東京に連れ出した。まず大阪まで列車に乗せ、大阪本社から伊丹空港に行き、自社へリコプターで東京へ飛ぶと麻布のプリンスホテルに匿い、坂井から話を聞き出した（岡、前出書）。坂井の証言では、国立競技場の前で写真を撮られたのち、そのまま郷里に帰されたらしい。帰った途端、「坂井君には不穏当な行動があり」とNHKニュースで報じられているのに接し、「もうランナーに選ばれることはない」と覚悟を決めたという。

それでも坂井が候補から落とされることはなかった。一九六四年八月一八日、聖火最終ランナーは坂井に決定したと組織委員会が正式に発表した。その決め手が何だったのか、本人にも結局よくわからないという。とくに原爆投下の日に生まれた者から探していたわけではないのはあきらかだが、若い世代から選ぶなかで自分の名があがり、《生年月日を見て、面白くするために〝原爆投下の日に生まれた子供〟だったのでしょうね。僕はあまりに無名で話題性がなかったんですよ》と坂井は推測する（『週刊新潮』二〇〇八年八月一四・二一日号）。これが事実とすれば、当初懸念された生年月日が、結果的にアピールポイントに転じたということになる。

坂井はまた、「想像だけど」としつつ、自分が最終ランナーになれたのは、前出の組織委員会の織田幹雄や、当時のオリンピック担当大臣の河野一郎《こうのいちろう》、日本オリンピック委員会（ＪＯＣ）の総務主事だった青木半治《あおきはんじ》と、大会関係者のなかに早大の競走部ＯＢがいたからではないかとも語っている（岡、前出書）。たしかに、高校生を中心に選考を進めていたにもかかわらず、途中で対象を広げたときに坂井が大学生ではただひとり候補に入ったのは、いささか不自然にも感じられる。それも大会関係者の学閥が影響していたとすれば説明はつく。実際、先述のスクープをとった朝日新聞も、早大ＯＢのうち青木から最終走者は「高校生じゃない」と聞き出し、坂井に目星をつけたという（前出書）。

聖火台に立って感じた〝エクスタシー〟

坂井は聖火ランナーとしての練習を、聖火最終リレーのほかのランナーたちとともにオリンピック開会式のひと月ぐらい前から始めた。もっともそれも週に一回ぐらいのペースで、それほど緊張した感じはなかったようだ。本番の一週間前からは、当時の東京での住まいだった競走部の合宿所では落ち着かないだろうとの配慮で、先輩の家で寝泊まりさせてもらった。おかげでマスコミからも逃げられたし、ずいぶんリラックスできたという。

聖火は八月二一日にギリシャ・オリンポスのヘラ神殿で採火されたのち、アジアで初めてのオリンピックとあって、中東からインド、東南アジア、香港、台湾をリレーされ、九月七日に沖縄に到着する。沖縄はまだアメリカの施政下にあったものの、日本体育協会に加盟していたことから、国内聖火リレーの出発点となった。全都道府県をまわるため四コースに分かれてリレーされた聖火は、一〇月七日～九日にかけて当時丸の内にあった東京都庁に集められ、開会式前日の九日には皇居前に設置された聖火台において集火式が行なわれた。

そして一九六四年一〇月一〇日の開会式当日。皇居前から国立競技場までの六・五キロを、男子五名・女子二名によってリレーされた聖火は、ついに最終ランナーの坂井の手に託された。昭和天皇による開会宣言のあと、ファンファーレが鳴る。五輪旗の入場と掲揚に続き、大会ごとに継承される五輪旗も前回のローマ市長から東龍《あずまりよう》太郎《たろう》東京都知事に引き渡されると、三発の祝砲に合わせて一万個の風船が放たれた。ときに午後三時八分、競技場の北ゲートから、坂井がトーチを右手に高々と掲げて駆けこんでくる。その前日のリハーサルでは、組織委員会の人から「インドでは左手は不浄の手といわれている。聖火は右手で持たなければいかん」と念を押されていた。入場の瞬間、坂井は七万人の観衆が自分に注目していることに感動を覚えたという。ＮＨＫテレビの中継では、アナウンサー・北出清五郎《きたでせいごろう》が「栄光の最終走者は昭和二〇年八月六日生まれ、無限の未来と可能性を持った一九歳の若者、坂井義則君です」とその名を読みあげた。

ホームストレート（正面スタンド前の直線走路）からバックストレートに回りこみ、そこから緑色の絨毯《じゅうたん》で敷きつめられた階段を一気に聖火台へと駆け登った。その段数が一八二段あることを、坂井はあとになって知ったという。彼の頭のなかは、きちんとタイミングよく点火できるかどうかでいっぱいだった。聖火台の後ろには大きなガスボンベが四基あり、それぞれに係員がいた。坂井によれば、その人たちと呼吸を合わせることが大事だったという。

《係員がガスボンベを開く。ガスの上がってくる音を確かめながらタイミングを見計らい、トーチを聖火台に近づけて点火しなければならなかった》（岡、前出書）

いざ聖火台に立ったとき、「もう、やってやる！」と決意をこめた。ボンベからははっきりとガスがあがってくるのがわかった。瞬間、トーチを聖火台に近づける。午後三時九分五〇秒、晴れ渡った青空のもと、聖火台に炎が燃え上がった。このとき坂井に緊張はなく、点火のあと顔には笑みが浮かんだ。

《聖火ランナーのぼくは聖火台に立ち、大観衆を俯瞰しながら点火した。あのときのエクスタシーは、ぼくのこれまでの人生の中で最高だった。あれ以来、ああいったエクスタシーを味わったことはないな……》（岡、前出書）

いや、そんなエクスタシーを一生のうちに一度でも味わえる者は世の中にも少ないだろう。ともあれ大役を終え、点火したあとで残った聖火を消そうと、トーチを水の入ったバケツに入れたところ、なかなか消えなかった。というのも、開会式が雨天になった場合を考えて、トーチも水に強いものを制作していたからだ。そのへんの日本の技術はすごいなと坂井は感心したという。

聖火がともったとき、国立競技場の外国人記者席では、ある記者が「アトミック・ボーイ（原爆の子）がいま平和の火をともした」とタイプライターを打った。これは好意的な反応だが、坂井の証言では、アメリカの新聞のなかには「なぜ日本はオリンピックに〝原爆〟を出すのか」との論調も見られたという。もちろん、日本側にアメリカを批判する意図などなかったことはいうまでもない。大会組織委員会の田畑政治《たばたまさじ》は、オリンピック閉幕の翌日に新聞に寄せた手記で、次のように書いている。

《坂井君が最終ランナーであることがアメリカに悪感情を与えるとの批判も一部にあったようだが、われわれがにくむのはアメリカではなく、原爆そのものである。アメリカでもソ連でも中国でも原爆はやめてもらわなければならない。日本はアメリカの属国ではない、アメリカにおもねるために、原爆に対する憎しみを口にしえない者は世界平和に背を向ける卑怯《ひきょう》者である》(『朝日新聞』一九六四年一〇月二五日付)

中国が初めて原爆実験を行ない、アメリカ・ソ連・イギリス・フランスに続く核保有国となったのは、ちょうど東京オリンピック会期中の一〇月一六日のことだった。

マスコミ人としてスポーツの明暗を取材

聖火リレーの最終ランナーという大役を終えたとはいえ、坂井には次なる目標があった。それについて彼は、開会式当日の新聞への寄稿のなかではっきりと表明している。

《なんとしても、聖火だけで終わりたくないのです。聖火の最終ランナーが、ぼくのランナーとしての最後だなんて、あとで人にいわれたくないのです。過去のオリンピックの聖火最終ランナーは、その後りっぱな記録をだしたり、世界的なスポーツマンに成長したと聞いています。ぼくも、これらの先輩に負けたくありません。

きょう、聖火を、国立競技場の聖火台に点火するとき、東京オリンピックが、成功するように祈ると同時に、次のメキシコ大会には、ぜひ選手として、参加するために努力しようと、誓うつもりです》（『読売新聞』一九六四年一〇月一〇日付）

その言葉どおり、坂井はメキシコオリンピックへの布石として、一九六六年のタイ・バンコクでのアジア大会に出場、一六〇〇メートルリレーで金メダルを獲得している。

だが、メキシコオリンピックへの夢もけっきょく断念せざるをえなかった。大学四年のときに左足が腱鞘炎《けんしょうえん》を起こして、陸上そのものに見切りをつけたからだ。本人は後年、雑誌での談話でこのときのことを「内心あせりましたが」と淡々と振り返っているものの、当時はそれなりに失望はあったのではないか。同じ陸上競技のマラソンでは、東京大会の銅メダルに続き、メキシコでの活躍を期待されていた円谷幸吉《つぶらやこうきち》が体の故障を苦にして一九六八年の年明け早々、自ら命を絶つというできごともあった。

メキシコ大会開催のこの年、坂井は大学を卒業し、フジテレビに入社、以後スポーツ・報道畑を歩くことになる。聖火ランナーの候補にあがった際、マスコミから追いかけ回されたとはいえ、そのとき以来、新聞やテレビの記者を「かっこいいなあ」と思い続けていた。本人いわく、実際になってみたらかっこよくも何ともなかったが、ディレクターとして現場で担当する競技は、どれもたまたま最盛期だったために、めちゃくちゃに面白かったという（『週刊新潮』二〇〇八年八月一四・二一日号）。入社直後にはボウリングブームがあり、さらに一九七二年のミュンヘンオリンピック前後にはバレーボールのブームに遭遇した。またボクシングを担当したのは輪島功一《わじまこういち》がチャンピオンになったときだし、競馬はハイセイコーの時代だった。取材するうえでは元聖火最終ランナーという経歴が、選手たちと打ち解けるのにメリットとなったようだ。

それでも、現場で目にしたのは明るいことばかりではない。ミュンヘンオリンピックでは、パレスチナゲリラがイスラエル選手団を人質にとり、最終的に人質とゲリラをあわせて一一人が殺害された。また一九九六年のアトランタオリンピック会期中にも爆弾テロ事件が起こっている。坂井はこれら事件を取材した体験から、《「平和の祭典」という理念を掲げるなら、そろそろ「本当の平和とは何か」「五輪との関係はいかにあるべきか」を真剣に考える時期に来ているのではないでしょうか》と呼びかけてもいる（「SANSPO.COM」二〇一三年九月九日付）。

この発言は、二〇二〇年の東京オリンピック開催が決まった直後のものだ。二度目の東京開催について「観客席でゆっくりと開会式を見たい。それがいまの夢です」と語った坂井だが、残念ながらその夢はかなえられなかった。亡くなったのは、一九六四年の東京オリンピックの開会式から半世紀を迎える、ちょうど一カ月前のことであった。

参考文献

坂井義則「若い世代の栄誉」（『朝日新聞』一九六四年八月一九日付）、「きょう感激の日を迎えて 未来のふみ台に」（『読売新聞』一九六四年一〇月一〇日付）、「1枚の写真が語るわが昭和史 昭和39年 東京オリンピック 緊張感なく淡々と」（『潮』一九七五年一月号）
岡邦行『大島鎌吉の東京オリンピック』（東海教育研究所、二〇一三年）
田畑政治「感無量 東京大会」（『朝日新聞』一九六四年一〇月二五日付）

日本オリンピック委員会（ＪＯＣ）「東京オリンピック１９６４　東京オリンピック開催へ　ｖｏｌ．１　開会式そして日本中を走った聖火リレー」、「東京オリンピック１９６４　東京オリンピック聖火最終ランナー・坂井義則氏」

「聖火リレー最終走者　十九歳の坂井君　原爆の日、広島県生れの早大生　陸連首脳内定」（『朝日新聞』一九六四年八月一〇日付）

「候補に早大生や中学生　聖火の最終走者、ワク広げる」（『毎日新聞』一九六四年八月一〇日付夕刊）

「『大任　立派に果します』〈郷里で語る坂井君〉」（『朝日新聞』一九六四年八月一一日付）

「青春寫眞館　東京オリンピック聖火リレーで最終ランナーの大役をつとめた坂井義則」（『サンデー毎日』一九八九年一月二二日号）

「『オリンピック』という人生　64年東京『聖火最終ランナー』坂井義則は『親子2代』のＴＶマン」（『週刊新潮』二〇〇八年八月一四・二一日号）

「【東京五輪回顧１９６４】最終聖火ランナー坂井さん」（「SANSPO.COM」二〇一三年九月九日付）

山口淑子（李香蘭）

YAMAGUCHI
YOSHIKO

一九二〇年二月一二日～
二〇一四年九月七日（満九四歳）
俳優・政治家

国籍・民族に翻弄された過去を乗り越えて

過酷すぎて涙も出なかった選挙戦初体験

一九七四年より参院議員を務めていた元女優・山口淑子《やまぐちよしこ》は、あるとき元首相の田中角栄《たなかかくえい》から夜中に電話をもらった。

「李香蘭《りこうらん》、いま君のファンと飲んでいて、みんな君と会いたいと言っとる。すぐに来なさい」

李香蘭とは山口の女優時代の芸名だ。しかしどこに行けばいいのか。山口が訊《たず》ねると、

「長岡だっ。いまヘリコプターを出すからすぐに来い」

との答え。長岡といえば田中の地元・新潟県である。東京の自宅にいた山口は、さすがに遠慮させてもらったという（『文藝春秋』二〇一六年八月臨時増刊号「1000億円を動かした男　田中角栄・全人像」）。

なお、山口は李香蘭の名を一九四五年の終戦時に捨てている。しかし田中は彼女のことをずっと李香蘭と呼んだという。二歳下の田中にとって、それだけ「女優・李香蘭」の印象は強かったのかもしれない。戦時中の一時期、田中は召集されて満州（現在の中国東北部）に派兵されているが、そのとき当地にあって李香蘭は押しも押されもせぬ大スターであった。のちに田中は三九歳にして郵政大臣（岸信介《きしのぶすけ》内閣）を務めていたころ、山口と対談し、《私はあなたの古

いファンですよ。ノモンハン事件のころに「王《わん》さん待っててちょうだいね」という歌がはやったでしょう。ああいいなと思ってた。僕らの心のマスコットでしたよ。(笑)》と伝えている(『日本経済新聞』一九五八年三月一六日付夕刊)。ちなみに「王さん待っててちょうだいね」とは、山口をはじめさまざまな歌手によってうたわれた戦時歌謡「満州娘」の一節だ。

この対談時、山口は外交官の大鷹弘《おおたかひろし》との結婚を機に女優を引退する直前だった。時代は下り、彼女は専業主婦を経て芸能界に復帰、フジテレビのワイドショー『3時のあなた』の司会を務める。同番組内には「男を斬る」というコーナーがあり、田中角栄も通産大臣になったばかりの頃にゲスト出演している。ちょうど佐藤栄作《さとうえいさく》内閣の終わりかけで、田中は後任首相の座を虎視眈々と狙っていた時期だ。

山口が自民党公認で参議院選に初出馬したのは、まさに田中が首相在任中の一九七四年七月であった。その選挙期間中、山口は抜群の知名度で、街頭演説を行なうたび大勢の人を集めた。だが、それはテレビに出ている山口見たさで集まっていただけだったということを、彼女はあとになって思い知らされる。投票前日、夜八時をすぎた時点で、サポートについた衆院議員の山口敏夫《やまぐちとしお》の読みではまだ当選には千票足りないという。規則で街頭演説はもうできないが、個人演説会ならできると、地下鉄の車内を自分の名を連呼しながら駆け回った。

当時の参議院全国区の改選議席は五〇。得票数で四六位とぎりぎりの順位で彼女の当選が判明したのは、開票日の翌日午前三時か四時になってだった。夜が明けて、首相官邸へ挨拶に赴くと、田中から選挙に際し組織をつけなかったことを「ごめんね」と謝られたという。

山口淑子は後年、初出馬の際の選挙活動について、《こんなつらい経験は、これまでの人生で初めてでした。過酷すぎて、涙も出ません》と語っている（山口淑子『戦争と平和と歌　李香蘭　心の道』）。後述するように、戦争中にさんざんつらい思いをしたはずの彼女がここまで言うのはよっぽどのことだろう。それにしても、なぜそこまでつらい思いをして山口は政治家になったのか。その理由を探るためにも、あらためて彼女の人生を振り返ってみたい。

「中国人女優・李香蘭」をやめようと思った日

山口淑子は、一九二〇年に当時の満州に生まれた。両親ともに日本人であり、日本国籍を有しながら、戦前から戦中にかけては中国人女優として、先述の「李香蘭」の芸名で、日本のつくりあげた傀儡《かいらい》国家「満州国」の国策映画に多数出演した。

李香蘭とはもともと少女時代に、父親の友人の李際春《りさいしゅん》という中国人の養女となった際につけられた中国名である（香蘭の名は実父の俳号からとった）。養女といっても、中国の風習で友人と義兄弟の誓いを結ぶ際に子供を儀礼的にそうするというものにすぎない。彼女はまた、北京のミッションスクールに留学する際には、別の中国人から養女として迎えられ、潘淑華《はんしゅうほう》という名前を与えられている。

北京の学校は中国人の生徒ばかりで、山口も中国人として勉学に勤《いそ》しんだ。女優になってからも日本人だと悟られなかったのは、発する北京語があまりに自然だったからだ。李香蘭を初めて公《おおやけ》に名乗ったのは、北京に移る前年の一九三三年、家族と住んでいた奉天《ほうてん》（現・瀋陽《しんよう》）の放送局に歌手として出演することになったときのこと。このとき芸名をどうするかという話になり、彼女のほうからこの名前を提案、局側もこれに応じ、放送ではあえて経歴の説明を省いて「歌は李香蘭」とだけ告げることにしたのだった。

北京に留学中も、帰省のたびに新曲を録音して放送の出演が続けられた。これがやがて満州映画協会（満映）の耳に留まることになる。満映では、歌える中国人女優がいなくて困っていたところだった。こうして一九三八年にスカウトされ、映画デビューを果たすと、『白蘭《びやくらん》の歌』『支那の夜』『熱砂の誓ひ』の〝大陸三部作〟などに出演し、またたく間にスターダムへとのしあがっていく。歌手としても一九四一年二月一一日には、東京・有楽町の日劇で初の単独リサイタルを催した。このとき場内に入りきらないほどの人々が詰めかけ、劇場を七回り半もの列が取り巻く大騒動となった。これは「日劇七回り半事件」と呼ばれ、彼女の神話性をますます高めることになる。

しかし李香蘭は、やがて自分が日本人であることを公表したいと思うようになる。きっかけは、太平洋戦争中の一九四三年に上海で製作された、『萬世流芳』という一九世紀のアヘン戦争を描いた映画に出演したことだった。その劇中、彼女が歌った「売糖歌」は中国全土で大ヒットする。それというのも、「アヘンをやめろ、中国の青年は立ち上がれ」という歌詞が、中国の人たちに日本軍への抵抗を鼓舞したものとも受け取られたからだ。

映画がヒットして、北京の中国人の記者クラブから会見の申し入れを受ける。彼女はそこで本当は日本人だと明かすつもりでいた。しかし父の友人でもあった記者クラブ会長からは固く止められた。「せっかく北京からスターが誕生して皆が喜んでいるのだから、夢を壊さないでほしい」というのが、その言い分だ。

当たりさわりのない質疑で会見が終わろうとしていたとき、一人の記者から「あなた中国人でしょう？　それなのになぜ中国人を侮辱するような日本の映画に出るのか」と厳しい質問があがった。日本軍の支配力が強まっていた中国では思い切った発言であっただろう。これに対し、山口が「私が間違っていました。許してください」と謝罪を述べると、記者たちからワーッと拍手が起きたという。自分は日本人だと言うつもりでのぞんだ会見なのに、とても言える状況ではなくなってしまったのだ。

その後、満映理事長の甘粕正彦《あまかすまさひこ》を訪ねた彼女は、「もう李香蘭になりすますことはできない」

と訴えて、その場で契約を破棄してもらった。だが、あと一本映画に出てから女優をやめようと思っているうちに敗戦を迎える。ついに彼女はきちんとした形で日本人であると名乗らないまま、日本に引き揚げたのだった。上海から引き揚げ船に乗る際、山口は「さよなら中国、さよなら李香蘭」と言って、その芸名と訣別したという。日本人としても、また〝中国人女優・李香蘭〟としても、中国大陸の侵略を続ける祖国・日本に抵抗するどころか、そのプロパガンダに一役買ってしまったことを山口は終生悔やんだ。

のち、一九七〇年代初めに前出の『3時のあなた』でイスラエルを取材に訪れたとき、山口はテルアビブの街で出会ったユダヤ人の青年にマイクを向けた。一九四八年のイスラエル建国後に生まれたその青年は、自分がシオニスト（ユダヤ民族主義者）だと認める一方で、シオニズム政権に対しては批判もしていると述べた。青年がそう明るく公言するのを聞いて、山口はホッとしたという。《「満州国」で政策を批判することなどまったく不可能だった経験を持っている私は、その青年の後ろ姿をたのもしいと思った》というのだ（山口淑子『誰も書かなかったアラブ』）。

なお、このイスラエル行きにあたっては、同国の要人にも取材を申し入れたもののすべて断られている。その前に、イスラエルと敵対していたパレスチナゲリラのメンバーなどを取材していたためだ。山口は『3時のあなた』でパレスチナ問題を中心に、アラブとイスラエルの対立を積極的にとりあげ、その後もパレスチナ解放機構（PLO）のアラファト議長や、パレスチナゲリラと共同戦線を張っていた日本赤軍幹部の重信房子《しげのぶふさこ》に独占インタビューを敢行した。

親友にして生涯の恩人はユダヤ系ロシア人

後年、政治家となってからも、イスラエルと敵対関係にあるアラブを支持する日本・パレスチナ友好議員連盟の事務局長を務めたこともあり、山口はアラブ寄りと見られがちだ。しかし、彼女が芸能の道に進むきっかけをつくってくれたのはそもそも、満州時代の同い年の親友であるユダヤ系ロシア人の少女だった。

その少女、リューバ・モノソファ・グリーネッツは奉天のパン屋の娘だった。当時の奉天には、中国人・日本人・朝鮮人だけでなく、ロシア革命を逃れてきた白系ロシア人・トルコ系ロシア人・アルメニア人などが多数住んでいた。山口はリューバと、肺浸潤《はいしんじゅん》で商業学校を休学していたころに出会った。このとき父から呼吸器を鍛えるため謡《うたい》を習うことを勧められたものの、子供だった彼女にはまったくなじめなかった。そこへ、クラシック歌曲を習ってはと提案し、先生として帝政ロシアのオペラ座で活躍したソプラノ歌手を紹介してくれたのがリューバだった。

のちに抜群の歌唱力でスターとなったことを思えば意外な話だが、マダム・ポドレソフというその歌手の前で発声のテストを受けたとき、山口は緊張と気おくれで蚊の鳴くような声しか出せなかったという。あきれたマダムはリューバを呼び、奥で何やら話し合った。しばらくすると「来週からいらっしゃい」と告げられ、山口は安堵する。だが、じつはこのとき「あの子に教えても無駄よ」と言うマダムに、レッスンをしてくれるようリューバが必死に懇願《こんがん》してくれていたのである。その事実を山口はかなりあとになって知った。

　レッスンに真面目に通い詰めた甲斐あって、山口は半年後、マダムのリサイタルの前座で歌う機会を与えられた。これがきっかけで奉天放送局に歌手としてスカウトされ、先述のとおりラジオに出演するようになる。その翌年の一九三四年には山口は、前出のミッションスクールに入学するため北京に移るのだが、リューバとは出発前にいま一度別れのあいさつに家まで訪ねて行った。しかし玄関のドアには板が打ちつけられ、壊された窓からはめちゃくちゃに荒らされた室内が見えた。親友は家族ともども忽然《こつぜん》と姿を消してしまったのだ。

　それから数年経った一九四五年五月、すでに日本の敗戦色が濃くなっていたなか、李香蘭として上海でリサイタルを行なったときのこと。リューバが楽屋口に現れた。大スターが友達の「ヨシコチャン」に似ていると思った彼女は、半信半疑で訪ねてきたのである。あと、フランス租界にあるリューバの家に招かれると、応接間の壁にはソ連国旗とスターリンの肖像画がかかっていた。亡命ロシア人と思っていたリューバの一家は、じつはボルシェビキ(共産党員)だったのだ。山口はその事実をこのとき初めて知る。このころリューバは父親と兄とともに上海の総領事館に勤めていた（山口淑子『「李香蘭」を生きて』、山口淑子・藤原作弥《ふじわらさくや》『李香蘭　私の半生』）。

ともあれ、このとき復活したリューバとの親交は、敗戦の半年後の一九四六年四月、山口が日本に引き揚げるまで続いた。この間、李香蘭は中国人でありながら日本に協力した「漢奸《かんかん》」として軍事裁判にかけられる。最悪、処刑も覚悟せねばならない状況に置かれるなか、リューバが一度だけ収容所に面会に来てくれた。山口はリューバから「日本人であることを証明できれば無罪になる」と教えられると、彼女に北京にいる両親のもとに行けば戸籍謄本があるかもしれないので、それを持ってきてほしいと頼んだ。

それからしばらくのあいだリューバの次の訪問を待っていると、意外なものが届いた。それは、幼い頃に母から買ってもらった藤《ふじ》人形だった。だが、よく見ると、人形の帯に不自然なほころびがある。ほどいてみたところ、布地の内側から、小さく折りたたまれた自分の戸籍謄本が現れた。

母は、リューバから突然の訪問を受けると、戸籍謄本を人形のなかに縫いこみ、それを山口の妹を介して彼女に託したのだ。母は人形の中身をリューバに伝えなかったというが、それでも戦勝国のソ連の役人である彼女が、敵国の戦犯容疑者を助ける手引きをしたと知れたら、どんなことになるかわからなかった。そんな危険を抱えながらも、リューバは親友を救うべく運び役を遂行し、収容所に人形を預けていったのである。

おかげで山口は日本人だと証明され、処刑をまぬがれた。だが恩人にお礼もさよならも告げることなく、彼女は日本へ引き揚げざるをえなかった。裁判官から、李香蘭の日本行きが知られれば大騒ぎになるので、極秘で帰国するよう言い渡されていたからである。

伝説となる一方で、老いてなお国際問題に取り組む

日本に戻った彼女は山口淑子として映画女優の仕事を継続、『暁の脱走』（一九五〇年）などの代表作が生まれた。ハリウッドにも進出し、シャーリー・ヤマグチの名で『東は東』（一九五二年）や『東京暗黒街・竹の家』（一九五五年）といった作品に出演した。この間、一九五一年に日系アメリカ人の彫刻家イサム・ノグチと結婚するも、五年で離婚している。ただし、もともと「互いに仕事の邪魔をしない。仕事に支障をきたした場合は、友人として円満に別れる」との約束をしたうえでの結婚だっただけに、別れてからもその友情は続いた。

一九五八年、先述のとおり外交官との再婚にともない女優を引退する。それから約一〇年間、夫の赴任先に同行しつつ、専業主婦として日々をすごした。だが、やがて芸能界に復帰、

一九六九年に前出の『3時のあなた』の司会者の一人に抜擢されると、ベトナム戦線を手始めに海外取材を積極的にこなすことになる。もともと少女時代からジャーナリストが夢のひとつだったという彼女にとって、その望みがかなえられたともいえる。

一九七二年九月、田中角栄が首相就任から二ヵ月にして北京に飛び、中国との国交正常化を実現する。このとき『3時のあなた』では、田中ら日本の代表団が、北京空港で花を手にした子供たちに見送られながら帰国の途に就く様子を生中継している。山口はスタジオでそれを見ていて、ふと涙がこぼれた。日本と中国のあの長かった戦争という悪夢から、ようやく覚めることができると思った瞬間だった。

これと前後して、夫の任地であるスイス・ジュネーブから一九六八年に帰国した直後より、動物への虐待を防止する法律づくりのキャンペーンにも参加している。国会議員への熱心な陳情も功を奏し、七三年には「動物の保護及び管理に関する法律」が成立した。冒頭に記した山口の政界進出にはこうした布石があった。自民党からの出馬に、それまで行動をともにした人たちのなかには、「せめて社会党から出てほしかった」との声もあったが、当人にしてみれば《自分がやりたいことができるのならどこでもよかった》という(『「李香蘭」を生きて』)。

以後、山口は結婚後の本名である大鷹淑子として参院議員を三期一八年務めた。在任中は、その制定に携わった動物愛護管理法の徹底に尽力したほか、『3時のあなた』での経験を生かして主に外交面で活躍した。

他方、一九八七年に、時事通信社の藤原作弥（のちの日銀副総裁）との共著として『李香蘭私の半生』を出版して以降、彼女の半生はテレビドラマでもたびたびとりあげられたほか、劇団四季による『ミュージカル李香蘭』が日中両国で上演されるなど、一種の伝説となっていった。だが、その時期、当の山口淑子はまだ政治の舞台で活躍し続けていたということにあらためて驚かされる。一九九二年に国会議員を引退したあとも、パレスチナ問題、また韓国などアジア諸国における戦時中の従軍慰安婦問題の解決にとくに力を入れて取り組んだ。

なお、山口の親友で命の恩人のリューバはその後、ロシアにいることが判明し、一九九八年、二人は五三年ぶりに日本のテレビ番組の企画で再会を果たした。それまで親友の消息を何度もたどろうと試みる一方で、追うのをためらう気持ちが山口にはあったという。政治家としてアラブ寄りの立場にあったことから、自分との関係がユダヤ系ロシア人である彼女の現在を脅かすようなことになっては……と危惧を抱いていたからだ。しかし再会を前にリューバと電話で言葉を交わし、自分と彼女のあいだには、政情や国の違いを超えて通じ合う思いがいまも続いていることを感じたという（『婦人公論』一九九五年七月号）。

こうして実現した再会だが、けっして喜びばかりではなかった。別れ際、山口がリューバの兄について訊くと、彼女は日本語で「ナナサンイチブタイを知ってる？」とだけ口にしたという。まさか、生物化学兵器の研究のため大勢の人々を生体実験に使用した日本陸軍の七三一部隊に、彼女の兄は殺されたというのか――。山口は信じられない気持ちで胸がいっぱいになりながら帰国の途に就いた。リューバは結局沈黙したまま、翌九九年に七九歳で亡くなる（『「李香蘭」を生きて』）。

山口はアラブの各地を取材でまわっていた頃、世界には敵と味方、善と悪と言い分けざるをえない「二つの立場」が常に現実として存在することを痛感したという。悲しいことだが、そのことは四〇年以上経ったいまでも、たいして変わりはないかもしれない。しかしそれでも山口は後半生の大半を費やして、あらゆる「二つの立場」を乗り越えるべく対話の道を模索し続けた。自らの過去の清算、そしてリューバとの友情のためにも、それはやらなくてはならないことだったに違いない。

二〇一四年

参考文献

山口淑子『誰も書かなかったアラブ〝ゲリラの民〟の詩と真実』（サンケイ新聞社出版局、一九七四年）、『李香蘭　私の半生』（藤原作弥との共著。新潮社、一九八七年）、「李香蘭だから言えること」（『中央公論』一九九二年九月号）、『戦争と平和と歌　李香蘭　心の道』（東京新聞出版局、一九九三年）、「わが心の特ダネ　運命の友リューバと50年後の再会へ」（『婦人公論』一九九五年七月号）、『「李香蘭」を生きて』（日本経済新聞社、二〇〇四年）、「昭和からの遺言　連載6　山口淑子　元女優・李香蘭」（『週刊朝日』二〇〇八年五月一六日号）

四方田犬彦『李香蘭と原節子』（岩波現代文庫、二〇一一年）

「日曜対談　田中角栄氏と山口淑子さん」（『日本経済新聞』一九五八年三月一六日付夕刊）

「イサム・ノグチではない『大鷹氏』にとっての『李香蘭』の重み」（『週刊新潮』一九九四年三月三一日号）

「各界19氏が語る『わが内なる角さん』」（『文藝春秋』二〇一六年八月臨時増刊号「１０００億円を動かした男　田中角栄・全人像」）

阪神ファンの彼女が甲子園で実感したこと

土井たか子

DOI
TAKAKO

一九二八年一一月三〇日〜
二〇一四年九月二〇日（満八五歳）
政治家

初当選時、誰もいない甲子園に立つ

文芸評論家の柄谷行人《からたにこうじん》はかつて、日本でプロ野球が国民的スポーツとして定着したのは、野球そのものとは別に、何らかのメタファー（隠喩）として存在し始めたからだと書いた。その証拠に、《七〇年代のある時期には、たとえば、巨人＝自民党、阪神＝社会党、中日＝民社党、ヤクルト＝公明党、広島＝共産党、大洋＝新自由クラブ、さらにパ・リーグ＝新左翼各派などの見立てが可能だった》と柄谷はいう（柄谷行人「日本精神（病）野球の将来」）。

現実の球団と政党に相関関係があるわけではない。けれども、ある時期までのプロ野球と政治体制をあわせて顧みると、この見立てには妙な説得力を感じてしまう。とりわけ巨人＝自民党、阪神＝社会党という構図は、いわゆる五五年体制のもとでの両政党と両球団の力関係をよく表しているのではないか。一九九三年まで長期単独政権を維持した自民党と、「球界の盟主」と呼ばれ日本シリーズ九連覇も達成した巨人はたしかに似ている。片や、野党第一党でありながら政権を取りそうもなかった社会党と、巨人とともに伝統を誇る球団でありながら優勝になかなか手が届かなかった阪神もまた、かなり似たところがある。

もっとも、阪神は五五年体制下では三回優勝している。一九八五年には球団史上初の日本シリーズ制覇も果たした。これに対し社会党は、阪神が日本一になった翌年、一九八六年七月の衆参同日選挙で衆院の議席を一一三から八六へと減らし大敗を喫した(選挙後の議席増を含む。選挙結果は以下同)。時の社会党委員長の石橋政嗣《いしばしまさし》は、その半年前に西欧型の社会民主主義への路線転換を宣言したばかりだった。この転換は、それまで社会主義イデオロギーに固執してきたのを、現実に対しもっと柔軟に対応していこうというものだったが、有権者にはその意図がなかなか伝わらなかったのだろう。むしろ社会党の変化は、総選挙の結果を受けて石橋が辞任したのち、替わって委員長となった土井《どい》たか子《こ》によって印象づけられたところが大きい。

神戸出身の土井は熱烈な阪神ファンとしても知られた。一九六九年一二月の総選挙で初当選したときには、阪神の本拠地である甲子園球場で、誰もいないグラウンドに入れてもらっている。土井の選挙活動を私鉄総連（全国の私鉄関係の労働組合の連合体）が応援してくれた関係から、阪神電鉄の所有する同球場に御礼も兼ねて行ったところ、特別に入れてもらうことができたのだ。このとき六万九三九五票を得た土井は、マウンド上から四方八方を見渡しながら、この球場の満員時を上回る数の人たちが自分の名前を書いて投票してくれたのだと考え、事の重さを実感したという。

それから一七年後に社会党委員長となってからは、阪神ファンでカラオケとパチンコの好きな気さくな「おたかさん」というイメージが、土井のセールスポイントとなった。だが、美術史家の若桑《わかくわ》みどりは一九八九年の参院選で土井社会党が大躍進をしたとき、欧米の新聞や雑誌の伝える土井のイメージが、日本で伝えられるそれとは大きく違うことに気づいたという。

このとき若桑が滞在したイタリアの新聞はそろって、土井が長身(一六八センチメートルあった)で、日本のほかの男たちよりもすぐれたイメージを持っているとのコメントを載せた。米『タイム』誌はそれに加えて、彼女が医者の娘であることを強調し、さらに《彼女が法律の教授であり、プロテスタントであること、また彼女が政界に入った動機がリンカーンの人権宣言への共感であることを重視して》いたという。「法律の教授」だったことなど一部事実誤認があるとはいえ、海外で伝えられたこうした土井のイメージは、なぜ日本国内でセールスポイントとしてとりあげられなかったのか。これについて若桑は、《彼女は日本の既成のできる女のもっているエリート意識、傲慢さ、特権意識、大衆との乖離というイメージを警戒したのであろう》と推測している(『imago』一九九〇年一月号)。

いわれてみれば、土井には庶民派というイメージはあれども、「上から目線」の知識人というイメージはあまりない。彼女の全盛期を知る世代にも、土井がもともと憲法学の研究者であったことはあまり知られていないのではないか。ここであらためて彼女が政治家になるまでの軌跡をたどってみたい。

男性相手に「結婚したら、仕事を辞めますか？」と訊く

一九二八年、土井たか子は神戸市の町医者の次女として生まれた。本名は多賀子《たかこ》という。少女時代を日本が戦争に突き進むなかですごしたが、軍国教育を疑ったことはなく、むしろ兵隊に憧れを抱いていたという。それでも、小学校に入学したその日に、教室で男の子が隣の席の少し足の不自由な女の子をいじめているのを見て、たまらず飛びかかるなど、正義感は幼いころから強かったようだ。

戦時中に高等女学校に進学したものの、勤労動員に明け暮れる。一九四五年春には京都女子専門学校（現・京都女子大学）の外国語科に入学、終戦のラジオ放送は夏休みで帰省中に家族とともに聴いた。一九四九年に女子専門学校を卒業後は、新制大学への過渡的措置で認められていた編入試験を受けて、同志社大学法学部三年に編入する。弁護士をめざしての学部選択だったが、それは女子専門学校の三年生のときにたまたま『若き日のリンカーン』というアメリカ映画を見たことが大きな動機となっていた。ヘンリー・フォンダ演じる若き弁護士のリンカーンが、黒人の弁護を引き受け、さまざまな迫害やいやがらせを受けながらも、最後には裁判で勝つというその内容に、土井は涙を流して感動したという。また同じころには、同志社大学の

当時の学長で、憲法学者の田畑忍《たばたしのぶ》の「平和主義と憲法九条」と題する講演を聴いていた。

《それまで国家に戦争はつきものという考えしかなかった私は戸惑ったが、しかしどんなことがあっても戦争だけはもう嫌だと強く思っている私の胸に、「政治家の気構えが肝心ですが、民主主義の中で国民の不断の努力こそ必要です」といわれた先生の言葉が強く残った》（土井たか子『せいいっぱい』）

土井はこの二つのできごとをきっかけに弁護士を志し、同志社に進んだ。しかし司法試験を受けるために勉強しているうちに彼女の関心は、法律の解釈よりも、なぜその法律ができたのかという立法政策の問題のほうへと移っていく。それは司法試験の勉強からは外れており、教授たちからもこのままでは受験しても落ちると言われてしまう。そのうちに、あなたがいま関心を抱いている問題についてさらに追究したいのであれば、司法試験よりも大学院に行ったほうがいいと勧められた。

こうして大学院に入った土井は、田畑の指導のもと憲法を専攻する。とくに国会に興味を持ったことから、修士論文のテーマには憲法第六二条の国政調査権をとりあげた。大学院を終えたのちは、母校のほか関西《かんせい》学院大学などで講師を務める。だが、なかなか専任として迎えるところは現れなかった。まだ女性の専門講師は少なく、就職は狭き門だったのだ。

それでも、女性の権利や労働組合の問題で、あちこちから呼ばれて話をする機会も増えてきた。その縁もあってか、一九六五年には女性で初めて神戸市の人事委員に選ばれる。人事委員とは、都道府県や政令指定都市などに設置される人事委員会の構成員で、専門的・中立的な立場から人事行政に関する事務を処理する役職だ。

土井は人事委員として市職員の採用試験にも立ち会った。このとき、男性の受験者たちに「もし採用されたら、結婚しても辞めませんか？」と質問したというエピソードがある。もちろん全員が戸惑いつつも「辞めません」と答えたのだが、土井はさらに畳みかけるように「子供ができても辞めませんか？」と訊《たず》ねた。あきれたほかの人事委員から、なぜそんなことを質問するのかと訊《き》かれると、「あなた方は、さっきから女性の受験者に対しては『結婚しても辞めないか、子供ができても辞めないか』とばかり訊いているじゃないですか。女には訊いて男には訊かないってどういうわけですか？」と言い返した。土井には、男性より成績のよい女性がいるにもかかわらず、採用の少ないことが納得できなかったのだ。結局、この年はすべての女性受験者が合格の枠に入ったという。

じつは「マドンナ」という言葉が嫌いだった

神戸市の人事委員の任期切れまで半年あまりとなっていた一九六八年末、土井はときの社会党委員長・成田知巳《なりたともみ》から次の総選挙への立候補を電話で直々に打診される。成田とはそれ以前より、地元の社会党の支部にいた知人を介して面識があったものの、この打診は青天の霹靂《へきれき》だった。それから毎日朝晩、成田から電話があり、そのたびに土井は断り続ける。だが、地元の県議や、恩師の田畑の説得もあり、土井はしだいに囲い込まれてゆく。成田はこの少し前から、社会党の労働組合依存体質を脱却するべく、学者候補の擁立に奔走しており、本来は田畑が本命だったという。田畑はこれを固辞する一方、機会があれば、自分の教え子のなかから誰かを送り出す約束をしていたらしい。

土井の心が動くきっかけは、一九六九年一月に、帰宅途中の電車内で、隣の人の読んでいた夕刊を覗き見たところ、「立候補決意か?」との見出しの横に自分の名を見つけたことだった。すぐさま新聞社に抗議の電話をかけるとともに、神戸市にも人事委員の辞表を申し入れる。市長は海外出張で留守のため、助役の宮崎辰雄《みやざきたつお》(のち市長)が応対した。このとき自分が虚心であっても、あのような記事が出るとまわりに迷惑がかかるのではないかと言う土井に対し、宮崎は「誰も本当に出るなんて思っていないし、勝てっこない。だから辞表をしまったらどうです」と思いとどまらせようとしたという。だが、それに腹を立てた土井は、「負けてもともとです。その気はなかったのですが、たったいま、立とうと決めました」と宣言してしまう。党大会で公認候補となったのはその翌月のこと、そして同年末の総選挙で初当選を果たしたのである。

衆院議員となってからは、女性問題や公害問題などで実績を残した。女子差別撤廃条約に合わない国籍法を初めて国会で追及、同法改正のきっかけをつくったほか、水俣病《みなまた》の原因として国内で使用が禁止された四《し》エチル鉛《なまり》について、途上国への輸出をストップさせたのも土井である。物価特別委員会の委員長になったときには、指名する質問者の名前を、国会で慣例となっている「くん」ではなく、「さん」づけで呼んだ。この呼び方はのち、一九九三年に女性で初めて衆院議長になったときにも踏襲している。

社会党委員長に就任したのは、先述のとおり一九八六年のこと。前委員長の石橋の辞任後、大胆なイメージチェンジを図りたい党員たちのあいだから巻き起こった「土井コール」を受けて委員長選挙に出馬し、対抗馬の上田哲《うえだてつ》を大幅に上回る票数で勝利した。日本の大政党では初めての女性党首だった。

委員長に就任後、社会党と党外の人々のあいだにあまりに距離があると考えた土井は、「党外」との連携をアピールすることにし、テレビにもすすんで出るようにした。テレビに出るのは嫌いと言いつつ、出演番組は報道番組だけでなく、『三枝《さんし》の爆笑美女対談』や『クイズダービー』などバラエティ番組にまでおよんだ。

社会党はすでに石橋委員長時代から女性候補の擁立に力を入れていた。それをマスコミが盛んに「マドンナ候補」と呼んだことが土井は気に入らなかった。「女がマドンナなら、男はオドンナですか！」と怒ったこともあったという。意外に思われるかもしれないが、土井は「女だからこうする」と言ったことはないと強調している。女性に関する問題も、女性だけが取り組むのではなく、男性にも問われていることなのだから一緒にやらなければならない、というのが彼女の考えであった。

党衰退のなかで苦難の日々

一九八九年の参院選で社会党は、折からのリクルート疑惑や宇野宗佑《うのそうすけ》首相の女性スキャンダルといった追い風もあり、女性候補を中心に躍進した。いわゆる「マドンナ旋風」は、翌年の総選挙でも続く。だが、一九九一年の統一地方選挙の惨敗を受けて、土井は委員長を辞任した。その背景には党幹部との不和もあったとされる。

一九九三年の総選挙では、社会党は議席を一三九から七七とほぼ半分に減らす歴史的惨敗だった。にもかかわらず、日本新党の細川護熙《ほそかわもりひろ》を首相とした非自民連立政権に参加する。土井が衆院議長となったのはこのときである。当時の社会党委員長の山花貞夫《やまはなさだお》から「受けてもらわないと連立が消えてなくなる」と押し切られての就任だったという。

　中立であるべき議長は立場上、党を離れなくてはならない。そのため、議長在任中は党務には一切かかわることができなかった。この間、一九九四年に社会党は新党さきがけとともに非自民連立政権を離脱、替わって自民党と連立を組み、ときの委員長・村山富市《むらやまとみいち》が首相となった。社会党が「自衛隊合憲」「日米安保堅持」へ政策を一八〇度転換したのはこのときである。九六年の衆院解散とともに土井は議長職を解かれるが、すでに社会党は社会民主党（社民党）と改称され、また党が割れて一部の議員は新たに結成された民主党に合流していた。この解散にともなう総選挙で、社民党は改選前の半数の一五議席しか獲れなかった。党勢が衰えていくなかで、土井は再登板をうながされ、党首となる。

　その土井社民党に二〇〇二年、大きな危機が訪れる。ひとつは、土井肝煎りで社民党の議員となった辻元清美《つじもときよみ》の公設秘書給与疑惑であり、もうひとつは、これまで社民党が否定してきた北朝鮮による日本人拉致が事実であると、金正日《キムジョンイル》総書記が小泉純一郎首相の訪朝時に認めたことだ。土井たちがその対応に右往左往するなか、離党する議員も出た。同時期には、ある拉致被害者の家族が、その一四年前に土井の事務所に相談に行ったものの、本人は留守で、秘書から「それはお気の毒ですね」と言われただけだったと雑誌上で批判した。そのときの対応について土井は、雑誌が出てから知ったと釈明、《当時、直接私がお聞きしても何ができたかは分かりません。が、努力できることは努力すべきでした。結果としてつらい思いを与えたことは、本当に申し訳ないと思います》と陳謝している（『朝日新聞』二〇〇二年一一月二九日付）。

それでもこれら問題について、土井たちは十分清算しきれていないとの批判は強かった。翌〇三年の総選挙で土井は小選挙区で落選、比例区で復活当選したものの、党議席を六にまで減らし、党首を辞任する。このとき、北朝鮮問題がらみで選挙妨害があいつぎ、なかには土井本人に危害を加えようとした者すらいたという。若き日のリンカーンが迫害やいやがらせを受けながらも、理念を貫き通す姿に感動したことが政治家としての原点である土井にとって、このときの卑劣な行為は許しがたいものだったに違いない。

土井は二〇〇五年の総選挙で落選した。その後の選挙にも立候補することはなかったが、憲法擁護を訴えるべく政治活動を継続、引退はついに口にしなかった。晩年は不整脈で通院を続け、かつての関係者とはほとんど音信不通になっていたとも伝えられる。土井を一九九一年の東京都知事選に担ぎ出そうとしたこともある元衆院議員の楢崎弥之助《ならざきやのすけ》は、ある取材に答えて《プライドの高い人ですからね。自分の弱った姿は、絶対に見せないようにしているのだと思いますが》と語った（『週刊新潮』二〇一〇年五月六・一三日号）。それは議員時代に華やかな活躍を見せた土井なりの美学だったのか。彼女はマウンドに再び立つことなく、ひっそりと逝ったのである。

参考文献

土井たか子『土井たか子　マイウェイ』（出帆新社、一九八七年）、「わからないことはわからないと言ってしまえばいい。」（『広告批評』一九八九年一〇月号）、『せいいっぱい　土井たか子半自伝』（朝日新聞社、一九九三年）、「永田町博物館　連載08　今も机上の『山が動く』原点」（『Yomiuri Weekly』二〇〇五年一月二三日号）、『「やるっきゃない！」　吉武輝子が聞く土井たか子の人生』（吉武輝子との共著。パド・ウィメンズ・オフィス、二〇〇九年）
土井たか子・木島章子・桜井敬子・関なおみ「土井たか子VS女子学生」（『現代の理論』一九八七年二月号）
石川真澄『人物戦後政治』（岩波書店、一九九七年）
逢坂巌『日本政治とメディア』（中公新書、二〇一四年）
柄谷行人「日本精神（病）野球の将来」（草野進編『プロ野球批評宣言』冬樹社、一九八五年所収）

楢崎弥之助「私はなぜ『土井たか子都知事』を仕掛けたか」（『プレジデント』一九九〇年一〇月号）
西尾昭「土井たか子　ノンポリ学生は就職浪人中もほがらかだった」（『文藝春秋』一九九〇年二月号）
林真理子「マリコのここまで聞いていいのかな　270　ゲスト　土井たか子」（『週刊朝日』二〇〇四年四月二日号）
原彬久『戦後史のなかの日本社会党』（中公新書、二〇〇〇年）
堀田佑介「人物クローズアップ　〝孤独な女王〟土井たか子」（『政界』一九九六年一二月号）
矢内裕幸『怖いもんなし23人の喋るぞ！』（旺文社、一九九九年）
山村明義「『裸の女王』土井たか子は晩節を汚す」（『現代』二〇〇三年三月）
若桑みどり「土井たか子のイメージ戦略――あるいは女性イメージの変遷」（『imago』一九九〇年一月号）
「野党よ　党首に聞く／市民との絆　強化に努力　社民党党首　土井たか子氏」（聞き手・早野透、『朝日新聞』二〇〇二年一一月二九日号）
「『土井たか子』憲法コメントを出さずに流れた『重病説』」（『週刊新潮』二〇一〇年五月六・一三日号）
「81歳　土井たか子　独身の姉が老々介護」（『週刊文春』二〇一〇年五月六・一三日号）

裁判が彼を「明るい顔」にした

赤瀬川原平

AKASEGAWA GENPEI

一九三七年三月二七日〜
二〇一四年一〇月二六日（満七七歳）
美術家・作家

いつもと反対の電車に乗ると旅になる

最近のテレビで、街行く出勤中の人に声をかけ、ふだん通勤で利用しているのとは逆方向の電車に乗って、ひととき旅気分を味わってもらうという番組があった。それを見て私はふと、赤瀬川原平《あかせがわげんぺい》が「尾辻克彦《おつじかつひこ》」のペンネームで書いた小説『父が消えた』を思い出した。それはこんな書き出しで始まっていたからだ。

《三鷹駅から東京発の電車に乗ると、ガタンといって電車が動いた。電車はどんどん動くので私は嬉しくなった。こんなこと、まったくいい歳をしてばかな話だけど……。でもいつもと反対の電車に乗ると、よくこういうことがある。(中略)電車はいつもの三鷹駅の固まった風景が、どんどんめくられて通り過ぎて行く。珍しいことである。電車というのは反対に向うとじつにどんどんと動くのだ》

さらに読み進めていくと《いつもと反対に動けば旅行ができる》という文も出てくる。一九八〇年下半期（発表は翌年一月）の芥川賞を受賞したこの作品をはじめ、赤瀬川の小説は何気ない日常を描いているにもかかわらず、一味違った視点や比喩によって、新鮮な印象を読者に与える。それはまさに「いつもと反対の電車」に乗って車窓を眺めるような体験だ。いや、このことは小説にかぎらず、赤瀬川の多岐におよぶ活動、作品すべてにいえるのではないか。

一九三七年に横浜で生まれた赤瀬川は、以後、父の転勤にともない芦屋《あしや》、門司《もじ》、大分、名古屋と各地を転々とする。大分では四歳から高校に入るまでをすごし、高校入学後まもなく名古屋に移って、愛知県立旭丘《あさひがおか》高校の美術科に編入する。幼いころから絵を描くことを得意とし、高校卒業後は上京して武蔵野美術学校（現・武蔵野美術大学）の油絵科に入学した。学校は病気のため中退し、一時名古屋に戻ったものの、一九六〇年に再度上京、ここで大分の中学の先輩である吉村益信《よしむらますのぶ》に誘われ、「ネオ・ダダイズム・オルガナイザーズ」の結成に参加する。ネオ・ダダと略称されるこのグループには風倉匠《かざくらしょう》、篠原有司男《しのはらうしお》、荒川修作《あらかわしゅうさく》などといった若手芸術家が集まり、街頭でパフォーマンスを行なった。

赤瀬川個人としても作品を制作し、ネオ・ダダのグループ展のほか、無審査の展覧会である読売アンデパンダンにも出品する。当初はこれまでどおり絵具を用いてキャンバスに描いていたのが、だんだん逸脱して、廃品類を使ってオブジェをつくることに没頭するようになった。「道端に棄てられて落ちているもの全部等価になる」と気づいたのもこのころだ。一九六三年には、同世代の美術家である高松次郎《たかまつじろう》と中西夏之《なかにしなつゆき》と新たなグループを結成、三人の苗字の頭文字である「高」「赤」「中」にちなんで「ハイレッド・センター」を名乗った。この時期も物への興味は続き、たとえば、扇風機やラジオなどを紙と縄で梱《こん》包し、物から本来の機能を失わせた「梱包《ぽう》芸術」作品を発表している。

そういえば、赤瀬川が芥川賞を受賞したとき、候補作のひとつに田中康夫《たなかやすお》の『なんとなく、クリスタル』もあがっていた。デビュー作であるこの小説で、ファッションや流行の店などに関する注釈をちりばめた田中は、一九八〇年代を通して、ブランド品だろうと思想書だろうと「すべての物は等価である」と主張し続けることになる。これに対し、二〇年も前から、日常で目にする物はガラクタであろうがすべて等価だと気づいていた赤瀬川は、さらに過激な価値観の持ち主といえるかもしれない。こうした考えは、後年の路上観察なども含め、赤瀬川のすべての活動に貫かれている。

「暗い顔」から「明るい顔」へ

高度成長を経て貧富の差があまりなくなり、生活の均質化が進むと、とくに都市に住む人々は他人との違いを所有する物や住んでいる場所などに求めるようになる。『なんとなく、クリスタル』は、そんな現代人の寂しさ、虚しさを描いてもいる。同様のことをさらに戯画化して話題を呼んだのが、一九八四年にベストセラーとなった渡辺和博《わたなべかずひろ》とタラコプロダクションの『金魂巻《きんこんかん》』だった。イラストレーターである渡辺は、同書において三一の人気職業を㊎《マルきん》と㋪゙《マルビ》、つまり金持ちと貧乏人に分類して、それぞれのライフスタイルの違いを図解してみせた。

渡辺は、赤瀬川が一九七〇年から八六年まで講師を務めていた美学校の教え子のひとりである。学校を卒業してからも親交のあった渡辺によれば、赤瀬川には大きく分けて「一九六〇年代の前衛芸術家」と「二一世紀を解読する新思考?　である老人力や優柔不断の師」と二つの時代、スタイルがあるという。そして、前者では暗い顔をしていた赤瀬川が、一九七〇年前後を境に、明るい顔へと変わっていったと指摘している(『太陽』一九九九年九月号)。

そのきっかけは何だったのか。渡辺は、『朝日ジャーナル』連載の「櫻《さくら》画《が》報《ほう》」(一九七〇~七一年)をはじめとするパロディジャーナリズムをあげているのだが、それ以前に赤瀬川の人生の転機として「千円札裁判」は大きかったはずだ。

千円札裁判とは、一九六三年に赤瀬川が千円紙幣を模して印刷した「模型千円札」という一連の作品をめぐる裁判である。赤瀬川は翌六四年に警視庁の摘発・取り調べを受け、六五年には「通貨及証券模造取締法違反被疑事件」として起訴された。六六年より始まった裁判では、美術評論家の瀧口修造《たきぐちしゆうぞう》や作家の澁澤龍彦《しぶさわたつひこ》などといった人たちが証言に立ったほか、〝証拠品〟

として、かつてのハイレッド・センターの仲間たちによるパフォーマンスが法廷で披露されるなど、さながら現代美術の展覧会場の様相を呈した。

裁判は最高裁まで争われたものの、結局一九七〇年、赤瀬川の有罪が確定する。それでも、この千円札裁判で彼が得たものは少なくない。たとえば、その前衛性ゆえマーケットとは無縁で、作家の住宅事情から保管がきわめて難しかった作品群が、裁判所に押収されて皮肉にも命脈を保つことになったこと。また裁判対策として始めた、おもちゃの紙幣など模造紙幣の収集は、やがてチラシや新聞広告や町のステッカーといった日常生活で見かけるさまざまな印刷物へ関心を広げさせ、マッチラベルの収集も派生した。赤瀬川のパロディジャーナリズムに大きな影響を与えた宮武外骨《みやたけがいこつ》（明治〜昭和期のジャーナリスト、文化史研究家）の出版物や、路上観察のお手本となった今和次郎《こんわじろう》・吉田謙吉《よしだけんきち》の考現学も、印刷物収集のため古本屋通いをするなかで出会ったものだ。

だが何より大きかったのは、裁判のため、赤瀬川が芸術の本質や自分の作品について文章で説明する必要に迫られたことだろう。実兄でのちに直木賞も受賞した作家の赤瀬川隼《しゅん》は、この裁判によって弟は鍛えられ、その成果は被告人意見陳述に結晶していたと後年振り返っている。

《原平はそれ以前から短いエッセイや詩を書いていたが、本格的な文章家としての出発は、切羽詰まってなにくそと気合を入れて書いた、この長文の被告人意見陳述にあったのではないかと、今でも僕は思っている》（『太陽』一九九九年九月号）

後年、赤瀬川は、ネオ・ダダやハイレッド・センターでの活動を『いまやアクションあるのみ！』（文庫化時に『反芸術アンパン』と改題）や『東京ミキサー計画』といった著作にまとめ、一九六〇年代の日本の前衛芸術が再評価されるきっかけもつくった。そこでの難解な用語を一切使わない軽妙な文章も、やはり千円札裁判で鍛えられたたまものといえるだろう。

年下の仲間たちに〝発見〟される

千円札裁判は書くばかりでなく、否応なしに人前で話をする必要に赤瀬川を駆り立てた。自分が人前で話をするようになるなんて、裁判以前にはとても考えられなかったと、のちに赤瀬川は、美学校の教え子であるイラストレーターの南伸坊《みなみしんぼう》に明かしたという（『文藝別冊　赤瀬川原平』）。

一九六〇年代末あたりから、自分より一〇歳ほど下の若い世代と交流することが増えていったのも大きな変化だろう。編集者の松田哲夫《まつだてつお》や評論家の呉智英《くれともふさ》といった人たちは、それぞれ学生時代に赤瀬川とコンタクトをとって以来、つきあいがあり、仕事を手伝ったりもしている。一九七〇年には美学校で講師も務めるようになった赤瀬川は、生徒たちとよく街を歩いたり講義のあと飲みに出かけたりするようになる。彼の教場からは、先の南伸坊や渡辺和博のほか、マンガ原作者の久住昌之《くすみまさゆき》、マンガ家の泉晴紀《いずみはるき》、イラストレーターの森伸之《もりのぶゆき》などユニークな才能が多数輩出された。

作家の嵐山光三郎《あらしやまこうざぶろう》は、「原平さんは弟子の七光りだ」と言っていたという。これは、弟子たちによって赤瀬川原平という人が〝発見〟されたと言い換えることもできるのではないか。本人は自覚していないようなところを、弟子や年下の仲間が見つけることで生まれた概念も少なくない。一九九〇年代後半に流行語となった「老人力」はその顕著な例で、もともとは路上観察の仲間である南伸坊と建築史家・建築家の藤森照信《ふじもりてるのぶ》によって発見されたものだった。

赤瀬川によれば、仲間内では自分だけが一世代上で、ぼんやりしていたこともあり、「ボケ老人」と呼ばれていたそうだ。それが南や藤森も歳をとってくると、他人事ではなくなってきた。ある合宿の夜、もっといい言葉はないだろうかと二人のあいだで話し合いになり、そこから《ボケも一つの新しい力なんだから、もっと積極的に、老人力、なんてどうだろう》ということになったのだという（赤瀬川原平『老人力』）。

そもそも赤瀬川の活動には、集団によるものが多い。ネオ・ダダやハイレッド・センターに始まり、千円札事件懇談会（一九六五年）、革命的燐寸《マッチ》主義者同盟（一九六八年）、櫻画報社（一九七〇年）、ロイヤル天文同好会（一九七四年）、トマソン観測センター（一九八三年）、路上観察学会（一九八六年）、ライカ同盟（一九九四年）、日本美術応援団（一九九六年）など、その生涯につくった集団はじつに二〇以上におよぶという。なぜ集団にかかわるのか、本人は次のように説明した。

《自分一人の頭の限界ってあるでしょう。そうすると他人の頭に触発されるのが面白くなってきてね。やっぱり頭って、話がそうだけど、いくつかが反射しあって盛り上がるというか、一人でじーっとしているよりもそれが面白いわけですよ。一人じゃ憂鬱になるもの》（赤瀬川原平『全面自供！』）

それでも赤瀬川がすごいのは、いろんな集団に加わりながらも、彼そのものは変わらず、逆に彼らしさが強化されていくことだと、半世紀近く赤瀬川をそばで見てきた松田哲夫は語っている（『文藝別冊　赤瀬川原平』）。

一九八〇年代に赤瀬川は、街なかの無用物を、読売ジャイアンツの外国人選手の名をとって「トマソン」と名づけたが、それも一九七二年に松田と南伸坊と歩いているときに、東京・四谷の旅館の壁面に、上った先に入口も何もない無用の階段（四谷純粋階段）を発見したのが発端だった。赤瀬川はそれをただ面白がって終わらせるのではなく、その成り立ちを、世の中全体に置きながらあらためてとらえ直した。その結果、《あの階段に出合ったおかげで、この人間の世の中には、本来は役に立つものしかないんだという、当たり前だけどそれまで気がつかなかった視点を》持つにいたったという（『全面自供！』）。役に立たないものを追いかけながらも、最終的に「世の中には役に立つものしかない」という逆説的な結論に達したのは、やはり赤瀬川ならではというべきか。

『父が消えた』その後

赤瀬川は晩年、親や自分の入る墓を見つけるための活動を「墓活《ぼかつ》」と名づけた。二〇一二年には『「墓活」論』という、自ら墓を建てた体験を交えた墓文化論も上梓している。

じつは冒頭でとりあげた『父が消えた』の作中、著者の分身たる「私」が「いつもと反対の電車」に乗って出かけたのは、亡くなった父親の墓を建てるべく、八王子の都営墓地まで下調べに行くためだった。そう考えると、『「墓活」論』の内容は、この小説の続編とも位置づけられる。

結果からいえば、都営墓地に入るには抽選があり、毎年応募を続けたものの外れてばかりで、その間に母親も亡くなってしまった。このあと、赤瀬川の姉が横浜郊外の私設霊園に申し込み、両親もそこへ入ることになる。ただ、その霊園には赤瀬川の家から電車とバスを何度も乗り継ぎ、さらに墓前まで石段をいくつも上らねばならなかった。最初のうちこそまだよかったが、歳をとるごとに墓参りがきつくなってくる。そこで墓を引っ越すことにし、その場所に古都・鎌倉を選んだ。墓参りに行くにも、周辺に何か楽しい店や街並みがひとつでもあれば、それがオマケの楽しみとなるとの理由からだった。

新たに建てる墓を設計したのは、すでに「ニラハウス」と呼ばれる赤瀬川邸を手がけていた藤森照信である。奇しくも藤森は、赤瀬川からその依頼を受けたのとまったく同じ日(一九九九年四月二二日だという)、自分たち路上観察の仲間の主治医からも両親の墓の設計を頼まれていた。以前からこうした偶然のできごとに興味を持ち、「偶然日記」までつけていた赤瀬川は、ここでも偶然を呼びこんだのである。

偶然といえば、赤瀬川が亡くなったのは千葉市美術館で自分の大規模な回顧展が開かれる二日前のことだった。たくさんの集団に参加しながら、自分から前に出ることを嫌い、一度も長になることのなかったという彼だが、最後の最後で、もっとも世間に注目されるタイミングで亡くなったことに、運命のいたずらを感じてしまう。

参考文献

赤瀬川原平『父が消えた』（尾辻克彦名義、文藝春秋、一九八一年）、『路上観察学入門』（藤森照信・南伸坊との共編著、筑摩書房、一九八六年）、『反芸術アンパン』（ちくま文庫、一九九四年）、『東京ミキサー計画』（ちくま文庫、一九九四年）、『老人力』（筑摩書房、一九九八年）、『全面自供！』（聞き手・松田哲夫、晶文社、二〇〇一年）、『「墓活」論』（PHP研究所、二〇一二年）

名古屋市美術館編『赤瀬川原平の冒険―脳内リゾート開発大作戦―』（「赤瀬川原平の冒険」実行委員会、一九九五年）

田中康夫『なんとなく、クリスタル』（新潮文庫、一九八五年）、『ファディッシュ考現学』（新潮文庫、一九八八年）

渡辺和博とタラコプロダクション『金魂巻』（主婦の友社、一九八四年）

「特集　赤瀬川原平の謎　優柔不断の人」（『太陽』一九九九年九月号）

『KAWADE夢ムック　文藝別冊　赤瀬川原平』（河出書房新社、二〇一四年）

高倉健

TAKAKURA KEN

一九三一年二月一六日〜
二〇一四年一一月一〇日（満八三歳）
俳優

高いギャラをもらうのは自分を追い込むため

小説でも主役になった大スター

「待ってました、健さん！」

一九六〇年代後半の東映やくざ映画『昭和残侠伝《しょうわざんきょうでん》』シリーズでは毎作、主演の高倉健《たかくらけん》が新興やくざの横暴にこらえにこらえた末、ついに怒りを爆発させた。そしていざ敵陣に殴りこみをかける場面を迎えると、どこの劇場でも上記のような掛け声が客席から上がった……とは、もはや伝説として語られている。

同様の掛け声は、『昭和残侠伝』のみならず、前後して始まった『日本侠客伝《にほんきょうかくでん》』『網走番外地《あばしりばんがいち》』など、ほかの高倉主演のシリーズでも上がったという。こうした現象は、ちょうど学生運動が激化していた時期だったこともあり、若者が自分たちの心情をスクリーン上の高倉の姿に重ね合わせたのだとも説明される。「観客がスクリーンに向かって声をかけるなんてことはそれまでにも、それ以降にもありえない。それほどまでにあのころの観客の青年たちは健さんの芝居に深く共感していた」とは、『網走番外地』シリーズのうち六作を監督した降旗康男《ふるはたやすお》の言葉だ（野地秩嘉《のじつねよし》『高倉健インタヴューズ』）。なお降旗は一九六六年に『地獄の掟に明日はない』で初めて顔を合わせて以来、最後の出演作となった『あなたへ』（二〇一二年）にいたるまで、高倉とのコンビで数多くの作品を世に送り出した。

　東映やくざ映画、任侠映画とも呼ばれる一連の作品で高倉が大スターとなったのは、一九六四年公開の『日本侠客伝』で主演したことに端を発する。もともとこの企画は中村《なかむら》錦之助《きんのすけ》（のちの萬屋《よろずや》錦之介）のために立てられたものだったが、スケジュールの都合などから、当時錦之助が目をかけていた高倉を主役に話をつくり直すことになったのだという。監督のマキノ雅弘《まさひろ》はそれ以前にも高倉主演で現代劇や時代劇を撮っていたものの、いまひとつ人気が出なかった。高倉を「健坊」と呼んでかわいがっていたマキノとしては、『日本侠客伝』で彼をスターにしてやろうという気持ちがあったようだ。その狙いは見事に当たり、翌六五年に始まった『網走番外地』シリーズも大ヒットして、マキノにしてみれば《そりゃあ、もう、バンバンザイだった》（『マキノ雅弘自伝映画渡世・地の巻』）。

　任侠映画でスターとなって以降、高倉は多くのつくり手たちを触発し続けてきた。それは映像の分野にかぎらない。たとえば、イラストレーター時代の横尾忠則《よこおただのり》は、高倉に惚れこむがあまり『憂魂、高倉健』（一九七一年。二〇〇九年にリニューアル完全版が出ている）という写真集を編集しているし、作家の丸山健二《まるやまけんじ》は、架空の物語のなかで高倉健が主役を演じるという長編小説『鉛のバラ』（二〇〇四年）を著している。ほかにも、さいとう・たかをの劇画『ゴルゴ13』（一九六八年）の主人公デューク東郷《とうごう》は高倉がモデルであり、その実写映画（佐藤《さとう》純彌《じゅんや》監督、一九七三年）では当人が演じたことはよく知られるところだ。

映画で高倉が見せるストイックかつ寡黙《かもく》、あるいは不器用なキャラクターは、実際の彼とほぼイコールだととらえられがちだ。それというのも、本人があまり私生活について多くを語らなかったということもある。だが、本人としては世間に定着した自分のイメージに違和感を抱くところもあったようだ。たとえば、不器用な男というイメージについては以下のように語っている。

《僕、自分では不器用だとは思っていませんけどね。生命保険会社のCMで、「不器用ですから」ってコピーあてられてね。僕は何か、世間ではもう不器用な人間だと思われているから。そんなことはない。僕は充分、器用に生きているつもりだけど》（劉文兵《リュウウエンピン》『証言　日中映画人交流』）

しかし、そんなふうに彼が反発しても、けっしてイメージが壊れることはなく、かえって「健さんらしい」と思わせるから不思議だ。もちろん、上記のようなイメージは、映画の製作側から与えられたというばかりでなく、高倉自身の手でつくりあげた部分も多分にあったはずだ。小田剛一《おだごういち》（本名）はいかにして高倉健になったのか？　その足跡をたどってみることにしたい。

マネージャーになるつもりが俳優に

高倉健は一九三一年、福岡県に生まれた。一四歳で終戦を迎えた彼は、小倉の米軍キャンプへボクシングの試合を見に行ったり、司令官の息子と友達になったりするうちにアメリカの文化に触れ、憧れるようになる。高校に入ると英語部をつくって英単語を覚える一方、仲間と一緒に洋画をよく見に行った。とくに強い印象を受けたのが『哀愁』(マービン・ルロイ監督、一九四〇年)というアメリカの恋愛映画だった。事前に映画の対訳脚本を買って繰り返し読み、見終わってからは友達と夢中になって感想を語り合ったという。しかし当時の高倉は、自分が映画俳優になろうとは夢にも思わなかった。そもそも彼が憧れていたのは、外国に行くことだった。あるときなど、友人と密航をくわだてたこともあったという。結局これは未遂に終わったのだが、高校を卒業すると貿易商になることを夢見て、東京の明治大学商学部に入学した。

映画俳優になったのは〝弾み〟だったと高倉は語っている。大学を卒業したものの、就職難の時代だった。いったんは九州に帰り、父の会社を手伝っていたが、再度上京する。東京で好きになった女性と一緒になりたかったからだ。そのため東京でどうしても仕事を見つけなければならない。だが父親の知人から、百貨店や外国の航空会社といった、かなりいい就職口を紹介してもらったものの、高倉はこれを「僕は大きな会社のベルトコンベアーの一端にはなりたくありません」と断ってしまったという。

それからしばらくして、父の知人が今度は芸能プロダクションのマネージャー見習いの仕事を紹介してくれた。このときはもはや断ることはできなかった。すでに手持ちのカネがなくなり、食べるものにも困るようになっていたからだ。面接を受けに指定された喫茶店へ行くと、たまたま東映専務のマキノ光雄《みつお》（前出の映画監督・マキノ雅弘の弟）がいた。マキノは高倉を面接していた芸能プロの人間を呼ぶと、しばらく二人で話をする。面接の席に戻ってきたその人は、「君、俳優にならないか」と唐突に切り出した。仕事に就《つ》きたい一心でその話に乗った高倉は、翌日にはさっそく大泉にある東映の東京撮影所に面接に赴き、採用されたのだった。一九五五年、二四歳のときである。

当時の東映は京都撮影所の時代劇が全盛期で、現代劇のスターがいなかった。そこで一八〇センチの長身で精悍《せいかん》な風貌《ふうぼう》の高倉に目がつけられたのだ。ただし、彼はそれまで演技の勉強などしたことはなく、俳優座で半年間研修を受けたときも課題をまともにこなせなかった。ある講師から「君は俳優に向いていない」と面と向かって言われたこともあったという。それでも研修中に『電光空手打ち』（津田不二夫《つだふじお》監督、一九五六年）の主役デビューが決まる。高倉健という芸名がついたのもこのときだ。当初、本人はマキノ専務の知人がつけたこの名前が気に入らず、映画の役名から「忍勇作《しのぶゆうさく》にしてくれませんか」と専務に掛け合ったものの、一笑に付されたという。

デビュー作以来、途切れることなく仕事は続き、毎年一〇本以上の映画に出演するようになる。デビュー一年目には、北海道ロケを終えて満員の列車で帰京し、風呂にでも入ろうかと思っていたところ、上野駅で待ち構えていたプロデューサーに次回作の台本を渡され、そのままタクシーで撮影所に連れて行かれたこともあった。

撮影の連続という日々で、肉体的にも精神的にもつらいことが多かったが、それでも自分の欲しいものを決めて自分に鞭《むち》を打っていたという。少しまとまったギャラが入るようになると自家用車を買った。アメリカ車の中古ながら、東映の東京撮影所の俳優で車を買ったのは彼が初めてだったらしい。体を鍛え始めたのもこのころからだが、それはけっしてストイックだからというわけではなく、すべては生活のためだったという。やがて彼は、「日本一高いギャラをとれる俳優になりたい」との夢を抱くようになる。

そう思うようになったのは、自分と同じ年に日活からデビューした三歳下の石原裕次郎《いしはらゆうじろう》の存在があった。またたくまにスターとなった石原に対し、高倉は美空《みそら》ひばりなどスターの相手役や二枚目半的な役どころばかりで、はっきりいえばパッとしない存在だった。あるとき、横浜でロケをしていたところ、自分を取り巻いていた女の子たちが、いきなり一斉にべつの方向へと駆け出した。近くで石原のロケが行なわれていたからだ。「同じ俳優なのに、どうしてこんなに違うんだろう」とショックを受けた高倉は、このころから先述のような夢を抱くようになったのだという。

大作ばかりが注目されることへの不満

任侠映画で一躍スターへとのしあがったのは、三〇代に入ってからだった。それまで以上に多忙をきわめ、日頃から体を鍛えていたとはいえ疲労はピークに達する。やっと休暇がとれてハワイに行っても、往復の飛行機でもホテルでもひたすら眠り続けたという。やがて高倉の胸をよぎったのは、「このままでは俺はダメになる」との思いだった。時期を同じくして、ある種のロマンチシズムにあふれた任侠映画に替わって、菅原文太《すがわらぶんた》主演の『仁義なき戦い』（深作《ふかさく》欣二《きんじ》監督、一九七三年）に始まる実録やくざ映画路線がヒットするようになっていた。高倉が東映から独立したのは一九七六年のことである。

独立の翌年に公開された『やくざ戦争　日本の首領《ドン》』（中島貞夫《なかじまさだお》監督）も実録路線に乗ったものだった。高倉は同作への出演を東映プロデューサーの俊藤浩滋《しゅんどうこうじ》から依頼されていたものの、結局断っている。《［引用者注――俊藤からの依頼を］断ったのは高倉健だけだ。ある時期にこれ以上ヤクザものやったんじゃ、自分は伸びないと自己判断したんだね。（中略）そのときの判断が正確であったと同時に、その決断したということが、あの男の身上じゃないかな》とは、『網走番外地』などで高倉と共演した丹波哲郎《たんばてつろう》の言だ（丹波哲郎・ダーティ工藤《くどう》『大俳優　丹波哲郎』）。

出演を断った『日本の首領』が公開された一九七七年、『八甲田山』（森谷司郎《もりたにしろう》監督）、『幸福《しあわせ》の黄色いハンカチ』（山田洋次《やまだようじ》監督）と高倉の主演作があいついで公開される。とりわけ『幸福の黄色いハンカチ』は、彼の新境地として第一回日本アカデミー賞の主演男優賞など数々の栄冠を得た。

このように東映専属時代から独立を経て、高倉の出演作のカラーは大きく変わった。いずれの時期の作品を好むか・評価するかは、ファンのあいだでも二分されるところだろう。では、本人としてみれば、どうだったのか？　これについて高倉は、ノンフィクション作家の沢木耕《さわきこう》太郎《たろう》との一九八三年の対談で興味深いことを語っている。

東映を独立後に出会った監督たちの印象を訊かれた高倉は、いずれの監督も必死で、東映時代に会社が決めた監督とやっていたのとはだいぶ違ったと語った。しかし続く沢木の《一年に何十本という凄まじい撮られ方をして、走り回って、切りまくってというような状況をいま振り返ると、よくないですか、あの時期のご自分は》との質問に対しては次のように答えている。

《一生懸命やってたなと思いますね。だから、一生懸命やっていたのにどうしてあの当時の作品が……と思うんですね。不公平だなと思いますね。三年かかってやった『八甲田山』や、一年四季を追いながら撮った『幸福の黄色いハンカチ』や、一年かかって撮った『駅』や、そういうものだけに陽が当たるわけです。あの頃撮っていた写真は本当にもうどうかすると十八日ぐらいで一本撮ったりしていましたけど、仕事をしている気持みたいなものは、あの頃のほうが、ずっと純粋だったんじゃないかなという気がします》（沢木耕太郎『貧乏だけど贅沢』）

高倉は、独立後の大作ばかりが注目されることに不満を抱いていたのだった。同じ対談では、《仰々しくなく、あまり寒い風の吹かない、生きているっていいなって話をやりたい》と今後の希望を語っている。後年の『鉄道員《ぽっぽや》』（降旗《ふるはた》康男《やすお》監督、一九九九年）などはこれに当てはまる作品といえそうだ。まあ多くの高倉作品と同じく『鉄道員』も北国が舞台なので、「寒い風の吹かない」というのだけはちょっと違うけれども。

自分に合った企画を待ち続けて

高倉は、同じく映画会社から独立して個人プロダクションを設立した三船敏郎《みふねとしろう》、石原裕次郎、萬屋錦之介、勝新太郎《かつしんたろう》らのように自ら映画製作に乗り出すことはしなかった。彼がとったのは、自ら企画をどんどん出していくのではなく、自分がこれぞと思う企画が来るまでひたすら待ち続けるというスタイルだった。

《映画会社に所属している時とは異なり、独立してからは、イメージを壊す云々というより、役を好きになれないものは、やりません。

全編を通してというより、自分は、琴線に触れる一行、一言の台詞があるかないか。

結構単純なんです。

でも、そんな役にはなかなか出会えない。

だから、何年も休みが続くんです》（『文藝春秋 SPECIAL』二〇一三年春号）

高倉は出演作品を選ぶうえで、脚本の中身だけではなく、ギャラの額も重視した。どれだけ自分が必要とされているかはギャラでわかるから、というのがその理由だった。一見するとがめつく感じられるかもしれないが、次の発言を読めば印象は変わるはずだ。

《出演するときにはすべての権利を戴くようにしています。出演料はもとより、再使用のお金、テレビでの放映、ビデオやDVDにいたるまで、今まで日本映画の俳優さんが取ってこなかった権利をひとつでも多く戴きます。だから権利については出演前に必ず交渉します。そして、撮影に入る前から多くのものを背負っていれば、励みになりますし、自分を追い込むことにもなる。「今日はつらいから撮影をやめる」なんて絶対に言えなくなります》(『高倉健インタヴューズ』)

この発言からは、高倉が自分のことだけでなく後身の俳優や日本の映画界全体についても考えていたことがうかがえる。時代を追うごとに高倉は、日本映画はハリウッドのように外国からもどんどん優秀な人材を入れていくべきだなどと提言することも増えていった。あるいは、映画の持つ力について、以下のようにたびたび語っていることも見逃せない。

《映画はね、あくまでもエンターテインメントだと思う。映画を見て学識が豊かになるとか何かを教わるとかは、僕はないと思う。ただ、ボディは打つね。見る人の心に響くものを届けることはできる。アメリカの大統領が全世界に向かって演説するよりも、『タイタニック』を持って世界中で上映したほうが、大衆の心はアメリカに向かうと思う》(『高倉健インタヴューズ』)

《映画の力って、やっぱり怖いですよ。どこかの政治家が何かおべんちゃらを言っても、または商売人が何かを売りつけようとしても、映画には到底かなわない。二時間映画を観ただけで、やっぱり人の心の中に棲みつくものがある。とくに若者の場合はね、物語さえあればもう、そういうことが顕著になるよね》(劉文兵『証言日中映画人交流』)

どんな政治家の言葉よりも、映画には人の心を打つ力があるというのだ。海外ロケの経験も多く、『ザ・ヤクザ』(シドニー・ポラック監督、一九七四年)や『ブラック・レイン』(リドリー・スコット監督、一九八九年)などアメリカ映画にもいくつか出演している高倉だけに説得力がある。これらの発言には、終戦後まもなく自分がアメリカ映画に魅せられた体験が根底にあるのだろう。また『君よ憤怒《ふんぬ》の河を渉《わた》れ』(佐藤純彌《さとうじゅんや》監督、一九七六年)の公開をきっかけに中国で高倉健ブームが起こって以来、中国映画界との交流を続け、二〇〇六年には日中合作映画『単騎、千里を走る。』(張芸謀《チャンイーモウ》監督)で主演したことも大きかったに違いない。

先に書いたとおり、映画俳優にはなりたくてなったわけではないが、高倉は映画という表現ジャンルに誇りを抱き、それだけに映画界の衰退を人一倍懸念していたのではないか。彼は一九九〇年代以降、依頼を待つばかりでなく、自分でプロデューサーや監督をしてみたいと希望を抱くようになる。映画評論家・白井佳夫《しらいよしお》との対談では、トニー・スコット監督が『マイ・ボディーガード』というタイトルで映画化したA・J・クィネルの小説『燃える男』に惹かれるものがあると、具体的な作品名まであげていた（『文藝春秋』二〇〇六年三月号）。だが、亡くなる前年の雑誌の企画では、「監督としていますぐ撮影できるとしたらどのような作品をつくりたいか」との編集部の質問に、ただひと言《わかりません》と回答している（『文藝春秋SPECIAL』二〇一三年春号）。すでに自分に残された時間はないと察するところがあったのだろうか。

それでも同じ記事では、病気やけがで撮影のスケジュールに支障をきたしてはいけないと、日頃から健康をきちんと管理していることも明かしていた。ロケで地方へ行っても生ものはけっして口にしなかったという。同じ理由から、撮影中に親兄弟が亡くなっても、葬式に行くのは思いとどまった。これについて高倉はある意味割り切っていたようだ。

《お寺さんで怒られるかもしれないけど、人と悲しい別れをするのは葬式じゃない、自分の心の中の問題だと思ってますから。悲しいときに、何月何日の何時から何時までにお別れするなんて、儀式ですよ。そういうのがあってもいいんでしょうけど、僕はしたくないですね。（中略）撮影のメンバーは知らなくて、僕はいつもと同じ振りして飯食って、今日は眠いからとか嘘ついて部屋に帰って、一人でお線香あげたりするほうが、ずーっと一生懸命悼《いた》んでいるなって》（『週刊文春』一九九八年四月三〇日・五月七日号）

そういう考えを知ると、自分の葬儀も近親者のみで済ませるよう遺言したのは納得がゆく。没後の一一月二八日には、遺作となった『あなたへ』のロケ地・長崎県平戸市で地元の人たちが集まってお別れ会が開かれたというが、そういうささやかな別れ方こそ〝健さん〟にはふさわしいものであったかもしれない。

参考文献

高倉健『想 SOU 俳優生活五〇年』（集英社、二〇〇六年）、「高倉健　一問一答」（『文藝春秋SPECIAL』二〇一三年春号）
高倉健・田壮壮「〝智恵の混血〟こそハリウッド映画の凄さ」（『サンサーラ』一九九七年一月号）
高倉健・白井佳夫「健さん74歳、わが役者人生　黒澤監督ごめんなさい」（『文藝春秋』二〇〇六年三月号）
沢木耕太郎『貧乏だけど贅沢』（文藝春秋、一九九九年）
丹波哲郎・ダーティ工藤『大俳優　丹波哲郎』（ワイズ出版、二〇〇四年）
野地秩嘉『高倉健インタヴューズ』（プレジデント社、二〇一二年）
マキノ雅弘『マキノ雅弘自伝　映画渡世・地の巻』（平凡社、一九七七年）

丸山健二『鉛のバラ』（新潮社、二〇〇四年）
村尾国士「現代の肖像　『耐える男』が流した本物の涙。　高倉健」（『ＡＥＲＡ』一九九九年六月七日号）
山田宏一『日本侠客伝――マキノ雅弘の世界』（ワイズ出版、二〇〇七年）
劉文兵『証言　日中映画人交流』（集英社新書、二〇一一年）
「阿川佐和子のこの人に会いたい　連載２４４　高倉健　今、二度目の結婚をしようと努力してます」（『週刊文春』一九九八年四月三〇日・五月七日号）
「高倉健ロングインタビュー」（『キネマ旬報』一九九六年六月下旬号）
「降旗康男監督　高倉健との軌跡を語る」（『キネマ旬報』二〇一二年九月上旬号）

健さんから遠く離れて

菅原文太

SUGAWARA
BUNTA

一九三三年八月一六日〜
二〇一四年一一月二八日（満八一歳）
俳優

居を定めない人生

菅原文太《すがわらぶんた》が八一歳で亡くなったのは、同じく東映出身のスター俳優だった高倉健《たかくらけん》の死去から一八日後、二〇一四年一一月二八日のことだった。それだけに没後の報道でも、両者が比較されることが多かった。ただ、なかには菅原と高倉が同時期にスターであったかのように伝えていたテレビ番組もあったのが、ちょっと気になった。たしかに『ごろつき』（マキノ雅弘《まさひろ》監督、一九六八年）や『神戸国際ギャング』（田中登《たなかのぼる》監督、一九七五年）など二人が共演した作品は少なくないし、生年も俳優としてデビューしたのも高倉が二～三年早いだけなので、誤解されやすいのだろう。

しかし両者がスターになった時期は、特撮ヒーロー物でいえば、『ウルトラマン』（一九六六年放送開始）と『仮面ライダー』（一九七一年放送開始）ほどに違う。そもそも高倉が大学卒業から二年後には東映で主演デビューしたのに対し、菅原は紆余曲折《うよきょくせつ》を経て俳優となったうえ、東映に入るまでに新東宝、松竹《しょうちく》と各社を転々としている。菅原が東映に移籍した一九六七年には、すでに高倉は東映任侠映画において鶴田浩二《つるたこうじ》と並ぶ二枚看板となっていた。その任侠映画も一九七〇年代初めには興行力が低下していく。一九七二年には高倉主演の『昭和残侠伝』をはじめ人気シリーズの終了があいつぎ、東映社内ではスターの世代交代が求められるようになる。実在のやくざの手記をもとにした深作欣二《ふかさくきんじ》監督の『仁義なき戦い』（一九七三年）が企画されたのは、ちょうどそんな時期だった。菅原にとって『現代やくざ 人斬り与太』『人斬り与太 狂犬三兄弟』（いずれも一九七二年）に続く深作作品への出演となった同作は大ヒットし、彼は名実ともにスターとなった。

とはいえ、菅原にはスターになったという自覚はあまりなかったらしい。一九七五年のインタビューでは、「いい男で、強くて優しい」という従来の意味での日本映画最後のスターはやはり高倉健であり、自分との違いは歴然だとも語っている。そのことは、東映移籍後最初の映画『網走《あばしり》番外地 吹雪の斗争《とうそう》』（石井輝男《いしいてるお》監督、一九六七年）で高倉と共演したときから、すでに感じていたようだ。このとき菅原があいさつに赴くと、高倉は非常に丁寧に接してくれたという。《それ以後、健さんを目標にしながら、尚かつ健さんからどれだけ遠ざかれるかという事が、僕の中に作用としてあったような気がする》とのちに菅原は振り返った（『キネマ旬報』一九七五年一一月下旬号）。同じインタビューでは、彼はこんな発言もしている。

《僕は宿命として、居坐っている星には多分なれないだろうと自分では思っているわけですよ。学生時代の下宿生活が尾をひいているのかどうか、居を定めないで流れている方が性に合って

いるというのか、自分でいくらかカッコつけて言えば、その方が菅原文太らしいだろうと》

このインタビューが行なわれた一九七五年、菅原演じる星《ほし》桃次郎《ももじろう》と、愛川《あいかわ》欽也《きんや》演じる「やもめのジョナサン」こと松下《まつした》金造《きんぞう》が全国各地をトラックでまわるエンターテインメント活劇『トラック野郎 御意見無用』（鈴木《すずき》則文《のりぶみ》監督）が公開された。当初は予定されていた作品の穴埋めとして企画された同作だが、思いがけずヒットしたためシリーズ化され、一九七九年までに一〇作がつくられた。

スクリーンのなかの桃次郎もまた居を定めず、彼宛ての郵便物は、行きつけの川崎のトルコ風呂（いまでいうソープランド）に届けられるという設定になっていた。こんなキャラクターは、高倉健には演じられなかったことは間違いない。菅原は一九七〇年代以降、たしかに高倉から遠ざかることに成功したのである。

晩年にいたっても、《職業も住まいも安住の薄い我が人生だ》と語った菅原は（『週刊文春』二〇〇九年八月一三・二〇日号）、生涯を通じて一つのところに落ち着くということがほとんどなかった。結婚して家庭を持ってからも、撮影で留守にすることが多かった。若いころにはほぼ住所不定に近い、放浪生活を送っていたこともある。ここでその足跡をたどってみたい。

仕事に身が入らなかった新人時代

菅原文太は一九三三年に宮城県に生まれた。父は地元紙『河北新報』の記者だったが、菅原が三歳のとき離婚したのを機に退職、菅原と妹を連れて上京する。だが、太平洋戦争中の一九四三年に父が出征、小学四年生になっていた菅原は妹と宮城の父の実家に疎開した。終戦後は地元の小学校から旧制中学(五年制)に進学するが、三年の終わりに旧制中学が新制高校に移行するのにともない、宮城県仙台第一高等学校(仙台一高)の編入試験を受けて合格する。高校時代は新聞部に所属、その一年後輩にはのちに作家となる井上《いのうえ》ひさしがいた。井上によれば、高校新聞で学校を批判して、記事の差し止め騒ぎになったときにも、菅原は怒らず、へりくだらず、堂々と教師らと渡り合っていたという(『朝日新聞』一九八八年四月一七日付)。

勉強そっちのけで映画を見まくったのもこのころだ。おかげで高校卒業を前に東北大学を受験するも不合格。父からは翌年も受験を勧められたが、とにかく東京に出たかった菅原は、次の年には早稲田大学の第二法学部を受験して合格する。学生時代は奨学金を受け、アルバイトもしていたとはいえ、それでも生活は苦しかった。画家になっていた父から上京のはなむけに譲り受けた蔵書も、やむなく古本屋に売り払って生活費の足しにしたという。家賃が払えないのでアパートも転々とした。ときには夜逃げをして、山谷《さんや》のドヤ街に転がり込み、労務者たちとともに寝起きしながらバイトをするなど、どん底も味わった。そうこうしているあいだに、学費滞納で大学からは除籍されてしまう。

　バイト先の社長夫人のツテから、画家でファッションデザイナーの中原淳一《なかはらじゅんいち》にスカウトされ、ファッションモデルになったのは、大学除籍から一年後のことだった。やがて岡田真澄《おかだますみ》らとともにモデルクラブを結成し、銀座の喫茶店をたまり場にしていたところ、今度は新東宝の宣伝部員からスカウトされる。菅原はこれに応じ、石井輝男監督の『白線秘密地帯』（一九五八年）で俳優デビューした。当初は俳優だけでは食えず、モデルの仕事も続けていたが、そのうちに吉田輝男《よしだてるお》・寺島達夫《てらしまたつお》・高宮敬二《たかみやけいじ》とともに「ハンサム・タワー」のキャッチフレーズで売り出された。新東宝が一九六一年に倒産したときも、「ハンサム・タワー」のひとりとして松竹に引き取ってもらえたのは幸いだったといえる。

　もっとも菅原には、新東宝にいたころからスターや名優になろうという気持ちはまったくなかった。それだけに仕事にもいまひとつ真剣になれず、撮影に遅刻して監督から怒鳴られることもしょっちゅうだったという。松竹に入って最初の映画となった篠田正浩《しのだまさひろ》監督の『三味線とオートバイ』（一九六一年）の出演に際しては、ロケの日程を間違えるという失敗をしでかした。ロケ前夜も、翌日は休みだと思いこんでいた菅原は、銀座で飲み、女の子を引っかけてそのままホテルに泊まってしまったのだ。だが翌日の昼すぎ、確認のため撮影所に電話して、自分の勘違いに気づく。あわててロケ隊を追ったものの、進行主任は「代役を立てたから、君はもういいよ。帰りなさい」と取りつく島もない。しかたなく踵《きびず》を返そうとしたところ、主演の川津《かわづ》祐介《ゆうすけ》が「自分がとりなすから監督に謝れ」と助け舟を出してくれたおかげで、どうにか役から降ろされずに済んだのだった。

その後も、自分から進んで撮影所や監督に出演を申し出ることもなく、ひたすら待ちの姿勢をとり続けていた。そのため少ないときには一年に二、三本しか役がもらえなかったこともあったようだ。それが木下恵介《きのしたけいすけ》監督の『死闘の伝説』(一九六三年)で準主役に抜擢されたあたりから、やっと仕事に身が入るようになったという。一九六五年には、暴力団・安藤《あんどう》組の元組長・安藤昇《のぼる》が本人役で主演した実録映画『血と掟』(湯浅浪男《ゆあさなみお》監督)に出演する。共演を機に安藤から気に入られた菅原は、安藤が撮影で京都に行く際にも誘われた。これが東映入りの布石となる。

このとき、東映の京都撮影所に打ち合わせに赴いた安藤に、菅原もついていった。打ち合わせ中は廊下で待っているつもりだったが、安藤が一緒に所長室に入れというので同席する。そこには撮影所長の岡田茂《おかだしげる》(のちの東映社長)とともにプロデューサーの俊藤浩滋《しゆんどうこうじ》がいた。両者とも東映の任侠路線を敷いた立役者だ。それから何日かして、菅原は安藤のマネージャーを介して俊藤から「東映で仕事する気はないか」と打診される。東映の映画は大好きだっただけに、断る手はなかった。松竹から退社が認められるまで半年ほど待ち、晴れて菅原は東映に移籍、スターへの道を歩み始めたのである。

後半生を予感させた大河ドラマでのラストシーン

菅原が俳優デビューした一九五八年は、日本の映画観客者数が頂点に達した年だった。以後、その数は減少の一途をたどる。かつて各映画会社の専属だったスターたちも、映画に替わり台頭したテレビに続々と進出していった。そのなかにあって「テレビに出ない最後の大物」と言われていた菅原だが、一九八〇年にＮＨＫの大河ドラマ『獅子の時代』でついにテレビ初主演を果たす。

同作では大河ドラマの開始以来初めてとなるオリジナル脚本を山田太一《やまだたいち》が担当、明治維新以降の時代をとりあげたのも大河ではこの作品が最初だった。その劇中、菅原演じる架空の旧会津藩士・平沼銑次《ひらぬませんじ》は、幕府使節団の一員として参加した一八六七年のパリ万国博覧会を振り出しに、帰国後も日本各地を転々としながらさまざまな歴史的事件に立ち会う。ラストでは、秩父《ちちぶ》困民党の蜂起（一八八四年の秩父事件）に参加した銑次が、鎮台兵《ちんだいへい》や警官隊の銃撃を受けながら草むらを駆け抜け、やがて行方をくらます。このシーンで「自由自治元年」と書いた旗を掲げながら走り回る銑次の姿は、いまにして思えば菅原自身の後半生を予見していたかのようだ。

ちょうど『獅子の時代』出演前後から、菅原には社会や政治に対する発言や活動が目立ち始めた。一九七七年には、自宅と隣接する私立幼稚園（菅原の子供たちも通っていた）との境界線をめぐり訴訟を起こしている（のち和解）。もっとも菅原いわく土地はひとつのきっかけにすぎず、保護者に多額の寄付金を半強制的に支払わせていた幼稚園に対し、訴訟以前から不信を募らせていたという。

菅原はこの訴訟を通じて知り合った人や俳優仲間と、子供の教育のあり方について議論を深めていく。その流れから一九八一年には「雷おやじの会」なる会を、親交のあった元ボクサーのガッツ石松《いしまつ》、冒険家の植村直己《うえむらなおみ》、プロスキーヤーの三浦雄一郎《みうらゆういちろう》、作曲家の山本直純《やまもとなおずみ》、マンガ家の加藤芳郎《かとうよしろう》、参院議員の八代英太《やしろえいた》、元横綱の輪島《わじま》といった人たちとともに発足している。ただしその意図は、封建的な雷おやじの復活ではなく、母親まかせにしがちな子供の教育に、父親も関心を持とうというものであった。

また、一九八〇年代には、在日韓国人のための老人ホームを建設する運動に、募金の呼びかけ人として協力している。これは、在日韓国人の老人の孤独死があいついでいることから、そうした人たちを受け入れる施設が必要だと訴えた新聞投稿を読んだのがきっかけだった。最終的に一億円を超える寄付が集まり、一九八九年になって大阪府堺市に施設「故郷の家」が建設された。

菅原自身が新聞に投書することもあり、一九八八年にはテレビの報道番組でキャスターを務めていた俳優の中村敦夫《なかむらあつお》が降板させられたことについて、出演者をコンピュータの部品か消耗品ぐらいにしか考えていないテレビ界の体質を露呈《ろてい》したと厳しく批判している（『朝日新聞』一九八八年三月二九日付）。

幻に終わった井上ひさし作品の映画化

井上ひさしの長編小説『吉里吉里人《きりきりじん》』の映画化に本格的に乗り出したのも、このころのことだ。この作品に菅原は、一九七三年に『終末から』という雑誌で連載が始まったときから目をつけていたという。東北の一村落が日本から独立するというその内容に、当時東映で既存の任侠映画から突破口を見つけようとしていた菅原は共感を抱いたようだ。『吉里吉里人』はその後、『終末から』の終刊にともなう中断を挟んで、『小説新潮』であらためて一から連載された。同作の単行本が一九八一年に刊行されるや、一躍話題になったことをきっかけに、菅原は井上に映画化の話を持ちかける。じつはすでに井上のもとには同様の申し出がいくつかあったものの、映画化は難しいと断っていた。高校の先輩である菅原にも「やめたほうがいいですよ」と忠告したが、菅原が映画には出ずプロデューサーに徹すると聞いて、一切を任せることにしたという。

一九八八年にはロケ地の下見も行なっている。このときロケ地を用意したのは、菅原と高校の同期生である宮城県本吉町《もとよしちょう》（現・気仙沼市《けせんぬまし》）と栗駒町《くりこままち》（現・栗原市）の町長だった。脚本も、原作そのままでは二時間の枠には収まらないため断念し、井上も参加して練り直しを重ねた末に、思い切って原作を離れることにした。翌八九年に雑誌に掲載された、菅原と井上に憲法学者の樋口陽一《ひぐちよういち》を交えた鼎談《ていだん》によれば、この時点で脚本は四稿目の執筆に入っていた（なお樋口も井上と同じく菅原の高校の一年後輩にあたる）。また数億円もの製作費も自力で捻出し、自宅も抵当に入れたという。

どうして菅原はこれほどまでに『吉里吉里人』の映画化に熱を入れたのか？　そこには、「人間にとって国や文明とは何なのか、また人間の自由と尊厳とは何なのか、問い直してみたい」という意図とともに、すっかり閉塞してしまった映画界に風穴を開けようという思いもあったようだ。前出の鼎談では次のように語っていた。

《この映画は（中略）いまの老大国になってしまった映画に対して、吉里吉里国が日本から独立したと同じような、独立を突きつけていく映画にしなきゃいかんのだ。非常に清新な魂のようなものを吹き込むというか、もう一回そういうものをぶち壊すエネルギーみたいなものを……。それが最大のポイントだというのが、最近わかってきた》(『法学セミナー』一九八九年七月号)

しかし、この構想は行き詰まり、映画『吉里吉里人』が完成することはなかった。それでも「人間にとって国や文明とは何か、また人間の自由と尊厳とは何なのか」という問いかけは、その後の菅原の行動原理となったといえるのではないか。

先輩・高倉健への「弔辞」

一九四九年に仙台一高に入学して以来、新東宝での俳優デビュー、東宝への移籍、そして幼稚園との裁判、『吉里吉里人』の製作準備と、菅原の人生にはほぼ一〇年おきに節目が訪れた。東京の家を引き払い、妻とともに岐阜県の飛騨の山里に移住したのも、それからさらに一〇年後の一九九八年のことだった。

飛騨に移った理由を訊かれると、とくに理由はないと答えた菅原だが、同時に開発の進んだ東京は人間の住むところではなくなったという思いも打ち明けている。飛騨には一〇年ほど住んだのち、膀胱《ぼうこう》がんの発症もありいったんは東京に戻るも、この間に農業への関心が高まっていた。二〇〇九年には山梨県北杜《ほくと》市に農業生産法人「竜土《りゅうど》おひさまの里農園」を設立し、耕作放棄地での有機農業に若者たちと取り組んだ。『吉里吉里人』の作中で「吉里吉里国」の人々が日本からの独立にあたり、食糧の自給自足で足場を固めようとしていたことを思えば、菅原はそれを自ら実践しようとしていたともとれる。

晩年になって東日本大震災と原発事故が起き、また沖縄の基地移転問題が取り沙汰されるなかで、菅原は社会を見つめ直す運動体「いのちの党」の発起人になるなど、ますます社会や政治へのコミットを強めた。一方で俳優業からは二〇一二年に引退を宣言する。これについて親しかった人たちのなかには、長男で菅原と同じく俳優の道に進んだ薫《かおる》（芸名は菅原加織《すがわらかおる》）が二〇〇一年に事故死したことが曲がり角だったと見る向きもある。映画プロデューサーの奥山和由《おくやまかずよし》は、《同じ役者として、薫さんに映画の将来を託していたんでしょう。死という想定外のことが突如起き、映画界を良くするために〝未来へ〟と向かっていた気迫が別の方に向いてしまった気がします》と語っている（『週刊新潮』二〇一四年一二月一一日号）。

しかし菅原は最後の最後で映画へのこだわりと気迫を見せた。それは亡くなる一〇日前、高倉健の訃報を聞いたときのこと。彼は《健さん、東映、映画のことは自分で書きます》と関係者に語ったという（『週刊文春』二〇一四年一二月一一日号）。この言葉は、東映に入って当初は高倉と同じ路線を歩みながらも、やがて遠ざかることでスターとなった菅原ならではの〝弔辞〟ではなかっただろうか。

参考文献

菅原文太「取り残された幼稚園」（『小説新潮』一九七八年二月号）、「聞き書き　オレの青春彷徨記」全七回（『サンデー毎日』一九八三年一月一六・二三日号～二月一三日号、二月二七日号～三月一三日号）、「論壇　惜しい中村敦夫氏の降板　出演者の人間性軽視するテレビ界」（『朝日新聞』一九八八年三月二九日付）

菅原文太・井上ひさし・樋口陽一「吉里吉里人がみた日本社会」上・下（『法学セミナー』一九八九年五月号、七月号）

菅原文太・高田純「菅原文太、日蔭街道映画スター論を語る」全二回（『キネマ旬報』一九七五年一一月上旬号～下旬号）

鈴木嘉一『大河ドラマの50年――放送文化の中の歴史ドラマ』（中央公論新社、二〇一一年）

鈴木則文『トラック野郎風雲録』（国書刊行会、二〇一〇年）、『新トラック野郎風雲録』（ちくま文庫、

二〇一四年）

山根貞夫・米原尚志『「仁義なき戦い」をつくった男たち　深作欣二と笠原和夫』（日本放送出版協会、二〇〇五年）

尹基「論壇　在日韓国人のホーム建設を　故国に近い様式で生活させたい」（『朝日新聞』一九八四年六月一八日付）

「ひと　父権回復を目指す『雷おやじの会』をつくった　菅原文太」（『朝日新聞』一九八一年一二月二一日付）

「キムチ食べられる温かいホームを　在日韓国人孤老へ募金活動　菅原文太さんら中心に」（『朝日新聞』一九八四年一二月二五日付）

「メディアの顔　組織の中の人間性回復を訴える菅原文太さん（五四）　自分が自分である核までは売らない」（『朝日新聞』一九八八年四月一七日付）

「文太さんの映画作りは郷友とのスクラムで　初の作品　吉里吉里人」（『朝日新聞』一九八八年六月四日付）

「スペシャルインタビュー　飛騨には日本人が忘れた原点がある　俳優　菅原文太」（『週刊東洋経済』二〇〇三年一〇月二五日号）

「ロング・インタビュー　菅原文太　ニッポンよ、畑から元気になろう！」（『文藝春秋』二〇〇九年五月臨時増刊号「くりま」）

「新・家の履歴書　菅原文太（俳優）」（『週刊文春』二〇〇九年八月一三・二〇日号）

「菅原文太さん死去：在日韓国人に『故郷の家』建設に尽力」（『毎日新聞』二〇一四年一二月二日付）

「高倉健の訃報から10日後　菅原文太死す！」（『週刊文春』二〇一四年一二月一一日号）

「『高倉健』の後を追うように『菅原文太』の棺を蓋いて」（『週刊新潮』二〇一四年一二月一一日号）

二〇一四年の物故者たち

菅原文太《すがわらぶんた》（一一月二八日・八一歳→二三二頁）が亡くなったとき、報道では、同じ月に亡くなった高倉健《たかくらけん》（一一月一〇日・八三歳→二一五頁）と比較されることも多かった。映画会社の東映にあって、高倉は六〇年代半ばから七〇年代初頭にかけての任侠路線でスターとなった。これに対し、菅原は、任侠映画の人気の衰えのなか、実録やくざ映画『仁義なき戦い』（一九七三年）に出演し、スターの仲間入りを果たす。

こうして高倉と菅原を比較するだけでも、ここ半世紀の日本映画の動向など色々なものが見えてくる。「人間の世界の個性と多様性、その人物の役割と意味は、対比を通してより明確に浮かび上がってくるのではないか」とは、総合雑誌『中央公論』などで編集長を務めた編集者・粕谷一希《かすやかずき》（五月三〇日・八四歳）の言だが（『対比列伝　戦後人物像を再構築する』一九八二年）、まさにそのとおりだろう。

同様に、映画監督の鈴木則文《すずきのりぶみ》（五月一五日・八〇歳）と曽根中生《そねちゅうせい》（八月二六日・七六歳）を比較すれば、何が見えてくるだろうか。両者とも日本の映画業界が停滞していた時期にあって、二本立てや三本立てで上映するため量産された、いわゆるプログラム・ピクチャーを数多く手がけた。東映に所属した鈴木は、『仁義なき戦い』シリーズと並ぶ菅原文太の代表作である『トラック野郎』

シリーズも撮っている。

曽根は、日活が経営不振から、一九七一年に低予算の成人映画を前面に出したロマンポルノ路線に転じると、その中心的監督として活躍した。その代表作には、**蟹江敬三**《かにえけいぞう》（三月三〇日・六九歳）主演の『天使のはらわた　赤い教室』（一九七九年）などがある。また一般映画として、シリーズ化もされた『嗚呼!!　花の応援団』（一九七六年）も手がけた。同名の人気マンガを実写映画化したこのシリーズには、元力士で芸能活動を始めていた**龍虎**《りゅうこ》（八月二九日・七三歳）もレギュラー出演した。同時期には鈴木もマンガ原作の実写映画『ドカベン』（一九七七年）を手がけている。なお「ドカベン」の愛称で親しまれた元プロ野球選手・**香川**《かがわ》**伸行**《のぶゆき》（九月二六日・五二歳）が大阪の強豪・浪商《なみしょう》高校に入学したのは、この映画が公開された年のことだ。

高倉健や菅原文太を輩出した東映は、戦前の満洲映画協会（満映）出身者を中心にその基礎が形成された。満映は、日本が中国東北部に建国した傀儡国家・満州国のプロパガンダのためつくられた国策会社であり、ここから中国人女優として売り出されたのが李香蘭《りこうらん》である。実際には日本人であった彼女は、戦後は本名の**山口淑子**《やまぐちよしこ》（九月七日・九四歳→一七四頁）として女優を続けた。その後女優は引退したが、一九七四年から三期一八年におよんだ参院議員大鷹淑子《よしこ》在任中には、テレビのワイドショーでの取材体験を生かして主に外交面で活躍した。その足跡は、アメリカの子役出身の女優で、のちに外交官に転身した**シャーリー・テンプル**（二月一〇日・八五歳）にも重なるところがある。

自民党所属の山口が、ときには政策面で対立しながらも、政界での数少ない友達としてあげたのが、社会党委員長や衆院議長などを歴任した**土井たか子**（九月二〇日・八五歳↓一八九頁）だった。

山口淑子は中東問題では終生、パレスチナへの共感を示した。そこには、国家としてのイスラエルが、歴史的背景は異なれどかつての満州国と同じく、他民族の土地を奪って建国されたという意識があったようだ。そのイスラエルの首相に二〇〇一年に就任し、パレスチナに対して強硬な姿勢をとった**アリエル・シャロン**は、〇六年に脳梗塞《のうこうそく》で倒れて事実上政界を引退したあと、一度も意識の戻らないまま亡くなった（一月一一日・八五歳）。この間、パレスチナ側にも、イスラエルに強硬路線をとるイスラム原理主義組織ハマスによる政権が生まれ、いまなお両者のあいだでは武力衝突が絶えない。

イスラエルという国家を考えるうえで忘れてならないのは、ユダヤ人の流浪と迫害の歴史である。ナチスドイツによるユダヤ人大虐殺（ホロコースト）はその迫害の極致といえる。フランスの映画監督**アラン・レネ**（三月一日・九一歳）は『夜と霧』（一九五五年）で、第二次大戦中にユダヤ人が収容されたポーランドのアウシュビッツ収容所の現在の映像に、過去の記録映像をモンタージュすることで、ナチスの非人道的行為を告発した。

ホロコーストから生還した最高齢のユダヤ人女性だった**アリス・ヘルツ＝ゾマー**は二〇一四年、一一〇歳で亡くなっている（二月二三日）。ナチスの手を逃れてアメリカに亡命したオーストリアのトラップ大佐一家は、ミュージカルや映画『サウンド・オブ・ミュージック』のモデルとして有名だが、同家の七人の子供のうち最後に残った次女、**マリア・フランツィスカ・フォン・トラップ**は九九歳で亡くなった（二月一八日）。さらに、広島に原爆を投下した米軍のB29爆撃機「エノラ・

ゲイ」の二人の搭乗員のうち、唯一の生存者であった**セオドア・ヴァン・カーク**も九三歳で亡くなっている（七月二八日）。戦争の記憶と深く結びついた人々のあいつぐ死に、第二次世界大戦の終結から年が明ければ七〇年という時間の経過を否が応でも感じざるをえない。

一九七四年、太平洋戦争中にフィリピンのルバング島に派遣され、戦争終結後も戦闘を続けていた旧日本陸軍の少尉・**小野田寛郎**《おのだひろお》（一月一六日・九一歳）が三〇年ぶりに帰国した。

日本の敗戦後も復員することなく、海外に一定期間とどまった旧日本軍将兵（残留日本兵）は一万人規模におよんだ。しかしそのなかでも、小野田や一九七二年にグアム島で救出された横井庄一のように、現地住民と敵対関係もしくは無関係にあったケースは例外的という。むしろ多くの残留日本兵は、何らかの形で現地社会とかかわりをもった。インドネシアに残留し、オランダとの独立戦争に参加した**小野盛**《おのさかり》（インドネシア名・ラフマット。八月二五日・九四歳）はそのひとりである。小野は生存が確認されたうち最後に残った残留日本兵だった。

作家の**深田祐介**《ふかだゆうすけ》（七月一四日・八二歳）は、小野田寛郎が戦いを続けていたころの戦中・戦後のフィリピンを舞台に日本人ビジネスマンたちを描いた長編小説『炎熱商人』で、一九八二年に直木賞を受賞した。受賞時、深田は日本航空でロンドン駐在員や広報室次長を務めていた。

一九八五年に「演歌の虫」「老梅」で直木賞を受賞した**山口洋子**《やまぐちようこ》（九月六日・七七歳）も、深田と同じく異色の経歴を持つ。一九五七年、高倉健の二期あととなる東映ニューフェイスに合格したが、女優業には早々に見切りをつけた。すでにその前年、一九歳にして東京・銀座に高級クラブ「姫」

を開店していた彼女は、やがて歌謡曲の作詞にも手を染める。売れっ子作詞家となった山口の代表作には、彼女が名付け親となった五木《いつき》ひろしの「よこはま・たそがれ」、中条《なかじょう》きよし「うそ」、石原裕次郎「ブランデーグラス」などがあるが、変わったところでは、**逢坂《おうさか》じゅん**（五月八日・六八歳）がメンバーだった漫才トリオ・レツゴー三匹にも「東西南北ひとり旅」という歌を提供している。

小説家の**渡辺淳一《わたなべじゅんいち》**（四月三〇日・八〇歳）にも、一九七〇年に直木賞を受賞した「光と影」をはじめ、もともとの職業である臨床医の体験から医学を題材にした作品が初期を中心に多い。

渡辺は最晩年、次回作では少女の美しさを書きたいとある編集者に語り、実際に一〇代の女の子と、母親公認のもとでメールのやりとりや食事をともにするなどの取材をしていたという。それまで『失楽園』（一九九七年）をはじめ大人の男女の恋愛を何度となく描いてきた渡辺だけに意外な気もするが、書かれていたとしたらどんなものになったのだろうか。

コロンビアの作家**ガブリエル・ガルシア＝マルケス**（四月一七日・八六歳）が七六歳のときに著した最後の小説『わが悲しき娼婦たちの思い出』（二〇〇四年）は、まさに老人と少女の愛を描いたものだった。

短歌や詩、演劇や映画と多岐にわたる活動を見せた寺山修司《てらやましゅうじ》は晩年、ガルシア＝マルケスの代表作である『百年の孤独』（一九六七年）の映画化権を本人から得て、制作を進めていた。だが、一九八二年にガルシア＝マルケスがノーベル文学賞を受賞すると、彼の著作権をスペインのエージェントが管理することになり、寺山は映画制作の中止を求められる。このとき寺山の元妻で、離婚後もその仕事のサポートを担っていた**九條今日《くじょうきょう**

子《こ》（四月二〇日・七八歳）は、病身の元夫に代わり、先方と交渉を続けた。結果、寺山側が多大ともいえる著作権料を支払い、映画のタイトルも『さらば箱舟』と変えることで、どうにか条件の折り合いをつけて完成することができた。

寺山は九條らとともに一九六七年に演劇実験室・天井桟敷《てんじようさじき》を結成、その第三回公演『毛皮のマリー』を、アートシアター新宿文化で行なっている。

一九六二年に開設されたこの劇場で支配人を務めた**葛井欣士郎**《くずいきんしろう》（四月三〇日・八八歳）は、前衛的な映画・演劇の紹介や制作の支援に尽力した。大映のプロデューサーだった**藤井浩明**《ふじいひろあき》（六月二一日・八六歳）の製作により、作家の三島由紀夫が原作・脚本・監督・主演を担った映画『憂国』（一九六六年）が公開されたのもこの劇場だった。

新宿文化での演劇の上演は終映後の舞台を利用して行なわれた。舞台美術家の**朝倉摂**《あさくらせつ》（三月二七日・九一歳）も、ここで才能を開花させたひとりである。蜷川幸雄《にながわゆきお》（二〇一六年没）が俳優として所属していた劇団青俳をやめて現代人劇場を旗揚げし、盟友の劇作家・清水邦夫《しみずくにお》が書き下ろした『真情あふるる軽薄さ』（一九六九年）で演出家としてデビューしたのもこの劇場だった。このとき、蜷川に付いて青俳から新劇団に参加した前出の蟹江敬三が主演を勤めている。

女優の**松本典子**《まつもとのりこ》（三月二六日・七八歳）は**米倉**《よねくら》**斉加年**《まさかね》（八月二六日・八〇歳）と同じく劇団民藝の出身で、のちに夫の清水邦夫の主宰する木冬社に移り、中心俳優として活躍した。また、蜷川や蟹江のいた青俳には一時期、**斎藤晴彦**《さいとうはるひこ》（六月二七日・七三歳）も在籍していた。斎藤はその後、劇団黒テントの中心俳優となる。だが、彼を一躍有名にしたのは、八〇年代半ば、テレビ番組やCMで、クラシックの名曲に日本語の歌詞をつけて早口で歌ったことだった。バラエティ番組『今夜は最高!』では、かつての東映任侠映画での高倉健の当たり役・花田秀次郎《はなだひでじろう》に斎藤が扮し、「オペラ昭和任侠伝」というパロディ劇を披露している。

　斎藤晴彦のバラエティタレントとしての才能を高く買っていたひとりが、日本テレビのプロデューサーの**井原高忠**《いはらたかただ》（九月一四日・八五歳）である。カネを惜しまず、より完成度の高い番組づくりを目指した井原は、『光子の窓』（一九五八年）や『巨泉×前武ゲバゲバ90分!』（一九六九年）などバラエティを中心に数々のヒット番組を生み、一九七三年に局次長を務めるころには「日テレの天皇」と呼ばれるようになった。

　これに対し、テレビ朝日の報道局次長として『ニュースステーション』（一九八五年）や『朝まで生テレビ!』（一九八七年）などを企画した**小**《お》**田久栄門**《だきゅうえもん》（一〇月三〇日・七八歳）は「テレ朝の天皇」と呼ばれた。『朝生』では、昭和天皇《しょうわてんのう》が重篤《じゅうとく》となった一九八八年九月、番組の進行役の田《た》原総一朗《はらそういちろう》は、天皇の戦争責任をテーマにすべきだと提案するも、局の上層部から反対されたため、番組プロデューサーが一計を案じる。それは、ちょうどソウルオリンピックが開催されていたことから、まずは「オリンピックと日本人」というテーマを掲げ、途中から天皇論へと移行しようというものだった。現場のこの方策に対し、小田はイエスともノーとも言わず、ただ黙認した。

　何か問題が起これば、責任者として更迭されるかもしれないのに、小田はそのリスクを承知で黙認したのである。その放送後の一九八八年一一月、天皇に戦争責任はあると長崎市長の**本島等**《もとしまひとし》（一〇月三一日・九二歳）が発言し、翌年一月に銃撃されるという事件につながったことを思えば、その決断がいかに重いものであったかがうかがえよう。

政治や社会の問題をテレビでとりあげたのは報道番組ばかりではない。大阪・朝日放送が制作したドラマ『お荷物小荷物《にもつこにもつ》』（一九七〇年）は、ヒロインである沖縄出身のお手伝いさんが日本の典型的な家父長制の家庭に住みこみ、男たちから虐げられつつも、最終回では復讐を果たすという作品だった。そこには、沖縄返還を控えた当時の時代背景が反映されていた。そんな重いテーマを盛りこみながら高い視聴率を獲得した同番組のプロデューサー**山内久司**《やまうちひさし》（八月一三日・八二歳）は、七二年には『必殺』シリーズの第一作『必殺仕掛人』を生んだ。カネをもらって殺人を請け負うという、当時のテレビ界ではタブーとされていた主人公を登場させた『必殺仕掛人』も、反権力志向が強く、経済中心の大阪ならではの発想だともいえる。

歌手・タレントの**やしきたかじん**（一月三日・六四歳）もまた、大阪ならではの歯に衣着せぬ物言いで人気を集めた。東京を嫌い、後年は自分の冠番組を東京でネットすることすら拒んだほどの徹底ぶりだった。

一九七七年、前年に東映から独立した高倉健は、TBSの連続ドラマ『あにき』でテレビに初出演した。このときプロデューサー兼ディレクターを務めたのが**大山勝美**《おおやまかつみ》（一〇月五日・八二歳）である。大山はこれに先立つ夏のドラマを製作するにあたり、後番組に高倉の出演が決まっていたことから、視聴率が取れなくてもいいので、好きなことをやろうと考えた。脚本を依頼した山田太一にも「いいものを書いてください」とだけ頼んだ。こうして生まれたのが、家族の崩壊と再生を描いた名作『岸辺のアルバム』だった。同作は結果的に『あにき』を上回る視聴率を獲得する。

『あにき』は倉本聰《くらもとそう》の脚本だった。その三年前、倉本は脚本を担当していたNHK大河ドラマ『勝海舟』を制作側との対立で途中降板していた。その後、ほかの脚本家たちからも抗議があいついだことから、当時NHKのドラマ部長だった**川口幹《かわぐちみき》夫《お》**（のちのNHK会長。一一月五日・八八歳）はドラマの改革に着手する。そのなかで彼は、単発ドラマ枠の創設、新人の登用、また脚本料の値上げといった提案をした。こうして「土曜ドラマ」「ドラマ人間模様」の枠が設けられ、右記の提案も実行されていく。これに新人のみならず、中堅・ベテラン陣も奮起して成果を出した。そのひとり、中堅演出家だった**深町幸男《ふかまちゆきお》**（六月二一日・八三歳）は、脚本家の早坂暁《はやさかあきら》と組んで『夢千代日記』（一九八一年）をはじめ次々と作品をヒットさせている。前出の『お荷物小荷物』に出演した**林隆三《はやしりゅうぞう》**（六月四日・七〇歳）は、『夢千代日記』では刑事役として好演した。

テレビ草創期には、アメリカから輸入したテレビ映画が数多く放送され人気を集めた。『ローハイド』（一九五九年）もそのうちのひとつで、その日本語吹き替えにはこの頃劇団三期会に所属した俳優の**永井一郎《ながいいちろう》**（一月二七日・八二歳→一四四頁）も参加、声優として活動する契機となった。永井は六〇年代に国産のアニメが次々と放送されるようになると欠かせない存在となる。

テレビアニメ『あしたのジョー』の力石徹《りきいしとおる》などを演じた**仲村秀生《なかむらしゅうせい》**（七月三〇日・七九歳）や、『クレヨンしんちゃん』の幼稚園長（その名も高倉文太《たかくらぶんた》）などを演じた**納谷六朗《なやろくろう》**（一一月一七日・八二歳）も二〇一三年に八三歳で亡くなった兄の納谷《なや》悟朗《ごろう》と同じく、永井と同時期に舞台俳優からテレビに進出している。アニメといえば、『半島へ』（二〇一一年）などの作品で知られる小説家の**稲《いな》**

葉真弓《ばまゆみ》（八月三〇日・六四歳）は、かつてフリーライターとして生計を立てていた頃、倉田悠子《くらたゆうこ》のペンネームで美少女アニメのノベライズもしたことがあると、亡くなる三カ月前に文芸誌で明かして一部で話題となった。

永井一郎は七〇年代以降、声優の出演料など待遇の改善をことあるごとに訴えてきた。「ブラック企業」などという言葉が生まれ、とくに非正規雇用者の労働環境の劣悪ぶりが問題となって久しい。そうした文脈から戦前のプロレタリア文学である『蟹工船』が再脚光を浴び、マンガ化もされた。**大西巨人**《おおにしきよじん》（三月一二日・九七歳）の長編小説『神聖喜劇』がマンガ化されたのも、同時期のことだった。大西が一九六〇年より二〇年あまりをかけて完成させたこの小説では、天才的な記憶力を持つ初年兵士・東堂太郎《とうどうたろう》が、軍隊のさまざまな法令を盾にとって兵営で理論闘争を展開する。軍隊だからといって外の社会と異なっていいわけではないという信念を貫く主人公の姿は、職場で法令に反した待遇を受ける人々にも共感を得やすいはずだ。

イギリスの映画監督**リチャード・アッテンボロー**（八月二四日・九〇歳）には、差別や自由の抑圧に立ち向かう人々をとりあげた作品が目立つ。非暴力主義を貫いたインド独立の父・ガンジーの伝記映画『ガンジー』（一九八二年）、アパルトヘイト体制下の南アフリカでの黒人解放活動家と白人ジャーナリストの交流を描いた『遠い夜明け』（一九八七年）などがそれにあたる。

『遠い夜明け』の舞台となった七〇年代の南アフリカでは、反アパルトヘイト闘争に共闘していた白人リベラリストたちの離脱があいつぎ、黒人たちは白人に依存することなく自分たちのアイデンティティを確立しようとしていた。こうした黒人意識高揚運動に対し、同国で生まれ育ったユダヤ系女性の作家**ナディン・ゴーディマー**（七月一三日・九〇歳）は、白人リベラリズムの苦悩を掘り下げ、黒人たちとの共存を模索する。八〇年代に入ると白人リベラリストと黒人は再び歩み寄り、一九九一年にはアパルトヘイト法が廃止された。ゴーディマはこの年、ノーベル文学賞を受賞している。

社会主義体制下にあったポーランドでは一九八〇年、自主労働組合「連帯」が結成され、民主化運動が高まりを見せた。これに対し当時の同国の首相**ヴォイチェフ・ヤルゼルスキ**（五月二五日・九〇歳）は八一年に「連帯」の活動を禁止する。その後、民主化勢力に歩み寄ったヤルゼルスキは、八九年に国会議員の投票で大統領に選出されたものの、翌九〇年の国民による選挙では、「連帯」議長のワレサに敗れた。

八〇年代後半におけるポーランドをはじめ東欧諸国の民主化を後押ししたのは、ソ連で改革を推進していたゴルバチョフ政権だった。**エドアルド・シェワルナゼ**（七月七日・八六歳）は、同政権の外務大臣として、米ソ冷戦の終結に大きく貢献した。だが、ソ連の解体後、一九九五年に母国グルジア（現ジョージア）の大統領になってからのシェワルナゼは、改革に頓挫したあげく、国内経済の悪化、身内の汚職から国民の不満を買い、辞任に追いこまれている。

二〇一四年には、沖縄の普天間基地の移設問題の再燃や、政府による集団的自衛権の容認など、日本の安全保障について再考をうながすできごとがあいついだ。もっともその議論は、一九四〇年代後半に米ソ冷戦が始まって以来、「理想主義者」と「現実主義者」のあいだで続いている。

理想主義者と目されたひとり、国際政治学者の

坂本義和《さかもとよしかず》（一〇月二日・八七歳）は、日米新安保条約の締結の前年の一九五九年、「中立日本の防衛構想」と題する論文を発表、日米安保条約と米軍基地、自衛隊を廃棄したあとにおける具体的防衛構想を提案した。

これに対し、現実主義者である元外交官で評論家の**岡崎久彦**《おかざきひさひこ》（一〇月二六日・八四歳）は、日米同盟の重要性を一貫して主張し続けた。

坂本義和は、一九六九年の東大紛争の収拾にも教授のひとりとして携わった。紛争直後、坂本ら教授たちは座談会を行ない、その記録が最近になって発見されている。二〇一四年一月にNHKテレビでこの座談会の内容が報じられた際、コメンテーターとして評論家の**松本健一**《まつもとけんいち》（一一月二七日・六八歳）が出演していた。

松本は初期の著作『戦後世代の風景　1964年以後』（一九七九年）のなかで、一九六四年を境とした日本社会の変化は、太平洋戦争終結の前と後での変化以上に大きいのではないかと指摘した。明治維新以降、常に西欧近代を後追いしてきた日本は、東京オリンピック開催の一九六四年以後、やっと西欧と横一線の「近代そのもの」に到達したのではないかというのだ。

一九四六年の早生まれの松本は、原爆投下の日に広島県で生まれ、大学在学中に東京オリンピックで聖火最終走者を務めた**坂井義則**（九月一〇日・六九歳→一五八頁）と同じ学年ということになる。オリンピック開催は、新たな商品やサービスの普及の機会をもたらし、大衆を消費社会へといざなった。警備サービスはそのひとつで、オリンピックの選手村に警備員が配置されたことに加え、翌六五年に**宇津井健**《うついけん》（三月一四日・八二歳）が主演したテレビドラマ『ザ・ガードマン』によって、世間に認知されることになった。

東京オリンピック以降、東京をはじめ日本の都市は大きく変貌を遂げた。その陰で取り壊された歴史的に価値のある近代建築物は少なくない。建築史家の**鈴《すず》木《き》博《ひろ》之《ゆき》**（二月三日・六八歳）はその反省から、各地に残る近代建築の保存運動にかかわった。戦災でドーム屋根を焼失した東京駅が二〇一二年に復原されたのも、彼の貢献によるところが大きい。

建築家の**岡《おか》田《だ》新《しん》一《いち》**（一〇月二七日・八六歳）もまた、北海道函館市の港湾地区における保存・再生事業を通じて、かつて漁業や海運などで栄えた土地の歴史を生かしながら、新たな町づくりを手がけた。

一九六四年はイギリスのロックバンド、ビートルズが日本の若い世代の心をとらえ始めた年でもある。この世代からは、日本の風土のなかでロックやポップスを独自に発展させたミュージシャンも続々と輩出されている。**大《おお》瀧《たき》詠《えい》一《いち》**（二〇一三年一二月三〇日・六五歳）ははっぴいえんど、**ジョニー大倉《おおくら》**（一一月一九日・六二歳）はキャロルと、それぞれ七〇年代初めのバンド活動を通じて日本語ロックの黎明期を築いた。

大倉はキャロルで、矢沢永吉のつくる曲に詞をつけていた。ファーストシングル「ルイジアンナ」（一九七二年）は、もともと歌詞が英語だったが、これでは売れないとのレコード会社の判断で、発売直前に日本語詞に変更させられた。このとき大倉は、英語のイメージを崩さないよう、言葉の音や響きを意識して日本語に置き換え、ボーカルの矢沢に対しても、日本語の歌詞を英語のように歌ってほしいと指示したという。

はっぴいえんど時代の大瀧にも似たエピソードがある。大瀧はボーカルを務める際、同じバンドの松《まつ》本《もと》隆《たかし》の書いた歌詞をすべてローマ字に置き換えて、詞の音を母音と子音に分解し、それを見ながらどこを光らせてどこを暗くして歌うか考えたという。

七〇年代以降、高田賢三《たかだけんぞう》、コシノジュンコ、松田光弘《まつだみつひろ》、山本耀司《やまもとようじ》など日本人ファッションデザイナーが国際的にも活躍するようになった。**小池千枝**《こいけちえ》（五月二八日・九八歳）は、文化服装学院の教員として彼らを育て、「ファッション界のゴッドマザー」とも呼ばれた。

二〇一四年には、小池だけでなく、帽子デザイナーの**平田暁夫**《ひらたあきお》（三月一九日・八九歳）、一九六〇年にパリで日本人初のファッションショーを開いた服飾デザイナーの**中村乃武夫**《なかむらのぶお》（五月一四日・八九歳）、またファッション評論家として日本人デザイナーの才能を国外に発信し、国内には海外の最新モードを伝えた**大内順子**《おおうちじゅんこ》（一〇月三〇日・八〇歳）など、日本のファッション史に大きな足跡を残した人々の死去があいついだ。

ファッションの動向と切り離せない関係にあるのが百貨店である。そごうの**水島廣雄**《みずしまひろお》（七月二八日・一〇二歳）は一九六二年に社長に就任すると、積極的な店舗拡大策をとった。九四年にはグループ全体での売上高が三越を抜いて日本一となるも、やがて債務超過があかるみに出る。二〇〇〇年、そごうは民事再生法の適用を申請、会長となっていた水島も経営から退いた。

坂倉芳明《さかくらよしあき》（五月一三日・九二歳）は、老舗百貨店の三越にあって早くから社長候補の本命と目されていた。だが、後継争いに敗れ、一九七三年にいったんは三越を去る。翌年、西武流通グループ（のちのセゾングループ）総帥の堤清二《つつみせいじ》（二〇一三年没）の求めで西武百貨店に入り、七七年より社長を務めた。

その後三越に復帰し、一九八六年に社長に就いた坂倉は、店舗網の整備に手腕を発揮する一方で、新規事業・多角化を進めた。しかし会長となっていた九七年、社長時代に手がけたゴルフ場開発にともなう巨額損失の責任をとり退任する。拡大策が結果的に首を絞めた点は、そごうの水島と同じだ。なお、そごうは再建計画を進めるなかで、セゾングループ解体後の西武百貨店と業務提携してミレニアムリテイリンググループを形成したが、二〇〇九年よりセブン&アイ・ホールディングス傘下の株式会社そごう・西武となっている。

坂倉芳明と同じく一九二二年生まれの**久米豊**《くめゆたか》（九月一〇日・九三歳）は、日産自動車の社長に就任した一九八五年に営業赤字転落に直面、改革に着手した。しかし久米の改革の評価は難しい、と指摘したのは自動車評論家の**徳大寺有恒**《とくだいじありつね》（一一月七日・七四歳）である。たしかに久米の社長在任中に、日産は高級車シーマなどを売り出し、史上最高益を更新したとはいえ、それはバブルという外的な要因があったからで、本質的な改革の成果ではないと徳大寺は言うのだ。事実、バブルが崩壊すると日産には莫大な借金が残った。

トヨタのレーシングドライバーから評論家に転じた徳大寺は、一九七六年に『間違いだらけのクルマ選び』を出版、そこでメーカーやディーラーの思惑に乗って数年で車を買い替えるのは愚行だと訴えるなど、ユーザーに賢い判断をうながした。同書はベストセラーとなり、二〇一四年まで毎年最新版の発行が続けられる。

自動車が普及するなかで、交通事故や大気汚染など社会全体での経済的負担や損失が問題として浮上した。経済学者の**宇沢弘文**《うざわひろふみ》（九月一八日・八六歳）がその現状に警鐘《けいしょう》を鳴らした『自動車の社会的費用』（一九七四年）は、いまなお読み継がれるロングセラーである。それは、自動車をめぐる問題が根本的には解決されていないという証しともいえる。

バブル期は、オリンピック前後に続き、東京の街を大きく変えた。美術家・作家の**赤瀬川原平**（一〇月二六日・七七歳→二〇三頁）が、建物の壁面に設置されながら上った先に扉も何もない階段など、街なかにひそむ〝無用の長物〟的物件を仲間たちと探し歩いたのはそんな時代だった。赤瀬川は、期せずしてオブジェ化したそれら物件を「超芸術」と位置づけた。

芸術の概念を拡大した赤瀬川に対し、オーストリアの建築家**ハンス・ホライン**（四月二四日・八〇歳）は一九六八年に「すべて建築である」と題する論文を発表するなど、建築の概念を大きく広げた。同時期の展覧会でホラインは、閉所恐怖症の患者のために考案されたカプセル剤や、「ウィーン大学拡張計画」と題してテレビ受像機と大学の校舎の写真を並べたものを〝作品〟として提示した。それらは「人間を取り囲む環境は、実体をともなうか否かを問わず、すべて建築と呼びうる」という考えにもとづいていた。

ホラインの建築論には、フッサールの現象学からの影響が色濃いという。哲学者の**木田元**《きだげん》（八月一六日・八五歳）は日本における現象学研究の第一人者だった。終戦直後、闇屋などをしながら食いつないでいた木田青年は、ドストエフスキーの小説やキルケゴールの哲学書を読むうちに、自分が味わっていた絶望の本質を知りたくなり哲学研究の道に進んだ。

童謡詩人の**まど・みちお**（二月二八日・一〇四歳）の作品にも、よけいな装飾のない単純な言葉を用いながらも、どこか哲学的な雰囲気を感じる。たとえば有名な「ぞうさん」の詩は、「鼻が長い」という他者とは異質な自己を、「かあさんも　ながいのよ」と母という根源的なものへの愛を通して肯定しているとも説明される。

ある時代を支配している物の考え方や認識の枠組みをパラダイムと呼ぶ。この言葉と概念はアメリカの科学史家トマス・クーンの著書から広まったもので、日本では科学史家の**中山茂**《なかやましげる》（五月一〇日・八五歳）によって紹介された。

二〇一四年に一大スキャンダルを引き起こしたSTAP細胞も、もし実際に作製されたのであれば、新たなパラダイムの転換を促すものとなったことだろう。だが、その論文に対しては不審な点があいついで指摘され、やがて大問題へと発展する。一二月には検証実験の結果が発表され、STAP細胞の存在は完全に否定されることになった。この間、理化学研究所において研究の中心を担った**笹井芳樹**《ささいよしき》（八月五日・五二歳）が自ら死を選んだことは、事の真相を解明するうえでも大きな損失というしかない。

この一年に亡くなった著名人には、俳優や映画監督、テレビ制作者など映像の世界に大きな足跡を残した人物が目立った。ここまであげた以外にも、映画『カポーティ』などに出演したアメリカの俳優の**フィリップ・シーモア・ホフマン**（二月二日・四六歳）や、同じくアメリカの俳優で、映画『ガープの世界』『レナードの朝』などに出演した**ロビン・ウィリアムズ**（八月一一日・六三歳）、映画監督では、六〇年代後半におけるアメリカン・ニューシネマの代表作の一つ『卒業』（一九六七年）などを撮った**マイク・ニコルズ**（一一月一九日・八三歳）や、『ひなぎく』（二〇〇七年）で知られるチェコの**ヴェラ・ヒティロヴァ**（三月一二日・八五歳）が死去している。また、映画『エイリアン』（一九七九年）でエイリアンの造形などを手がけたスイスの画家**H・R・ギーガー**（五月一二日・七四歳）の名もあげておかねばならない。

日本人の物故者を見ていくと、坂本義和はアメリカのロサンゼルス、山口淑子は中国の旧満州、大内順子は上海という具合に外国生まれの者が目につく。日本国内で生まれても、六〇年代後半よりニューヨークに拠点を置いた美術家の**河原**《かわら》**温**《おん》（七月？・八一歳）のように、新たな文化を吸収するべく積極的に海外に出た人物もいる。「昭和の棋聖」と呼ばれた中国生まれの囲碁棋士・**呉**《ご》**清源**《せいげん》（一一月三〇日・一〇〇歳）もまた異彩を放つ。呉は昭和初期に来日して日本国籍を取得し、戦後はいったん中国籍に戻って、一九七九年にふたたび日本に帰化しながら、囲碁を通じて日中間の文化交流に貢献した。

テレビではここ数年、日本を褒め称えるような番組が人気を集めている。しかしいま必要なのは、ほかの国や民族を理解する努力をしたうえで、自国をとらえ直すことではないか。この一年間に亡くなった著名人のなかには、自分の国や民族に対してそのようなスタンスをとり続けた人も少なくなかった。

最後に、ここにあげた人物たちにあらためて哀悼の意を表して、擱筆《かくひつ》したい。

二〇一五年

ICHIKOJIN
2015

主なできごと

1月　ISIL（イスラム国）が後藤健二、湯川遥菜を誘拐し、日本政府に身代金を要求。
3月　渋谷区で、同性相手でも結婚相当と認める同性パートナーシップ条例が可決。
6月　選挙権が20歳から18歳に引き下げ。
7月　建設費の高騰が疑問視され、新国立競技場の建設案見直しに。
8月　国会前で、安全保障法案に反対する大規模デモが起こる。
100年目の甲子園大会が開催。
9月　ラグビーワールドカップで、日本代表が南アフリカ代表に歴史的勝利。
10月　寄生虫やマラリアなどに関する研究による功績で大村智がノーベル生理学・医学賞を、ニュートリノの質量の有無における研究で梶田隆章がノーベル物理学賞を受賞。
12月　東芝が不正会計で、過去最高額のおよそ73億円の課徴金。

赤瀬川隼

AKASEGAWA
SHUN

一九三一年一一月五日〜
二〇一五年一月二六日（満八三歳）
小説家

弟・原平を追いかけ続けた後半生

弟の「兄貴は文学青年だった」発言を否定

日本でもっとも有名な文学賞である芥川賞と直木賞は一九三五年に始まった。八〇年におよぶその歴史のなかで、きょうだいで受賞者というケースがいまのところ三組ある。直木賞では今日出海《こんひでみ》（一九五〇年上期）とその兄の今東光《こんとうこう》（一九五六年下期）、芥川賞では吉行淳之介《よしゆきじゅんのすけ》（一九五四年上期）とその一五歳下の妹の吉行理恵《よしゆきりえ》（一九八一年上期）のそれぞれ一組ずつ。そして芥川賞・直木賞をまたぐのは、一九八〇年下期の芥川賞の尾辻克彦《おつじかつひこ》（赤瀬川原平《あかせがわげんぺい》）と一九九五年上期の直木賞の赤瀬川隼《しゅん》が現時点では唯一の例だ。

赤瀬川兄弟の父親は倉庫会社に勤務するサラリーマンだった。父は転勤が多く、そのたびに家族を連れて引っ越しをした。長男の隼（本名・隼彦《はやひこ》）は一九三一年に三重県四日市《よっかいち》で生まれている。その後一〇歳までに名古屋・横浜・芦屋《あしや》・門司《もじ》・大分と各地を転々とした。五歳下の次男の原平（本名・克彦）が生まれたのは家族が横浜に住んでいたときだ。

隼は少年時代から文章を書くのが好きだった。他方、のちに画家となる原平は小さいころから絵を描いていた。二人を含め兄弟は三男三女の六人おり、隼と原平のあいだの三女は匿名でよく手記を雑誌などに投稿しては賞金を稼いでいたという。父も「骨茶」という雅号《がごう》で俳句を詠み、いちばん近しかった叔父も油絵をかなり本格的に描いていた。原平は自宅の玄関に飾ってあったその叔父の絵を見ては、いつも「うまいな」と思っていたという。両親が芸術に関して子供たちに特別に教育していたわけではないが、隼は《なんとなくそういう空気があったというのがよかったんじゃないか》と作家になってから振り返っている。《子供っていうのは、はっきりと見えるものについては反抗するし、押しつけられるとなおさら逃げ出したくなるものだと思う。感じる程度だったらかえって影響を受けていくのかもしれない》というのだ（『潮』一九八二年一二月号）。

この隼の発言は原平との対談でのものだが、このとき弟から「兄貴が中学のころに書いた小説を読んだ」と不意に告白されている。隼に言わせるとそれは自発的に書いたものではなく、仲間でキャンプに行く際に、皆で小説を書きテントのなかで発表しようということになって書いたものだったらしい。

原平は兄が文学青年だったとずっと思いこんでいたようだ。隼が直木賞に決まったときにも、「兄貴はもともと文学青年だったから」と新聞にコメントした。だがこれについては、その後の兄弟対談で本人からきっぱりと否定されている（『文藝春秋』一九九五年九月号）。

組合活動と野球

終戦直後、隼は旧制中学四年から新制の大分第一高校（現・大分上野丘高校）二年に編入する。その際、文学部に勧誘されたものの、じつは彼がいちばん入りたくなかったのがこの部だった。部誌に載る創作を読んでも、小さなことを無理にひねって深刻がっている感じがして、そういう雰囲気の合評の場にはとても加わる気になれなかったという（赤瀬川隼『人は道草を食って生きる』）。けっきょく彼は新聞部に入り、三年生のときには編集長も務めた。反抗心だけは旺盛で、その内容をめぐって顧問の教師と衝突したり発行禁止にされたりもした。そのなかで漠然とだが、大学を出てシナリオライターか新聞記者になりたいと思うようになる。

しかし戦後、父が財閥解体のあおりを食って三井系の会社を解雇されてからというもの、一家の経済状態はどん底にあった。隼は大学進学を断念して就職を余儀なくされる。とにかく東京に出たかった彼は、高校に来ていた就職情報で大手都市銀行が「勤務地希望可、旅費支給」と募集しているのを見つけて即座に飛びついた。ところが上京を前にして、旅費はとりあえず自分で払い、東京に着いてから精算しろと伝えられる。家にはとてもそんな金はない。そこで隼はその銀行の大分支店まで行って前借りさせてもらう。このとき申し出を受けた総務課長は

「前代未聞だ」と目を丸くしたそうだ。

こうして隼は一九五〇年早春、夜行列車で上京して就職したものの、仕事はちっとも面白くない。おりからの朝鮮戦争の特需で残業が増え、そのうえ夜間学校にも通っていたので、日曜にはくたくたに疲れて遊びに出かける気力も湧かなかった。やがて労働組合を唯一の自由な場所として見出し、その機関紙にせっせと投稿するようになる。労組の年報に投稿したラジオドラマのための反体制的なシナリオが、「よい原稿をお返ししなければならない現実を悲しく思います」との手紙とともに送り返されてきたこともあった。そのうちに東京から北九州へ、本人いわく「組合活動ゆえに飛ばされ」た。だが、夜学通いがなくなり少し余裕ができたため、週末ともなれば福岡の平和台球場へプロ野球観戦に通い出す。一九五四年のことだ。ちょうどこの年、同球場を本拠地とする西鉄《にしてつ》ライオンズ（現・埼玉西武ライオンズ）がパ・リーグで初優勝し、翌々年からの日本シリーズ三連覇へと続く黄金時代を迎えていた。

隼の野球との出会いは少年時代、芦屋に住んでいたころにさかのぼる。このとき父親に連れられて何度か甲子園球場へ旧制中学の試合（全国大会ではなく近県大会のようなゲームだったらしい）を見に行ったという。プロ野球を見始めたのは大分で終戦を迎えてからで、最初はジャイアンツのファンになる。同じ九州の熊本出身の川上哲治《かわかみてつはる》が活躍していたからだ。

以後、銀行退職を挟んで、転居するたびに地元のチームを応援することになる。就職で上京したときには、結成まもない国鉄スワローズ（現・東京ヤクルトスワローズ）をルーキー金田《かねだ》正一《まさいち》の大活躍に魅せられて応援していた。さらに下って一九七〇年代、名古屋にいたときには中日ドラゴンズ、広島にいたときには広島東洋カープがそれぞれ優勝してファンになっている。のちに横浜に住むようになってからは、どこのチームのファンかと問われると《十二球団全部のファンですが、その中で一番ファン性の濃厚なのはホエールズ［横浜大洋ホエールズ、現・横浜DeNAベイスターズ——引用者注］です》と答えるようにしていた（赤瀬川隼『野球の匂いと音がする』）。この点、弟の原平が子供のころから一貫してジャイアンツファンだったのとは対照的である。

時を経るごとに兄と弟のあいだに違いが生じたのは、ひいきの球団ばかりではないようだ。大分時代、一七歳の隼と一二歳の原平が川を泳いでいて一緒に水面から首を出したところ、土手にいた友人から「どっちがどっちかわからん。よう似ちょるのう」と言われたことがあったという。だが大人になってからは、当人同士も昔からの友人も「全然似ていない」と思うぐらいその風貌は変わってしまった（赤瀬川隼「おだやかなカウンターアタック」）。似た者兄弟ならぬ〝似ていない者兄弟〟は、しかしその後もことあるごとに接点を持ち、やがて二人とも小説を書き始めることになる。

長編小説をアポなしで出版社に持ち込む

隼が銀行をやめたのは一九六六年、三五歳のときだった。仕事への不満がたまるなか初めて部下をつけられ、「自分でも納得できない商売をやっていて、どうやって部下を使うんだ」と思い、ついに退職を決めたのだという（『週刊読売』一九九五年一〇月二二日号）。すでに妻と幼い二人の娘がいたが、北九州から再度上京するとしばらく失業保険で食いつなぐ。これと前後して、千円札を模した美術作品で通貨及証券模造取締法に問われた原平が、仲間の美術家や評論家たちと「千円札事件懇談会」を結成し裁判に入ろうとしていた。隼はこの懇談会に会計係として携わる。

並行して親友から新興の外国語教育の会社を紹介してもらい、社内外に向けた広報の仕事を担当する。しかしここも一〇数年勤めたのち四八歳でやめてしまう。その後、ふたたび失業保険の給付を受けながら、《朝寝坊し、やおら起きて今日は何をしようかなと思いめぐらす。やることがないからコクヨの原稿用紙を買ってきて机に向かう》といった生活を半年続けた（『人は道草を食って生きる』）。

このとき映画と少年時代の自分とのかかわりを三〇〇枚ほど書き、それでもまだ暇があるのでもうひとつ何か書こうと思って頭に浮かんだのが野球だった。前者は一九八二年六月に『映画館を出ると焼跡だった』というエッセイとして、後者はその翌月に『球は転々宇宙間』という長編小説として出版されるにいたる。後者が小説になったのは、野球ならエッセイよりもそのほうが面白かろうと単に思ったからで、このときにはまだ小説家になるつもりはなかったらしい。それでもどこかでこの小説に期待を掛けていたふしもある。二度目の退職をしたころ、一九七九年には原平が短編「肌ざわり」(尾辻克彦名義)で中央公論新人賞を受賞していた。これに触発されてか隼も「オレもちょっと野球で翔《と》んでみたい」と原平と末の弟に話していたという。弟たちも兄のこの思いに「それはいい」と応援してくれたとか(『潮』前出号)。

小説家のデビューというと新人賞を受賞してからというのが一般的だが、隼は「球は転々宇宙間」を出版社の文藝春秋へ、誰かに紹介してもらうでも、事前にアポイントメントを取るでもなくいきなり持ち込んだ。それでもたまたま野球好きの編集者が応対してくれたこともあって出版の見通しが立ち、さらに『別冊文藝春秋』から野球でもうひとつ短編を書いてみないかとの話を受ける。これは「捕手《キャッチャー》はまだか」という作品となり、同誌の一九八二年一〇月号に掲載されると直木賞候補にもあがった。また『球は転々宇宙間』は吉川英治文学新人賞を受賞している。こうして彼は五〇歳をすぎて《背中を押されるようにしていつのまにか小説家稼業に入っていた》のだった(『野球の匂いと音がする』)。

弟の芥川賞のお祝い代わりにキャッチボールを

就職時に旅費を前借りに行ったことといい、いきなり原稿を出版社に持ち込んだことといい、人生の要所要所で思い切りのよさを見せる兄・隼に対し、原平は尊敬の念を隠さなかった（『文藝春秋』一九九五年九月号）。優柔不断な自分には兄のような真似はできないと思っていたのだろう。作家としての資質も兄と弟ではずいぶん違った。これについて隼の処女出版の会合で司会者から問われた原平は、《兄貴は真面目でやってきたし、ぼくはひねくれでやってきたようだ。ぼくのようにひねくれると芥川賞に行ってしまうらしい》と答えたという（「おだやかなカウンターアタック」）。

そう言われてみると、隼の作品に何らかの提言やメッセージが込められたものが目立つのも、その真面目さゆえではなかったか。『球は転々宇宙間』では近未来を舞台に、一八球団が三リーグに分かれて日本各地でしのぎを削る理想のプロ野球像を提示してみせた。あるいは短編「ブラック・ジャパン」（一九八五年）では、ソウルオリンピックで黒人の〝日本人〟選手が優勝するという物語を通して、国家間で争われるオリンピックの現状に疑問を呈《てい》している。一方の原平は持ち前のひねくれた発想で、美術から小説に進出して芥川賞まで授与され、文学以外の分野でも「トマソン」や「老人力」などのブームを巻き起こした。なお、原平の芥川賞受賞作「父が消えた」と隼の直木賞受賞作『白球残映』の一編「春の挽歌」はいずれも父親の死をモチーフにしながら、まったく味わいが違うのが面白い。

隼は、原平が決定的なところでは実力を発揮するタイプだと見ていた。それも自分から仕掛けるのではなく、仕掛けられたものへの反撃＝カウンターアタックとして最大の力を出すというのだ。千円札事件のときがまさにそうだった。原平が文章を書く力と愉しさを身につけたのも、この裁判で冒頭陳述や最終弁論といった作業に直面したことが大きいようだ。だからのちに弟が小説家としてデビューした際も、隼はそれほど驚かなかったという。

そんなふうに力をたくわえていった弟を、隼はいつしか追いかける立場となっていた。原平が芥川賞を受賞したとき、無一文でろくなお祝いのできなかった隼は、代わりに自宅までキャッチボールをしに行ったという。少年時代以来三〇数年ぶりにボールを投げ合ったところ、かつて弟の球に感じられたひ弱さがすっかり消えていたことに兄は気づく。ここでも兄は弟に追い越されていたのだ。隼がこうした原平との思い出をつづったエッセイ（一九八三年発表）は、先述の風貌の変化とあわせて次のように結ばれている。

《兄弟の骨相は年を重ねるにつれ離れるものらしい。そしていつしかそれぞれの人生を表現するようになっているのだろう。もし私と克彦が八十歳と七十四歳まで生きるとすれば、そのときは、大分川の水面にポッカリ浮いた二つの見分けのつかぬ首のようになるのだろうか。そのときのキャッチボールの球はどっちが速いのだろうか。今度は私が追いつく番だ》(「おだやかなカウンターアタック」)

老人となってからの隼と原平は、顔全体こそ似ていないものの、顎《あご》のえらの皺《しわ》の刻まれ具合など部分的にはそっくりという印象があった。兄弟は右の文章に書かれた年齢より三歳ずつ長く生きたが、彼らが最後にキャッチボールをしたのはいつだったのだろうか。隼は原平を文字どおり追いかけるように、弟のちょうど三カ月後の月命日に亡くなった。

参考文献

赤瀬川隼　『映画館を出ると焼跡だった』(草思社、一九八二年)、「おだやかなカウンターアタック——弟・尾辻克彦の運動神経」(高橋丁未子編『ガリバーの虫めがね——尾辻克彦の研究読本』北宋社、一九八三年所収)、『球は転々宇宙間』(文春文庫、一九八四年)、『ブラック・ジャパン』(新潮社、一九八五年)、『野球の匂いと音がする』(筑摩書房、一九九〇年)、『ラジオデイズの彼方へ』(筑摩書房、一九九一年)、「オリーブ油の香りと兄貴風」(『東京人』一九九四年五月号)、『獅子たちの曳光——西鉄ライオンズ銘々伝』(文春文庫、一九九五年)、『キャッチャー捕手はまだか』(文春ウェブ文庫、二〇〇〇年)、『人は道草を食って生きる』(主婦の友社、二〇〇一年)

赤瀬川隼・赤瀬川原平「対談　われら兄弟作家」(『潮』一九八二年一二月号)、「兄は直木賞、弟は芥川賞」(『文藝春秋』一九九五年九月号。原平は尾辻克彦名義)

「三枝のホンマでっか!　No・314　作家　赤瀬川隼さん　鬼平さんに好かれました」(『週刊読売』一九九五年一〇月二二日号)

「江本孟紀『観る野球・考える野球』15　ゲスト・赤瀬川隼　都市化が野球をだめにする」(『Will』一九九〇年一一月号)

文春ムック『芥川賞・直木賞150回全記録』(文藝春秋、二〇一四年)

桂米朝

（三代目）

KATSURA BEICHO

一九二五年一一月六日〜二〇一五年三月一九日（満八九歳）

落語家

上方落語を滅亡から救った名人

米朝を「面倒を見てくれる人だ」と直感したざこば

一九九〇年代末に放送されていた志村《しむら》けんの番組『Shimura-X天国』が、最近あるCS局で早朝に再放送されていた。その番組のトークコーナーに落語家の桂《かつら》ざこばが出演する回があり、三代目桂米朝《べいちょう》に入門する前後のエピソードを語っていた。驚いたのは、その再放送のあったのが偶然にも米朝の葬儀の当日だったことだ。

番組中のざこばの発言によれば、彼が米朝と出会ったのは、学校をサボってはバイトに明け暮れていた中学時代のこと。ある日、大阪ミナミの劇場で米朝の高座に接して、「この人は自分の面倒を見てくれるんじゃないか」と直感したという。さっそく楽屋へ行って米朝に弟子入りを志願したものの、入門が認められるまでには紆余曲折《うよきよくせつ》があった。

何しろざこばは落語についてまるで知らなかった。あきれた米朝からもっと落語を聴いてから来なさいと言われ、劇場や落語会に通い詰める。そして中学卒業を前に、高校に行こうにも成績が悪くて入れる学校がないと、あらためて弟子入りを申し出たのだが、今度は「とりあえず就職するなりして世間の空気を吸って、それでも落語家になりたければまた来なさい」と言われたという。結局ざこばは、同級生の父親が経営する配線工事の店に「一カ月だけ世間の空気を吸わせてくれ」と頼みこみ本当にひと月だけ勤めた。そのあとで米朝のもとを再訪し、ようやく入門が許されたのだった。師匠からはまず「桂朝丸《ちょうまる》」という高座名を与えられている。

米朝門下では、入門すると内弟子として三年間は師匠の家に住み込み、家事を手伝うなどしながら稽古をつけてもらっていた。稽古では師匠が少しずつやってくれる噺《はなし》を、弟子は続けてそのとおりに話すのだが、覚えの悪いざこばは何度も聞き返すので、たまりかねた米朝から「とりあえずしゃべれ！」と怒られることもしばしばだったという。

米朝の一番弟子で一九五八年にほぼ同時期にほかの師匠から預かった桂米紫《べいし》（三代目）と月《つき》亭可朝《ていかちょう》は例外として、一九六一年に入門した桂枝雀《しじゃく》からは、すべての弟子が住み込みの内弟子を経験している。時代を追うごとに、弟子が師匠宅に通いながら修業する一門も増えていったが、そのなかで米朝一門だけは住み込みの習慣を続けた。自らは弟子をとらなくなって以降も、弟子の桂吉朝《きっちょう》門下の孫弟子たちが米朝宅に住み込んで修業している。そうやって育てた弟子は孫弟子まで含めると五〇名を超えるという。

大勢の弟子を育てたことは、米朝の功績のひとつである。そもそも上方《かみがた》落語（大阪落語）は戦後、風前のともしびであった。その再興に尽力した米朝は、「上方落語、中興の祖」とも呼ばれる。ラジオやテレビへの出演、東京や地方での公演も積極的に行なった。米朝の果たした役割として「上方落語を関西ローカルの芸能から全国区の芸にしたこと」をあげるのは、彼と親交のあった落語作家の小佐田定雄《おさださだお》である。

師匠から学んだ弟子の指導法

米朝が上方落語を全国に広めることができたのは、彼が生粋《きっすい》の大阪人でなかったからだと小佐田は指摘する。

米朝が生まれたのは一九二五年、当時日本の租借地だった中国・大連である。本名は中川清《なかがわきよし》。父親は郵便局長だったが、清が五歳ぐらいのとき、亡くなった祖父に代わり実家の神社を継ぐため郷里の兵庫県姫路市に一家で戻った。

《コテコテの大阪人だと、よその土地でわかりにくい言葉や風習でも、「これは、昔からこうやさかい変えんでもええんや」とそのままで押し通したことだろうと思う。大連で生まれて兵庫県姫路市で育った米朝師は、「上方落語」を距離感を持って冷静に見ることができたのではなかろうか》（小佐田定雄『米朝らくごの舞台裏』）

大阪や上方落語に対して距離をもって見られたのは、地元の旧制中学を卒業後、大東文化学院（現・大東文化大学）に入学し、青春時代を東京ですごしたことも大きかったはずだ。在学中には作家で演芸評論家の正岡容《まさおかいるる》に弟子入りしている。少年時代から父に連れられ芝居や演芸に親しんでいた米朝は、まず研究者として落語の道に入ったのである。

戦時中には兵役にとられるも、入隊後すぐ病気で姫路に帰ってくる。終戦を迎えたのは、陸軍病院のベッドの上でだった。退院後は復学せず、しばらく職を転々とした末、神戸にある雑貨の卸会社に就職する。サラリーマン生活を続けながらも落語について忘れたことはなかった。大阪で五代目笑福亭松鶴《しょうふくていしょかく》が落語会を再開したと聞きつけると、自分も姫路に松鶴を呼んで会を開いた。その後も回を重ね、そのたびに米朝自身が観客に演目の解説を行なった。だが、やがて何か満たされないものを感じ、自分も高座に上がりたいとの思いが頭をもたげるようになる。ついに彼は四代目桂米團治《よねだんじ》に入門する。一九四七年のことだ。ほどなくして中川青年は「米朝」の名を与えられる。

しかし、米團治は米朝の入門からわずか四年後の一九五一年に急死してしまう。これ以後、米朝は、先輩の落語家やほかの一門の師匠から稽古をつけてもらいながら修業を続けた。その経験から彼は、いかに米團治の稽古が理詰めで丁寧なものだったかをあらためて思い知ったという。《言葉の意味や正しい言い回しなどまで、実に細かく指導する（中略）師匠の理に叶った考え方や演じ方は》のちに自らも師匠となる米朝に大きな影響を与えたのだ（『桂米朝　私の履歴書』）。

米團治と前後して、前出の五代目松鶴など戦前からの上方落語の名人があいついで死去している。一九五三年に二代目桂春團治《はるだんじ》が亡くなったときには、新聞に「上方落語が滅んだ」と書かれたという。大阪ではすでに戦前から落語は漫才の人気に押されて衰退しつつあり、その存続がますます危ぶまれた。このころ《上方の落語は引退間近のご老体が五、六人、若手も十人足らず》という心もとない状況のなか（週刊朝日編集部編『語るには若すぎますが』）、米朝はどうしても上方落語を残したいとの思いを強くする。ここから彼は同時期に入門した六代目松鶴・五代目桂文枝《かつらぶんし》・三代目桂春團治らとともに芸の継承に力を注いだ。その甲斐あって一九七〇年前後には、上方落語のブームが巻き起こるまでにいたった。貢献者である米朝たちはいつしか「上方落語四天王」と称されるようになっていた。

四天王のあいだでは弟子たちも活発に往き来した。たとえば六代目松鶴の弟子である笑福亭仁鶴《にかく》は一時期、米朝宅に毎週通っては稽古をつけてもらっていた。仁鶴によれば、そのとき米朝は本を参照しながら、噺に出てくる時代の物価など細部にわたるまで丁寧に教えてくれたという（小佐田定雄編『青春の上方落語』）。まさに彼が米團治から継承したという指導法そのものだ。

幻に終わった大名跡の襲名

米朝は弟子ばかりでなく、多くの噺を継承し後世に残した。なかには、長らく演じられていなかったものを発掘してきて、文献にあたったり古老に訊《たず》ねたりしながら現代風のアレンジも加え、復活させた噺も少なくない。上演に一時間以上かかる大ネタ『地獄八景亡者戯《じごくばっけいもうじゃのたわむれ》』はそのひとつである。

ずっと埋もれていた噺だけに、『地獄八景』には元のままでは意味のわからないところも多かった。たとえば噺のなかで、三途《さんず》の川を渡るのに亡者たちが鬼に船賃を払わされる場面。船賃は死因によって違い、「ころり（コレラ）で百（文）じゃ」などといったセリフが出てくる。なぜコレラが百文なのか？　米朝が調べてみたところ、近松門左衛門《ちかまつもんざえもん》の人形浄瑠璃《じょうるり》『博多《はかた》小女郎波枕《こじょろうなみまくら》』の「駕籠賃《かごちん》ころり、ころりは知らぬ、知らずば銭百」という文句が元ネタになっていることがわかった（『潮』一九九七年三月号）。

ただし、さすがにこれを高座でいちいち説明するわけにはいかない。そこで米朝は、いまの観客には伝わらない箇所をことごとく現代風のくすぐりに変えて、この噺を蘇らせた。なかには米朝自身の名が登場するという楽屋オチ的なくすぐりも出てくる。それは亡者のひとりが、先に死んだ者から地獄にも芝居小屋や寄席があると聞かされ驚愕する場面でのこと。そこでは寄席の出演者の名前が読み上げられ、次のような話が交わされる。

「はぁはぁ、笑福亭松鶴、立花家花橘《たちばなやかきつ》、米團治、文團治《ぶんだんじ》、桂米朝……。米朝という名前で死んだ噺家はないと思いますが、あらまだ生きてんのと違いますか」

「よう見てみなはれ、肩のところへ近日来演と書いてありまんがな」

「米朝という名前で死んだ噺家はない」というのは、初代と二代目の米朝はいずれも生前に米團治（それぞれ二代目と三代目）を襲名しているからだ。この言いぐさには、何事にも厳密を期する米朝の学究肌がよく表れている。

じつは三代目米朝にも襲名の話がなかったわけではない。一九六八年に所属事務所を離れ、七四年に個人事務所を構えるまでのフリーだった時期に、東京落語の名跡《みょうせき》「桂三木助《みきすけ》」を継がないかとの打診を受けたという。この名跡は本来関西のもので、また米朝の容貌が三代目三木助と似ているということもあり、昭和の名人のひとり桂文楽を通じて持ち込まれた話だった。だが、これは諸事情から実現しなかった（『桂米朝　私の履歴書』）。

けっきょく米朝は、米團治の名も長男の三代目桂小米朝《こべいちょう》（本名・中川明《なかがわあきら》。二〇〇八年に五代目米團治を襲名）に譲り、死ぬまでその名で通した。しかし米朝の名は、その葬儀に参列した元タレントの上岡龍太郎《かみおかりゅうたろう》が「永久欠番でしょう」と語ったように、三代目その人の手によって十分に大きなものとなったといえる。

文化そのものになった米朝

米朝は多くの弟子を育て、いくつもの噺を継承して落語界におけるタテのつながりを強める一方で、異分野の人たちとも積極的に交流してヨコのつながりも広げた。一九六三年には同年代の上方芸能界の人々とともに雑誌『上方風流《かみがたぶり》』を創刊している。そこには漫才の夢路《ゆめじ》いとし・喜味《きみ》こいしや松竹新喜劇のスター藤山寛美《ふじやまかんび》など大衆芸能や演劇にとどまらず、能狂言、歌舞伎、文楽、舞踊と各界の気鋭が結集した。こんなことはジャンル間での格差が明確にある東京では不可能だともいわれたという。なお、このとき一緒になった歌舞伎役者の三代目中村扇雀《なかむらせんじゃく》（現在の四代目坂田藤十郎《さかたとうじゅうろう》）と米朝はいずれも二〇〇九年に文化勲章を受章している。

このほか、SF作家の小松左京《こまつさきょう》とは一九六四年から四年半ほどラジオ大阪の『題名のない番組』で共演し、知的なトークで若者を中心に支持を集めた。民放ラジオやテレビの開局以来、米朝は番組で落語を演じるばかりでなく、司会者などとしても活躍している。その点でも彼は落語界の先駆者だったのだ。

放送作家の新野新《しんのしん》は、地盤沈下はなはだしい上方文化を嘆く声に「でも関西には、まだ文楽と米朝さんがおるやないですか」と言った。これを受けて作家の戸田学《とだまなぶ》は《米朝さんは文化人ではなく、文化そのものなのである》と書いている（『随筆 上方落語四天王の継承者たち』）。上方落語を再興し、関西における芸能・文化のネットワークの一端を担い、さらに東京はじめ全国に強い発信力を持った米朝の足跡を思えば、その言葉はけっしておおげさなものではない。

米朝が文化そのものとすれば、その死をひとつの文化の消滅ととらえる向きもあるだろう。だが、文化は人間とは違い、生かそうとすればいつまでも生かし続けられるし、発展させることも可能だ。そもそも長年の蓄積を持つ文化がたったひとりの死によって簡単に滅亡などしないことは、二代目春團治の逝去時に「上方落語が滅んだ」と新聞に書かれ奮起した米朝が身をもって証明している。《二人おったら残ると私は思いましたなぁ。佐渡の人形劇というのが佐渡にあります。あれなんかも二人、「これは残さないかん」いうて頑張ってる人がおったんです》とも彼は語っていた（『文化庁月報』二〇〇三年六月号）。

そんな米朝も七五歳くらいからめっきり体力が落ち、高座に上がっても小咄《こばなし》や質問トークしかしなくなった。一九九六年には人間国宝（重要無形文化財保持者）にも認定されていただけに、息子の五代目米團治は非常に心配したらしい。だが、米團治の知人で米朝と同い年のある医師にそのことを話したところ、《米朝師匠は、もう素の人間になって舞台に座っているだけで良いんですよ》と言われ、ホッとしたという（桂米團治『子米朝』）。晩年までに米朝は、たとえ自分が一線を退き、見守ることしかできなくなっても、十分に補っていけるだけの人も噺も残してきたのだ。それこそが米朝自身が文化そのものだと言われたゆえんであろう。

参考文献

桂米朝『桂米朝　私の履歴書』（日本経済新聞社、二〇〇二年）、『藝、これ一生　米朝よもやま噺』（朝日新聞出版、二〇一〇年）

桂米朝・河合隼雄「文化人の本音　河合隼雄文化庁長官対談　第15回・ゲスト　桂米朝さん・落語家　これ好きやさかい、これ残したいんや」（『文化庁月報』二〇〇三年六月号）

桂米朝・河合隼雄・杉本秀太郎・山折哲雄・山田慶兒「洛中芸話1　落語という芸のおもしろさ、奥深さ。」（『潮』一九九七年三月号）

小佐田定雄『米朝らくごの舞台裏』（ちくま新書、二〇一五年）

小佐田定雄編『青春の上方落語』（NHK出版新書、二〇一三年）

桂米團治『子米朝』（ポプラ社、二〇〇八年）

週刊朝日編集部編『語るには若すぎますが』（河出書房新社、二〇〇三年）

戸田学『随筆　上方落語の四天王　松鶴・米朝・文枝・春団治』（岩波書店、二〇一一年）、『随筆　上方落語　四天王の継承者たち』（岩波書店、二〇一三年）

謙虚な「早すぎた予言者」

南部陽一郎

NAMBU
YOICHIRO

一九二一年一月一八日～
二〇一五年七月五日（満九四歳）
物理学者

あきらめていたノーベル賞

ここに一本のペンがある。そのペンの一端を下にして垂直に立たせて、そのままにすれば、ほぼ間違いなく倒れるだろう。そして倒れたペンの先端は、必ずどこか一方向を指すはずだ。何のことかと思うかもしれないが、これは「対称性の自発的破れ」という素粒子論における概念を説明するのによく用いられる〝たとえ〟のひとつだ（ペンの代わりに鉛筆が登場することもある）。この場合、ペンは対称性を持った「垂直に立った状態」から、「横たわった」非対称性へと変化したことになる。地球の重力場が持つ引っ張る力に負けて、対称性が「破れた」というわけだ。

これと同じことが、ビッグバンと呼ばれる宇宙の誕生の際にも起きた。宇宙は対称性のあった局面に生まれ、その時点では、物質を構成する最小の単位である素粒子はすべて質量を持っていなかった。だがそのあとで、新しい種類の場の影響を受けて対称性が破れ、いくつかの素粒子が突如として質量を獲得したものと考えられる（イアン・サンプル『ヒッグス粒子の発見』）。「対称性の自発的破れ」とはこのような概念で、一九六〇年から六一年にかけて、当時アメリカのシカゴ大学の教授だった物理学者の南部《なんぶ》陽一郎《よういちろう》によって発表された。南部はこの功績から、半世紀近くを経た二〇〇八年にノーベル物理学賞を授与されている。南部の研究を発展させ「小林《こばやし》・益川《ますかわ》理論」（一九七三年）を発表した益川敏英《としひで》と小林誠《まこと》との共同受賞であった。

益川は受賞決定時、マスコミに対し「たいしてうれしくない」とうそぶくも、翌日の記者会見では、「自分は南部先生を長らく仰ぎ見てきた。ノーベル賞そのものより、神様のような南部先生と一緒に受賞することが夢のようです」と涙ながらに述べている。南部の研究が、世界中の科学者に影響を与えてきたことを思えば、「神様」というたとえはおおげさなものではなかった。

二〇一二年、ＣＥＲＮ（ヨーロッパ合同原子核研究機構）のＬＨＣ（大型ハドロン衝突型加速器）により未知の新粒子が見つかった。新粒子は翌年になり、長らく世界中の研究者が探し求めてきた「ヒッグス粒子」だと発表される。これはもともとイギリスの物理学者ピーター・ヒッグスが、素粒子に質量を与える役割を持つ粒子として予言し、一九六四年に論文を発表したものである。ヒッグスがこのヒントを得たのもまた、南部の「対称性の自発的破れ」についての論文だった。

南部は「対称性の自発的破れ」以外にも多くの画期的な概念を発表し、早い時期からノーベル賞の呼び声が高かった。それにもかかわらず、実際に賞が贈られたのは、じつに八七歳のとき。その年一二月一〇日のスウェーデン・ストックホルムでの授賞式にも、夫人の健康上の理由のため欠席を余儀なくされ、けっきょく同じ日にシカゴ大学で賞を受け取っている。

本人いわく、研究から非常に長い時間が経っており、受賞はほとんどあきらめていた。何しろほぼ三〇年ものあいだ毎年ノーベル賞発表の時期になると、自分の名が受賞候補のリストに載っていると聞かされてきたのだ。それだけに、実際に授賞の連絡を受けたときには驚いたという。夫人にいたっては「詐欺でしょ」と疑ったとか（『現代』二〇〇九年一月号）。

一体なぜ、ここまで南部の受賞は持ち越されたのか？　ひとつには、南部の考えがなかなか理解されなかったことがあげられる。

実際、こんなエピソードも残っている。それは、前出のヒッグスが新粒子を予言したときのこと。南部は、かつて自分が所属したプリンストン高等研究所所長のロバート・オッペンハイマーから「ヒッグスの論文を見て初めておまえの考えがわかった」と言われたという。世界でもトップクラスの頭脳を誇ったオッペンハイマーですら、南部の考えを理解するには時間を要したのだ。

ほかにもいくつか理由はあるようだ。それを見る前に、まずは南部の足跡をたどってみよう。

物づくりが好きで物理の道へ

南部陽一郎は一九二一年一月、東京に生まれた。父親は福井県の「仏壇屋のせがれ」だったというが、家業に嫌気がさして上京、そこで結婚して長男である陽一郎を儲けた。しかし二歳半のときに起こった関東大震災をきっかけに家族で東京から福井に転居、南部はここで旧制中学卒業まですごしている。

父はもともと小説家志望で、「人間が人生でかかわるあらゆることを知らないと書けない。サイエンスもそのひとつだ」と南部に言っていたという（『現代』前出号）。それだけに父の書斎にはいろんな分野の本があり、南部少年もそこからこっそり本を持ち出しては読みふけった。

少年時代の英雄は発明王エジソン。その影響もあり、鉱石ラジオを組み立てたこともある。ちょうど叔父がアマチュア無線をやっていて、さまざまな部品を集めており、材料の調達には困らなかった。南部少年はその手製のラジオで、甲子園での中等学校野球（現在の高校野球）の中継を聴いた。中京商業と明石中学の延長二五回にわたる試合が印象に残っているというから（南部陽一郎、H・D・ポリツァー『素粒子の宴』）、一九三三年の夏、彼が満一二歳（高等小学校一年）のときだ。

小学校ですでに独学で英語をマスターし、中学時代にはロシアの作家ツルゲーネフの小説に感銘を受ける一方で、数学の本を買ってきて自分で勉強も続けた。ここから「勉強は人から習うものではなく、自分でやるものである」と考えるようになったという。のちに独創的なアイデアを次々と生み出す下地は、こうして培われたのだろう。

もちろん学校の成績もよかった。五年制の旧制中学は、飛び級をして四年で修了する。このあと上京して第一高等学校（一高。現在の東京大学教養学部）に入学。一高時代は寮生活のなか、友人たちと夜な夜な哲学や文学などについて議論を繰り広げた。

一高では、個性あふれる教師から受けた影響も大きかったという。数学の教師には、若くして歴史に残る業績を残した数学者たちの話を聞かされ、「おまえたちは、二五歳までに何とかしないとだめだ」と喝を入れられた。それもあってか、南部も一時は数学を究めようと考えたこともあったという。だが、自分はやはり物をつくることが好きで、数学のような抽象的なことに一生を費やすのはいやだと思い直す。東京帝国大学（現・東京大学）に進むにあたり物理を選んだのも、物により近い分野を勉強したいとの考えからだった（『現代』前出号）。

このころの東大では、材料の物理学（物性論）が盛んだった。他方、京都帝国大学（現・京都大学）では、湯川秀樹《ゆかわひでき》が「中間子論」を発表し、素粒子物理の分野で世界的に注目される存在となりつつあった（湯川は戦後、一九四九年に日本人初のノーベル賞を受賞する）。これに刺激されて、南部も素粒子物理を学ぼうと思い立つ。が、当時の東大にはこの分野の教授がおらず、当時ついていた教授からも「この分野に進めるのは天才だけだ」と言われる始末だった。それでも南部は仲間たちとともに論文や本を読むなど、独自に学習を始める。東京にあって素粒子物理をリードしていた東京文理科大学（現・筑波大学）の朝永振一郎《ともながしんいちろう》や理化学研究所の仁科芳雄《にしなよしお》らが開くセミナーにも通い、熱心に聴講した（朝永はのち一九六五年にノーベル賞を受賞）。

しかし時代はすでに太平洋戦争に突入していた。南部も一九四三年、半年繰り上げで大学を卒業すると、陸軍に召集され、紆余《うよ》曲折《きょくせつ》を経て最後は技術研究所に配属される。大学には戦争が終われば、いまでいうポスドクとして戻れるとの約束であったが、結局レーダーの研究開発などをしながら、敗戦まで軍隊ですごすことになった。

東大に復帰したのは一九四六年。住宅難の時代で、教室に住みこみ、机をベッド代わりにしながら三年間、研究に打ちこんだ。同僚のなかには家族で寝泊まりしていた者もいたという。

一九四九年に新制大学のひとつとして大阪市立大学が設立されると、南部は、東大に客員教授として来ていた朝永振一郎の薦めで理工学部教授の職を得た。このとき、南部が二八歳と若いので、大阪市長から「大丈夫か」と訊かれた朝永は、即座に「アー、この人なら大丈夫ですよ」と太鼓判を押したとか（後藤秀機『天才と異才の日本科学史』）。

開学当時の大阪市大は建物がまだなく、戦災で焼け残った小学校の校舎が割り当てられた。それでも年長の教授に気を配ることも、理論の学生もひとりか二人なので講義の必要もなく、これほど自由を楽しんだことはなかったと、南部はのちに述懐している（南部陽一郎「素粒子物理の青春時代を回顧する」)。

しかし大阪市大には優秀な研究者が集まっていたため、すぐに頭脳流出があいつぐ。南部はその筆頭として一九五二年、このときも朝永の推薦でアメリカのプリンストン高等研究所に招《しょう》聘《へい》された。大阪市大に籍を残したまま、一年間という期限付きだった。それが結局アメリカに永住することになろうとは、このときの彼はまだ知る由もない。

天国と地獄の混じったような日々

当時のプリンストン高等研究所には、前出の所長のオッペンハイマーのほか、相対性理論で知られる二〇世紀最高の物理学者アルバート・アインシュタイン、このころ物理学界で主流となっていた量子力学の体系化に貢献したヴォルフガング・パウリなど世界中から錚々《そうそう》たる科学者が集まっていた。

そんな学者たちと身近に接しながらの生活は、日本にいたころとくらべれば夢のようだった。しかし反面、みんながみんな優秀で自己主張も強いだけに、競争も熾烈《しれつ》をきわめた。これに南部は「消耗した」と、同僚の日本人研究者に漏らしたこともあったという。のちに《プリンストンでの2年は天国と地獄の混じったようなものとなってしまった》とも回顧している(「素粒子物理の青春時代を回顧する」)。

プリンストンへの招聘が、当初一年の予定から二年になったのは、研究のためにこの期間では不十分だと南部自ら申し出てのことだった。しかし計画していた研究も一向にうまくいかず、行き詰まってしまう。このまま帰国するわけにはいかない——。そう考えた南部は、アメリカで新たに研究職を探し求めた。なかなか希望する就職先が見つからず、あきらめかけた矢先、プリンストン時代の同僚でシカゴ大学に移っていたゴールドバーガーという物理学者からオファーを受ける。

こうして一九五四年、南部は期待と不安を抱えながらシカゴ大学に赴任した。配属された研究所に落ち着くと、その雰囲気はまるで天国のように思われたという。その姉妹研究所とあわせ全所員とはすぐ知り合いになり、まるで家族のように受け入れられた。シカゴ大ではまた、素粒子物理だけでなく、化学や地球物理学などあらゆる分野の研究者と自由に議論できるセミナーも毎週設けられていた。これが南部はすっかり気に入り、シカゴにとどまることを決めた。五八年には教授に就任する。

「彼を理解するには一〇年かかる」

「対称性の自発的破れ」も、研究者どうしの交流を通じて興味を抱いた理論がもとになっている。それは超伝導に関する「ＢＣＳ理論」というもので、提唱した三人の学者（バーディーン、クーパー、シュリーファー）はこのころシカゴにほど近いイリノイ大学にいた。超伝導は、南部が東大で学んだ物性論における大きなテーマであっただけに、彼はイリノイ大学に出かけたり、シカゴ大学にシュリーファーを招いてのセミナーに参加したりして理解に努めた。「対称性の自発的破れ」は、その過程で南部がＢＣＳ理論の解釈方法として考え出したものだった。

以後も南部は画期的な概念を発表し続ける。一九六五年には、クォーク（物質のもっとも基本的な構成粒子）どうしを結びつける〝強い力〟に関する理論「量子色《いろ》力学」を創始。さらに一九七〇年には、素粒子は点ではなくひもであるという「ひも理論（弦理論）」を後藤鉄男とともに発表した。

「量子色力学」も「ひも理論」も、その後の物理学のさまざまな研究の礎《いしずえ》となり、ノーベル賞級の業績といわれた。だが、いずれも発表された当初はほとんど理解されなかった。これについては本人も後年のインタビューで六〇年代を振り返り、《私はいわば欲求不満の状態でした。自分の理論について期待するような認知がまったく得られなかったからです》と述べている（矢沢サイエンスオフィス編著『21世紀の知を読みとく　ノーベル賞の科学【物理学賞編】』）。

しかしそれはあまりに南部の考え方が先を行きすぎていたためだった。そのことは、多くの科学者の発言からもあきらかだ。ある学者は「私は南部がいま何を考えているかがわかれば、他人より一〇年先んじることができると思いついた。そこで彼と長い時間をかけて話し合った。しかし、彼が何を言わんとしているのかを理解するのに一〇年かかった」と言い、またある学者は「南部はあまりに先見の明があるので、人々は彼を理解できない」と言った(M・ムカジー「素粒子物理学の予言者　南部陽一郎」江口徹訳、『別冊日経サイエンス 素粒子論の一世紀』所収)。

シカゴ大学に来てまもなく、南部が新しい粒子の存在を予言したときには、リチャード・ファインマン(のちに前出の朝永振一郎らとノーベル賞を受賞)から「そんなものがあるわけない！」と一笑に付されたという。しかしその粒子は数年後に発見された。

先の「量子色力学」にしても、そのアイデアをもとに南部の直弟子のH・D・ポリツァーを含む学者たちが、クォークどうしに働く強い相互作用から「漸近的《ぜんきん》自由性」という性質を発見し(一九七三年)、彼らはこれにより南部に先んじて二〇〇四年にノーベル物理学賞を授与されている。このとき、ノーベル財団は解説資料のなかで「南部の理論は正しかったが、その登場が早すぎた」と異例の言及をした。

いつしか南部は、素粒子物理学の研究者のあいだで「早すぎた予言者」などと呼ばれるようになっていた。その理論はすぐには理解できなくても、今後重要になるであろう要素が必ず含まれているはずだからと、大勢の学者が南部の研究発表に耳を傾けた。

ある日本の物理学者に言わせれば、南部は「アイデアだけ出して、あとは追究しないタイプ。研究姿勢が偏執狂的でない」という（高橋繁行《たかはししげゆき》『日本の歴代ノーベル賞』）。自分のアイデアに拘泥することなく、それを大理論に発展させるのはほかの研究者の役目と言わんばかりの姿勢である。

それだけに周囲の学者はもどかしく思うこともあったらしい。南部の教え子のひとりは、あるとき「先生、ずいぶん損をしていますね」と言ったところ、「損をしないでちゃんと認められる仕事もあるわけだから、損をするぐらいでなければだめだよ」と返されたという。自分が一〇件の仕事をしたとして、そのうち二～三件が他人の業績になったとしても、残りの仕事が自分の業績として認められているのならそれでいい。その全体数を増やしていけばいい――というのが南部の研究姿勢だった。南部の人柄を訊かれると、彼を知る誰もが「謙虚な人」と口をそろえたというが、どうやら研究に対してもその性格ははっきりと表れたようだ（ＮＨＫ取材班『４つのノーベル賞』）。

日本人でもアメリカ人でもなく

南部は一九七〇年にアメリカ国籍を取得している。そのため、ノーベル賞受賞後には彼を「日本人受賞者」に数えるか否かで議論にもなった。だが、こうした議論に一体どれほどの意味があるのか。そもそもノーベル賞には国別のランキングなどない。仮に日本人受賞者の数を、わが国の科学研究のレベルの指標にするとしても、受賞者のなかには外国での研究が対象となったケースも含まれ、さすがに無理があろう。

当の南部は、米国籍を取った理由についてまず、それがないと、アメリカから海外に出る場合などにややこしい手続きをとらねばならず、不便なことが多いからだと説明している。これとあわせて彼があげたのは、やはりシカゴ大学の研究環境だった（『現代』前出号）。

さまざまな分野の研究者が自由に交流しながら、おのおのの研究に打ちこめる環境。それこそが南部の理想だった。素粒子物理ではとくにそのような場が欠かせないことは、彼の次の発言からもうかがえる。

《素粒子物理というのは実験科学でして、その実験が実はたいへん難しい。信用に耐えないような結果も多い。だからこそ、どんな人がどれだけのどういう実験をし、どういう分析をしたか、その詳細を知らなくちゃいけない。そういうことは、ただ机に向って論文を読んでいたのではわかりません。日本なんかには欠けていることですが、交流というか、コミュニケーションが本当に大事で、その意味では物理学はひじょうに人間的な科学だと言えます》（南部、ポリツァー、前出書)。

これは一九七九年の発言だが、それから四〇年近くが経ち、日本の大学や研究機関の環境はどれほど改善されただろうか。日本の科学研究のレベルを確かめるうえで、こうした研究環境の内実こそ、ノーベル賞受賞者の数よりもよっぽど重要な指標となりうるのではないか。

南部自身は日本を誇りにしながらも、特定の国籍に縛られない生き方を望んでいた。あるシンポジウムでは「科学は特殊な訓練と環境を要する。だから科学の言語を話せる科学者は社会のなかの少数民族だ」と語っていたことから察するに(南部陽一郎『素粒子論の発展』)、ひょっとすると彼には、自分は日本人でもアメリカ人でもない〝科学人〟だというような意識があったのかもしれない。

なお、南部の家族は日本国籍を維持した。晩年の彼は、夫人の実家のあった大阪府豊中《とよなか》市に毎年一、二ヵ月滞在し、体調が許すときには名誉教授に任命された大阪大学に顔を出していたという(後藤、前出書)。その終焉の地もシカゴではなく、豊中であった。

参考文献

南部陽一郎『素粒子の宴』（H・D・ポリツァーとの共著、工作舎、一九七九年）、『クォーク　素粒子物理はどこまで進んできたか』（第二版、一九九八年、講談社ブルーバックス）、「素粒子物理の青春時代を回顧する」（『日本物理学会誌』Vol.57、二〇〇二年）、『南部陽一郎　素粒子論の発展』（江沢洋編、岩波書店、二〇〇九年）
NHK取材班『4つのノーベル賞〜発想の源泉・努力の軌跡〜』（日本放送出版協会、二〇〇九年）
大栗博司『大栗先生の超弦理論入門　九次元世界にあった究極の理論』講談社ブルーバックス、二〇一三年）
後藤秀機『天才と異才の日本科学史――開国からノーベル賞まで、150年の軌跡』（ミネルヴァ書房、二〇一三年）
イアン・サンプル『ヒッグス粒子の発見　理論的予測と探求の全記録』（上原昌子訳、講談社ブルーバックス、二〇一三年）
高橋繁行『日本の歴代ノーベル賞』（アスキー新書、二〇〇九年）
矢沢サイエンスオフィス編著『21世紀の知を読みとく　ノーベル賞の科学【物理学賞編】―なぜ彼らはノーベル賞をとれたのか―』（技術評論社、二〇〇九年）
「南部陽一郎『私の理論を理解できなかったアインシュタイン』」（大野和基インタビュー・構成、『現代』二〇〇九年一月号）

「ノーベル賞特別インタビュー　何もないところに種をまくのが楽しい　南部陽一郎・シカゴ大学名誉教授に聞く」（『ニュートン』二〇〇九年一月号）
『別冊日経サイエンス　素粒子論の一世紀　湯川、朝永、南部そして小林・益川』（日経サイエンス社、二〇〇九年）

最強の嫌われ者「江川・ピーマン・北の湖」

北の湖敏満

KITANOUMI
TOSHIMITSU

一九五三年五月一六日〜
二〇一五年一一月二〇日（満六二歳）
第55代横綱

北の湖 敏満

「負けろ」と言われたほうが頑張れた

あまりにも強すぎて憎まれた横綱だった。第五五代横綱・北《きた》の湖《うみ》のことである。一九七〇年代末には、誰が言い出したのか、このころ巨人入団の経緯をめぐり物議をかもしていた江川《えがわ》卓《すぐる》、子供の嫌いな食べ物の筆頭であるピーマンと並べて「江川・ピーマン・北の湖」というフレーズも生まれた。一九六〇年代に子供の好きなものを並べて流行った「巨人・大鵬《たいほう》・卵焼き」の裏バージョンだ。

強すぎるうえに愛想がなく、また勝ったあとで相手に手を差し伸べることなど絶対にしなかったため、北の湖にはヒール役のイメージがつきまとった。そんな彼に対し、同時代の大相撲で絶大な人気を得ていたのが大関・貴《たか》ノ花《はな》(現在の貴乃花親方の父)である。小兵《こひょう》ながら相手が巨漢でも臆せず立ち向かっていく貴ノ花は、その悲壮感ある姿から判官《ほうがん》びいきの日本人の心をつかんだ。

その貴ノ花の初優勝がかかった一九七五年春場所の千秋楽《せんしゅうらく》、対戦相手となった北の湖は一段と憎まれ役を買うことになる。結びの一番、単独トップだった貴ノ花に北の湖が勝ち両者一三勝二敗で並んだため、優勝決定戦にもつれこむ。会場の大阪府立体育館は、もしこれで北の湖が勝ったら暴動になるのではないかと、当時の日本相撲協会の春日野清隆《かすがのきよたか》理事長（元横綱・栃錦《とちにしき》）が心配するほど異様な雰囲気に包まれたという。結果的に貴ノ花が決定戦を制し、事なきを得たのだが。

それほどまでに嫌われながら、北の湖は気にしないどころか、むしろ観客から「負けろ」と言われたほうが気合いを入れられたという。ところが、最後の優勝を決めた一九八四年の夏場所では、珍しく「頑張れ」と声援が飛び、がっくり来てしまう。このとき、これはもう引退が近いと思った彼は、予感どおり翌年一月に現役を退くことになる。嫌われ者は嫌われなくなったときが潮時なのかもしれない。

稽古嫌いの努力家

北の湖敏満《としみつ》、本名・小畑《おばた》敏満は一九五三年五月、北海道有珠《うす》郡壮瞥《そうべつ》町に生まれた。その四股名《しこな》は、三保《みほ》ヶ関《がせき》部屋に入門した際、郷里の洞爺《とうや》湖にちなんで当時の三保ヶ関親方（元大関・初代増位山《ますいやま》）がつけてくれたものだ。湖を「うみ」と読ませるのは、親方が小畑少年を迎えに行く前の九州場所中、福岡の街で『琴《こと》の湖《うみ》』という映画のポスターを見かけて思いついたという。

初土俵は一九六七年の春場所。このときまだ墨田区立両国中学校の一年生だった。二年後の春場所には大相撲史上初の中学生の幕下力士となる。記録は破られるものというが、一九七二年に相撲協会は文部省の通達を受けて「中学生は力士として採用しない」と決めたため、少なくともこの最年少記録は今後も不滅である。

幕下時代には、まだ一〇代にもかかわらず二〇歳と偽って年上の女性とつきあっていたが、期待の若手として雑誌でとりあげられたせいで本当の年齢がバレてしまい失恋したという逸話も伝わる。逆にいえば、すでにそれだけの風格が備わっていたということだろう。

このあとも七二年に一八歳七カ月で新入幕、七三年には一九歳八カ月で小結昇進と、ライバル・貴ノ花の持っていた最年少記録をことごとく塗り替えていく。なお、これらの記録はさらに後年、貴ノ花の息子の貴花田（のちの貴乃花）によって更新された。

初優勝は一九七四年初場所（一四勝一敗の好成績）で決め、場所後大関に昇進。そして大関在位三場所のスピードで同年七月、名古屋場所のあと横綱に推挙される。大鵬の記録を二カ月上回った二一歳二カ月での横綱昇進は、現在にいたるまで最年少記録である。

昇進を決めた直後の週刊誌の記事を見ると、「マンガしか読まない」「暇があればごろ寝」「ウイスキー一本を二〇分で飲み干す」などと、若き横綱の現代っ子ぶり、天衣無縫《てんいむほう》な人柄が強調されていた。次の発言もいかにも現代の若者らしいが、同時に大物の片鱗《へんりん》をうかがわせる。

《けいこはきらいだけど、相撲は大好きス。だけど、けいこも仕事のうちだから、ちゃんとやります》（『週刊読売』一九七四年八月一〇日号）

相撲好きだったのは本心で、幕内、小結のときは相撲が面白くて、早く本場所になればいいと思っていたとのちに振り返っている。だが、大関、横綱と昇進するうちに相撲が怖くなったともいう。本人いわく、いちばん相撲が怖かったのは、一九七八年に五場所連続優勝を成し遂げたまさに絶頂期だった（石井代蔵《いしいだいぞう》『土俵の修羅』）。

稽古嫌いは引退するまで変わらなかったが、それでも稽古をしない日はなかった。

《やっぱり横綱はある程度やらなくちゃいけないですよ。ボクなんか稽古が嫌いなんです。だけど負けると、それ以上に精神的にきついからやるわけですよ》（一九八四年の対談での発言。本田靖春《ほんだやすはる》『戦後の巨星　二十四の物語』所収）

「相撲が怖い」「負けると精神的にきつい」というのは、横綱としての責任感から来るものだったろう。引退後のインタビューでは、横綱になると負けられない気持ちが先に立ち、勝てば勝つほど、自然と稽古場で四股や鉄砲を何百回も繰り返すようになったと語っている。

《25歳の頃は稽古でも45番から50番やっていました。そうするとその50番の中に苦しいときがあります。5、6番目とか、12、13番目とか、やはり苦しいです。しかしそれを通りすぎると呼吸も流れていくんです。呼吸も苦しいのが収まって安定していくんです。そこまで行かないとダメなんです》（『ターザン』二〇〇二年一〇月二三日号）

このもっとも激しく稽古をこなしていた二五歳のころというのが、先述の絶頂期だ。横綱の位に対する北の湖の責任感は記録にも表れている。新横綱で迎えた一九七四年秋場所から八一年秋場所まで七年四三場所連続皆勤は、白鵬《はくほう》（二〇一五年名古屋場所まで八年四八場所連続皆勤）に破られるまで最高記録だった。一〇年を超えて在位した横綱も二〇一七年三月現在、北の湖しかいない。

北の湖が引退したのは一九八五年の初場所と、両国に現在の国技館が竣工《しゅんこう》して迎えた最初の本場所だった。その前年の夏場所で全勝優勝したとはいえ、引退までの数年は休場も目立つようになっていた。それでも彼は新国技館に立つことをひとつの目標として、それを達成したのち土俵を降りたのである。

ライバル・輪島との因縁の対決

北の湖を語るうえでどうしても外せないのが、彼より一年早く横綱となった五歳上の輪島《わじま》の存在である。北の湖が横綱昇進を決めたのは先述のとおり一九七四年の名古屋場所だが、この場所で優勝したのは輪島であった。北の湖は千秋楽を一三勝一敗の単独トップで迎えながらも、結びの一番で輪島に左下手投げで敗れ二敗に並ぶと、優勝決定戦でも同じ手で負け、逆転を喰らってしまったのだ。この二連敗に言葉で表せないほどの悔しさを味わった北の湖だが、しかしこの敗北が「絶対に勝つ」という原動力にもなったと、その後何度となく口にしている。

《あの負けがあったからこそがんばってこれたんです。反発心っス。この次は必ずお返ししてやろうという気持ちがいつもありましたから》(『現代』一九八五年三月号)

輪島としても、例の名古屋場所で北の湖に連勝したことで自分の力士寿命は延びたと語っている。《もし負けていたら、半年か1年で相撲を辞めていただろう。本当のライヴァルが現れたという気持ちだったね》というのだ(阿部珠樹《あべたまき》「北の湖『憎まれた横綱』。」)。事実、輪島はこのあと七年間綱を張り続けた。北の湖とはその後も数々の名勝負を残し、「輪湖《りんこ》時代」と呼ばれる一時代を築くことになる。両者の対戦成績は、輪島が二三勝二一敗とわずかに上回った。

横綱昇進前の北の湖から優勝をもぎ取った左下手投げは輪島の得意技で、「黄金の左」と呼ばれた。だが北の湖に言わせれば、輪島が本当に強いのは右だった。彼は取組のたびに輪島の右のおっつけ（相手の差し手を押さえつけて攻撃を鈍らせる技）ばかり考えていたという。のちに対談でそのことを明かされた輪島は、《そう？　私が取組前に確認していたのは、〝きょうは元気そうかな〟ということだけ》と返している（『週刊新潮』二〇一五年一月二二日号）。

このやりとりからは、努力家の北の湖と天才肌の輪島と対照的な両者の性格が垣間見える。引退後の人生も明暗が分かれた。借金問題により角界を追われ、プロレスラー、アメフトチームの総監督など流転を続けた輪島に対し、引退後、大鵬に次いで二人目の一代年寄となった北の湖は、日本相撲協会の理事長を二度（二〇〇二〜〇八年、一二〜一五年）務めるまでにいたった。もっとも理事長に就いた北の湖も、在任中には時津風《ときつかぜ》部屋でのリンチ死事件、弟子の大麻問題などあいつぐ不祥事の対処に追われ、順風満帆《じゅんぷうまんぱん》だったとは言いがたい。

最期まで我慢強さを通す

先に引用した対談は、北の湖と輪島にとって最初で最後の対談となった。現役中・引退後を通じて、会ってもあいさつする程度で会話らしい会話をしたことがなかったという二人は、北の湖の亡くなる一〇カ月前にして初めて面と向かってきちんと言葉を交わしたのである。

ただし、輪島はその二年前、二〇一三年末に下咽頭《かいんとう》がんで切除手術を受けて声をほとんど失っており、対談は筆談と輪島夫人の〝通訳〟も借りて行なわれた。対談では、北の湖も輪島と同時期に大腸ポリープを切除したことを打ち明けているのだが、じつはそれだけでなく、二〇一二年の理事長再任直前より大腸がんの兆候が見え始めていた。しかしそのことを彼はひた隠しにする。

がんを隠し通したのは、人に弱みを見せたくないという北の湖の負けず嫌いで我慢強い性格ゆえだろう。それは現役のころから変わらなかった。

輪島が千秋楽を前にけがで休場しながらも優勝した一九七三年の九州場所、関脇だった北の湖も足に重傷を負った。その症状は医者の診断では輪島よりひどく、当然休場ものだったが、北の湖はそれを押して千秋楽まで勤め上げ、一〇勝五敗で初の殊勲《しゅくん》賞をとっている。このとき休場していたら、のちの連続出場記録も、二四回優勝（歴代五位）もなかったとは後年の本人の弁だ（『現代』前出号）。彼の特徴といわれた一気に前に出る速い相撲も、このときけがで長い相撲がとれなかったことから編み出されたものだった（阿部、前出書）。

一九八一年の九州場所で初めて休場する直前には、記者から「膝が悪いの?」と質問を浴びせかけられても、「いや、何ともないですよ」とシラを切り通した。

輪島と対談する数年前より入院と手術を繰り返していたとはいえ、亡くなる直前まで理事長としての職務をこなしていた。それだけに突然の訃報は相撲関係者も含め人々を驚かせた。最期まで発揮された我慢強さは、横綱時代と同様、自らの責務を果たそうという思いから来るものであったに違いない。

参考文献

北の湖敏満「初場所3日前インタビュー『あくまで優勝が目標です』」(構成・岡崎満義、『Number』一九八五年二月二〇日号)、「いま明かす大横綱の胸中『憎まれ役に耐えぬいたんだ』」(インタビュアー・北出清五郎、『現代』一九八五年三月号)

北の湖敏満・ビートたけし「頂上対談　負けろと言われるうちが花」(『新潮45』二〇〇三年一月号)

北の湖敏満・輪島大士「大相撲の黄金期『輪湖時代』を築いた両横綱　「輪島」×「北の湖」初対談」(『週刊新潮』二〇一五年一月二二日号)

阿部珠樹　「北の湖『憎まれた横綱』。」（『Number PLUS　20世紀スポーツ最強伝説5　格闘者　魂のコロシアム。』、二〇〇〇年）
石井代蔵　『土俵の修羅』（新潮文庫、一九八五年）、『真説　大相撲見聞録』（新潮文庫、一九八七年）
京須利敏　「北の湖の時代」全二二回（『大相撲』二〇〇二年五月号～〇三年一月号、三月号、五月号～〇四年三月号）
須藤靖貴　「ひと烈伝　北の湖敏満氏（日本相撲協会理事長）　憎まれ役は土俵の充実のため」（『日経ビジネス』二〇〇四年四月八日号）
綱島理友　「伝説のアスリート列伝　鍛錬の術！　第37回・北の湖敏満」（『ターザン』二〇〇二年一〇月二三日号）
本田靖春　『戦後の巨星　二十四の物語』（講談社、二〇〇六年）
吉田秀和　「響きと鏡　北の湖頌」その一、承前（『諸君！』一九七八年一〇月号、一一月号）
「ウィスキー1本を20分、15歳で童貞破り、北の湖の〝ここ一番〟」（『週刊ポスト』一九七四年八月九日号）
「最年少横綱はマンガ好き」「北の湖　オール1の少年時代から史上最年少横綱になるまで」（『週刊読売』一九七四年八月一〇日号）
「宿命の対決！スポーツ・ヒーローたちの熱闘記　第4回　昭和57年　衰えた大横綱に代わってウルフが第一人者に　千代の富士vs.北の湖」（『BIG tomorrow』一九九〇年一〇月号）
「本誌が報じた『名勝負』の行方」（『週刊文春』二〇〇九年三月一九日号）
「北の湖さん死去　62歳、直腸がん　命削り九州場所」（『日刊スポーツ』二〇一五年一一月二一日付）

水木しげる

MIZUKI SHIGERU

一九二二年三月八日〜
二〇一五年一一月三〇日（満九三歳）
マンガ家

死ぬのは「うれしい」のか「怖い」のか？

手塚治虫から敵意をむき出しにされて

二〇〇三年、手塚治虫《てづかおさむ》文化賞の特別賞が水木《みずき》しげるに贈られた。戦後日本のマンガ界の先駆者・手塚治虫の名を冠する同賞に設けられた各賞のなかでも、水木に贈られた特別賞は「マンガ文化の発展に寄与した個人・団体」を対象としており、いわば功労賞的な意味合いを持つ。

しかし手塚と水木の関係を思えば、よくこの賞を受けたものだという気もする。そもそも一九二二年生まれの水木は、手塚より六歳年長だ。当の水木もそのことを気にして、受賞の言葉のなかで《手塚さんは私より年下だったので私の方が早い、即ち早く極楽にゆけると思っていたのですが、逆になってしまって妙な気持ちです》と述べている（朝日新聞社サイト「手塚治虫文化賞」）。一九八九年に六〇歳で死去した手塚に対し、水木は受賞時には八一歳になっていた。

ノンフィクション作家・足立倫行《あだちのりゆき》による評伝『妖怪と歩くドキュメント・水木しげる』には、水木が手塚に会うたび敵意むき出しの態度をとられた話が出てくる。酒が飲めないので、マンガ家の集まるパーティーにはほとんど出なかった水木だが、あるとき珍しく出席すると、手塚とばったり顔を合わせた。すると唐突に、兵庫県宝塚の遊園地で毎年開かれていた水木原作の

『ゲゲゲの鬼太郎』のイベントについて、「まだやってるんですか！」となじられたという。宝塚出身の手塚には、自分の領地を荒らされたとの思いがあったらしい。

水木は一九六五年に『週刊少年マガジン』の別冊に掲載した短編「テレビくん」で四三歳にして雑誌デビューし、以後『マガジン』に「墓場の鬼太郎」（のちテレビアニメ化にあわせて「ゲゲゲの鬼太郎」と改題）や「悪魔くん」を発表して一躍ブレイクする。有力な新人が登場するたびに手塚がライバル心を燃やしていたことは有名だが、水木に対してはどうもそれ以上の敵愾心《てきがいしん》に近い感情を持っていたようだ。

手塚の攻撃的な態度はおそらく、自分にはまるでないものを持っている水木への畏怖《いふ》から来るものではなかったか。事実、戦後デビューしたマンガ家の大半は手塚から直接的、間接的に影響を受けているが、そのなかにあって水木は手塚とまったく切れたところから画業を始めた異色中の異色の存在であった。「日本のマンガ家は九割の手塚系と一割の水木系からできている」というマンガ家・根本敬《ねもとたかし》の名言（大泉実成《おおいずみみつなり》「水木しげる山脈」上）は、マンガ史における水木の位置づけをずばり指摘している。

アパートの名から生まれたペンネーム

大阪に生まれ、鳥取県境港《さかいみなと》で育った水木しげる（本名・武良茂《むらしげる》）は少年時代から絵を描くのが好きだった。一九五一年には紙芝居画家として活動を始める。その前年、神戸でアパートを経営するようになり、そこへ久保田《くぼた》という紙芝居画家が入居してきたのがそもそものきっかけだ。ちなみにこのアパートは水木通りに面していたことから、武良青年は「水木荘」と名づけている。おかげで当時所属した阪神画劇社の経営者の鈴木勝丸《すずきかつまる》からは「水木さん」と呼ばれ、ここから「水木しげる」のペンネームが生まれた。

アパートの経営は結局うまくいかず、三年後に売り払った。紙芝居業界もやがてテレビの台頭にともない斜陽を迎える。東京の紙芝居画家たちは続々と貸本マンガ家に転身していると聞いて、水木も一九五七年に上京、翌年刊行の『ロケットマン』でマンガ家デビューした。だが、この世界でも食べていくのは大変だった。一九六一年に布枝《ぬのえ》夫人と結婚してからも、雑誌デビューするまで長らく貧乏暮らしを続けた話は、NHKの連続テレビ小説『ゲゲゲの女房』（二〇一〇年）などを通じてよく知られるところである。

水木が紙芝居から貸本マンガへと転じ、細々と作品を描き続ける一方、手塚治虫は雑誌マンガで次々とヒットを飛ばしていた。アニメ制作にも乗り出し、一九六三年には国産初の連続テレビアニメ『鉄腕アトム』の放送が始まる。両者の歩みは対照的と言うしかない。それだけに前出の手塚治虫文化賞の打診を受けた際、水木にはやや躊躇もあったという。

《手塚さんがコンクリート舗装の大きな道を闊歩してきたとすれば、私は細く曲がりくねった悪路をつまずきながら歩いてきたようなものだ。そんな複雑な思いもあって、内定の連絡を受けて躊躇したが、賞金の百万円も目の前にちらつき、受けることにした。妻も二人の娘も「えっ、もらうの？」と言った》（水木しげる『水木サンの幸福論』）

「賞金がちらつき」と正直に書いてしまうあたりがまた水木らしい。これにかぎらず、彼は食欲、睡眠欲とあらゆる欲をときにあけすけに語り、また作品に描きもした。それは濃密というほかない人生体験から来るものであったのだろう。ひょっとすると医師の資格も持つインテリの手塚治虫には、水木のそういう部分こそが不気味であり、ことさらに怖れを掻き立てられたのかもしれない。

戦死者の親の前で笑ってしまった真意

水木しげるはマンガや文章で多くの自伝を著し、たびたびテレビドラマ化もされてきた。そのため先述の貸本マンガ家時代の貧乏暮らしばかりでなく、少年時代、生家にまかない婦として出入りしていた「のんのんばあ」という老婆の影響で妖怪に興味を持ったこと、太平洋戦争中には一兵士として南太平洋の激戦地・ニューブリテン島（現在のパプアニューギニア）のラバウルに送られ、空爆で左腕を失ったことなど、その半生はよく知られている。

こうしてあらためて書くと、いかにも苦労の多い人生である。戦場で爆撃を受けたときにはマラリアにかかっており、高熱と栄養失調で髪の毛もすっかり抜け落ちていた。負傷した左腕からは大量に出血したが、血液型を忘れていて輸血できず、止血のため縛りすぎたせいか手に紫色の斑点が出てきてやむなく切断にいたったという。しかしこの体験を描いた彼のマンガにはどこかのんきさが漂っている。人に語って聞かせるときも、深刻さはみじんもなく、まるで他人事のように愉快そうであったという（足立、前出書）。

腕の処置後もその切断跡に蛆虫《うじむし》が湧くなど衛生状態は最悪で、周囲では死ぬのは時間の問題だろうとささやかれた。だが少年時代から胃袋の丈夫だった水木は、極限状態にあっても旺盛な食欲を見せ、徐々に回復していく。戦場となったジャングルでは、兵士たちが戦闘中以外にも、魚を喉に詰まらせたり、ワニに食われたりと、しごくあっさりと死んでいったが、そのなかで水木が生き延びられたのは、強運に加え、人並み外れた生への執着のおかげではなかったか。

敗戦の翌年、帰国して境港に戻ったあと、水木は生きて帰ってこられたのがうれしくてしかたなかったという。実家へ戦死した仲間の親が何人か訪ねてきたときには、相手の悲しみようにあらためて驚きながらも、思わず笑い声をあげてしまった。マンガによる自伝『完全版　水木しげる伝』中巻に出てくる話だが、そこで水木は《考えてみると彼は笑ってたわけではない／なんとなくきまりが悪いので　笑いに似た哀しみの表現をしたのである》と案内役のネズミ男に弁解させている。

後年にいたっても水木は自分が生きていることの喜びを隠そうとはしなかった。かつて水木のもとでアルバイトをし、のちに評論家となった呉智英《くれともふさ》によると、水木はラバウルに戦後再訪したときの心境を次のように述懐していたという。

《「戦友たちは、うまいものも食えずに若くして死んでいったんですよ。その戦地に立って、ああ、自分はこうして生きていると思うとですなぁ」

水木しげるは確信を込めて言った。

「そう思うとですなぁ、愉快になるんですよ」（中略）

「ええ、あんた、愉快になるんですよ。生きとるんですよ、ええ。ラバウルに行ってみて、初めてわかりました」》（呉智英『犬儒派だもの』）

呉はこの発言について《これほど力強い生命讃歌を私は知らない》と書いている（前出書）。他方、足立倫行によれば、水木はやはり戦地を再訪したときを振り返って《私、戦後二十年くらいは他人に同情しなかったんですよ。戦争で死んだ人間が一番かわいそうだと思ってましたからね、ワハハ》といたずらっぽく語ったことがあったという（水木しげる『総員玉砕せよ！』講談社文庫版解説）。

戦場で兵士たちの生死を分けたのは、おそらくほんのわずかの差や偶然にすぎないのだろう。水木自身、マラリアや腕の負傷にとどまらず死と隣合わせの場面を何度となくくぐり抜けてきた。いまあげた二つの言葉からは、自分が生き残ったことに対する彼の感慨がありありと伝わってくる。

不思議な死生観

学生時代から水木の事務所に出入りし、のちに筑摩書房の編集者として水木作品を多数担当した松田哲夫《まつだてつお》は、「あの人のなかではあきらかな矛盾が堂々と併存している」と評した。

何しろ水木は少年時代にしてすでに、貝集めや紙相撲に没頭するオタクな性格と、大勢の子分をしたがえケンカに明け暮れるガキ大将としての性格を両立していたのだ。大人になってからも、「勲章」という作品で勲章社会を鋭く批判していたくせに、自分がもらったときには結構喜んでいたりと、とにかく矛盾だらけだった。それでいて動じない、やはり妖怪なのだろうと松田は語っている（足立、前出書）。

死生観からして大きな矛盾を抱えていた。冒頭にも引用した手塚治虫文化賞の受賞の言葉で、《最近少しぼけているせいか非常にうれしいのです（おかしいですネ）。このあとこんなうれしいことは、あの世にゆく時位だろうと思っています》と語った水木だが、べつのところでは「死ぬのは怖い」とも発言している。

《死ぬのは怖いです。水木サンは子どもの頃から死に興味があったから、いろいろと読んだり話を聞いたりして、死って何だろうと考えてきました。戦場では死んだ人をたくさん見て、自分も死にかけて。そうやって八〇年以上も生きてきましたけど、やっぱり死ぬのはいやです。怖いんです》（梯久美子《かけはしくみこ》「死者のいる場所 第14回 水木しげるの戦争３」）

なお、「水木サン」とは水木が自身を指すのに用いた呼称である。ただし元紙芝居作家で旧知の仲だった評論家の加太《かた》こうじによれば、水木は戦後もずっと兵隊言葉が抜けず、自らを指すのも「自分は」と言っていたというから（『思想の科学』一九八八年八月号）、ある時期を境に改めたのだろう。「水木サン」の自称はおそらく、自分を客観視したり、作家の水木しげると個人である武良茂を区別したりするため、かなり意識的に採用したものではないか。本人も次のように「武良茂」と「水木しげる」の違いを語っていた。

《武良茂の方は大儀なんです。静かに平和に暮らして、できるだけ長生きしたいと願ってますからね。ところが水木しげるの方は、世界の精霊文化を調べる冒険旅行となると、喜んで慌てふためくわけです。旅の途中で死んでもいいとさえ思ってる。……てなわけで、近頃は武良が水木さんに圧倒されてるわけです》（足立、前出書）

死生観に関する矛盾は、ようするに武良茂と水木しげるの志向の違いと考えれば、一応の納得がゆく。

水木サンが連載最終回で放った「最後っ屁」

水木は売れてからというもの、あまりの多忙にいま仕事をやめられたらこんな幸せなことはないと語りつつも、晩年にいたるまで旺盛な創作活動を続け、テレビなどにも頻繁に登場した。それだけに亡くなる半年前、二〇一五年五月に『ビッグコミック』での連載マンガの終了が突如として発表されたときには、事務所側が重病説を否定したにもかかわらず（実際に重病ではなかったのだが）、たくさんの心配する声があがった。

結果的に最後の連載となった「わたしの日々」は水木の身辺雑記で、家族とのやりとりのほか、戦争や霊的な体験を含め過去の想い出がユーモアたっぷりに描かれている。その最終回がまたふるっていて、便秘になった水木サンが美人女医から処置を受けてすっきりするというエピソードだった。

小学生のころ、学校で天長節《てんちょうせつ》（天皇誕生日）などの式典が行われるたびに、茂少年はおならをして全生徒の笑いを誘っていたという。おならやウンコの話が好きなのは終生変わることはなかった。二〇〇九年、米寿《べいじゅ》を記念して出版された作品集のタイトルも、ずばり『屁のような人生』であった。

生前最後に発表した作品に、妖怪の話でも戦争の話でもなく、シモの話が登場したのは偶然にすぎない。だが、便秘を治したこともまた、彼にしてみれば自分が生きている証しであり、喜びだったに違いない。そのあっけらかんとした描写に、年を重ねるごとに自分を尊大に扱う世間に向けた、水木サンの文字どおりの〝最後っ屁〟を見た気がする。

参考文献

水木しげる『総員玉砕せよ!』(講談社文庫、一九九五年)、『ねぼけ人生』(筑摩eBOOKS、二〇〇二年)、『完全版　水木しげる伝』上・中・下(講談社漫画文庫、二〇〇四~〇五年)、『水木サンの幸福論』(角川e文庫、二〇一五年)、『わたしの日々』(小学館、二〇一五年)

足立倫行『妖怪と歩く　ドキュメント・水木しげる』(文春ウェブ文庫、二〇〇四年)

大泉実成「水木しげる山脈」上・下(『新潮45』二〇一一年七月号~八月号)

梯久美子「死者のいる場所」第12回~14回「水木しげるの戦争」1~3(『本の旅人』二〇〇九年一月号~三月号)

加太こうじ「日本画人伝」最終回(『思想の科学』一九八八年八月号)

呉智英『犬儒派だもの』(双葉社、二〇〇三年)

「大特集　水木しげる　その美の特質」(『芸術新潮』二〇一〇年八月号)

二〇一五年の物故者たち

二〇一五年は戦後七〇年の節目であった。作家・**阿川弘之**《あがわひろゆき》（八月三日・九四歳）は海軍中尉として赴任先の中国・漢口（現・武漢市）で一九四五年八月一五日を迎えた。もっとも、海軍受信所で諜報作業にあたっていた阿川は、すでにその五日前には傍受した米軍無線で日本の降伏を知っていた。故郷・広島への原爆投下も伝え聞いており、両親は死んだものと思って翌年三月に復員したが、幸いにも再会できた。志賀直哉《しがなおや》門下に入り、作家修業を始めたのはその半年後のことである。

同じ中国大陸でも、満州と呼ばれた東北部にいた日本人は戦争末期、ソ連の侵攻などで過酷な体験を強いられた。**宮尾登美子**《みやおとみこ》（二〇一四年一二月三〇日・八八歳）は一八歳で結婚、夫の赴任先の満州へ生まれたばかりの娘を連れて渡る。しかし敗戦直後、暴動により住んでいた場所を追われ、一年半の難民生活を経てようやく帰国できた。このときの辛酸をなめた体験は後年、長編小説『朱夏』（一九八五年）として結実する。宮尾と同じく直木賞作家である**船戸与一**《ふなどよいち》（四月二二日・七一歳）も後半生、満州を題材に『満州国演義』（二〇〇七～一五年）を書き続け、最終巻刊行直後に亡くなった。

陳舜臣《ちんしゅんしん》（一月二一日・九〇歳）には、直木賞受賞作の短編「青玉獅子香炉」（一九六八年）をはじめ中国の歴史に取材した小説も多い。先祖は中国南東部の福建省出身で、祖父の代に台湾から来日したという。陳自身は神戸で生まれ育ったが、敗戦により台湾は日本領ではなくなったため、国籍が日本から中国に変わった。当時、母校の大阪外國語学校（現・大阪大学外国語学部）で助手をしていた彼は、これにより国立大学での教授への道を閉ざされる。その後、家業の貿易商に従事するかたわら習作に励み、一九六一年に作家デビューした。日本国籍を取得したのは一九九〇年である。

やはり直木賞作家の**車谷《くるまたに》長吉《ちょうきつ》**（五月一七日・六九歳）は、中国の唐代の詩人・李賀《りが》（李長吉）から筆名をつけている。芥川賞・直木賞の創設から二〇一五年で八〇周年を迎えた。芥川賞受賞作の「蟹」（一九六三年）をはじめ偏執的な感性を特色とした作品が目立つ**河野《こうの》多恵子《たえこ》**（一月二九日・八八歳）は、大庭《おおば》みな子とともに女性として初めて同賞の選考委員を務めた。

赤瀬川《あかせがわ》隼《しゅん》（一月二六日・八三歳→二六六頁）は、その三カ月前に亡くなった弟・赤瀬川原平《げんぺい》（尾辻克彦）とともに兄弟でそれぞれ直木賞・芥川賞を受賞している唯一のケースだ。日本の美容師の草分けである**吉行《よしゆき》あぐり**（一月五日・一〇七歳）は、長男の淳之介《じゅんのすけ》、次女の理恵《りえ》と二人の芥川賞作家を育てたゴッドマザーでもあった。

二〇一五年九月、安保関連法が成立した。法案審議中には、国会周辺をはじめ各地で反対デモも盛んに行なわれた。そのなかで「べ平連」（ベトナムに平和を！　市民連合）が四一年ぶりに再結集しデモを実施している。

べ平連はそもそも一九六五年にアメリカが当時の北ベトナムの爆撃（北爆）を開始したことに抗議して、哲学者・思想家の**鶴見《つるみ》俊輔《しゅんすけ》**（七月二〇日・九三歳）が作家の小田《おだ》実《まこと》らと結成したものだ。

吉川《よしかわ》勇一《ゆういち》（五月二八日・八四歳）は、ベ平連の二代目事務局長として七四年の解散まで活動を支えた。また、鶴見の同志社大学での教え子だったルポライターの**阿奈井《あない》文彦《ふみひこ》**（三月七日・七六歳）は、ベ平連で脱走米兵の援助に携わったほか、戦時下の南ベトナムに渡り取材も行なっている。

北爆の始まった一九六五年は、東南アジア各国で動乱があいついだ。シンガポールはその二年前にイギリス連邦内自治国からマレーシア連邦へ加入したが、住民の多数を占める華人（中国系住民）とマレー人との対立の激化から六五年八月、分離独立を余儀なくされる。この決定をシンガポール初代首相の**リー・クアンユー**（三月二三日・九一歳）は、涙ながらに国民に伝えた。

他方、インドネシアでは六五年一〇月に軍事クーデターが起こり、スカルノ政権が崩壊する。このとき東南アジア研究のため同国で調査にあたっていたアメリカの政治学者**ベネディクト・アンダーソン**（一二月一三日・七九歳）は、クーデターを転機にインドネシアのナショナリズムが変質していくさまを目の当たりにする。一九八三年刊の『想像の共同体』は、この体験から考察を重ねた末に書かれたものだ。

東南アジアにかぎらず、アジア地域には第二次大戦後、政情不安の続いた国が少なくない。**金泳《キムヨン》三《サム》**（一一月二二日・八七歳）は、軍事政権の続いた韓国にあって野党政治家として民主化運動を指導した。民主化成立後、一九九〇年代には大統領を務めている。トルコでは、**スレイマン・デミレル**（六月一七日・九〇歳）が六〇年代から九〇年代にかけて七次にわたり首相を務めたが、この間、八〇年には参謀総長の**ケナン・エヴレン**（五月九日・九六歳）の起こした軍事クーデターにより政権を追われ、さらに政治活動を全面的に禁止されている。デミレルが政界に復帰したのは八七年、その後九三～二〇〇〇年には大統領も務めた。

二〇一五年はISIL（イスラム国）を名乗る中東の過激派組織によって世界各地でテロ事件があいついだ。もっとも、テロはいつの時代にもある。一九七〇年代には先進各国でテロ事件が立て続けに起こった。

西ドイツ（当時）では、一九七五年から七七年にかけてドイツ赤軍派が獄中のテロリストの釈放を要求して、政財官の要人誘拐、スウェーデンの西ドイツ大使館の占拠、ルフトハンザ航空機のハイジャックとあいついで事件を起こす。しかし当時の同国首相**ヘルムート・シュミット**（一一月一〇日・九六歳）は、大使館占拠事件以降、断固として犯人側の要求を拒否し続けた。

とりわけ、ルフトハンザ機のハイジャック事件の際、警察の特殊部隊を突入させ、人質を救出したことは、同じく七七年に起こったダッカ日航機ハイジャック事件での日本政府の対応と比較されがちだ。当時の福田赳夫《ふくだたけお》政権は、犯人の要求を呑み、身代金の支払いおよび超法規的措置として獄中の活動家の引き渡しを決めている。このとき内閣官房副長官として事件の対処にあたった**塩《しお》川正十郎《かわまさじゅうろう》**（九月一九日・九三歳）は、最終的に政府の選んだ策とそれを支持した世論に強く憤慨した。後年、小泉純一郎政権の財務相時代に「塩《しお》爺《じい》」と呼ばれたイメージとはまた違う、塩川の激しい一面といえよう。

旧西ドイツの政治家では、**リヒャルト・フォン・ヴァイツゼッカー**（一月三一日・九四歳）が大統領在任中の一九八五年、第二次世界大戦終結四〇年記念式で行なった演説も思い出される。このときヴァイツゼッカーは「過去に目を閉ざす者は現在にも盲目となる」と、ナチスの跳梁《ちょうりょう》を許したドイツ人自身の罪に言及した。

現代ドイツを代表する作家**ギュンター・グラス**（四月一三日・八七歳）は、一九九九年にノーベル文学賞を受賞したのち、二〇〇〇年に自伝的小説『玉ねぎの皮をむきながら』で大戦末期に一七歳でナチス親衛隊（ＳＳ）に入っていたことを告白し、物議をかもした。もちろん、ＳＳだった過去はグラスにとって大きな恥であり、それはのちのちまで重荷として残り、軽くなることはないと作中で心情を吐露している。

グラスの代表作『ブリキの太鼓』（一九五九年）は、三歳で成長の止まってしまった少年の視点から第二次大戦前後の混乱した時代が描かれる。グラスより三歳下、一九三〇年生まれの**野坂昭如**《のさかあきゆき》（一二月九日・八五歳）の直木賞受賞作のひとつ『火垂るの墓』（一九六七年）では、著者の分身と思しき少年が四五年九月、敗戦一週間後に栄養失調で四歳にして亡くなった妹を追うように同じ症状で死ぬ。現実の野坂は戦後をしたたかに生き延び「焼け跡闇市派」を自称、一九五〇年代に民間放送が始まると三木鶏郎《みきとりろう》の「冗談工房」に入り、ＣＭソングや番組台本を書きまくった。

野坂がマスコミで活躍し始めたころ、イラストレーター・マンガ家の**柳原良平**《やなぎはらりょうへい》（八月一七日・八四歳）は壽屋《ことぶきや》（現・サントリー）宣伝部に勤め、同僚でのちに作家となる開高健《かいこうたけし》や山口瞳《やまぐちひとみ》らとともに広告界に新風を送った。一九五八年に柳原が生んだキャラクター・アンクルトリスはいまなおＣＭに登場し、マンガ家の**小島功**《こじまこお》（四月一四日・八七歳）が一九七四年に清水崑《しみずこん》から引き継いだ黄桜酒造のかっぱとともに長きにわたって愛されている。

一九六一年のウイスキーの広告で、開高による名コピー「『人間』らしくやりたいナ」に添えられたイラストも柳原によるものだ。しかし高度経済成長期の日本では、「人間らしく」どころか馬車馬のように働く「モーレツ社員」が賛美された。そのなかにあって、企業の側からあらためて人間性回帰を訴えたのが、富士ゼロックスの「モーレツからビューティフルへ」キャンペーン（一九七〇年）である。これは当時同社の販売本部長（のち社長・会長を歴任）だった**小林陽太郎**《こばやしようたろう》（九月五日・八二歳）が、電通のプロデューサー**藤岡和賀夫**《ふじおかわかお》（七月一三日・八七歳）の提案に賛同して実現した。

　藤岡は同じく一九七〇年、国鉄（現ＪＲ）の一大キャンペーン「ディスカバー・ジャパン」も手がけている。旅を通して自己の再発見を謳ったこのキャンペーンにいざなわれ、古き良き風景の残る全国の古都・名所に若い観光客が詰めかけた。「ディスカバー・ジャパン」については、土着的なもの、前近代的なものに対する都市の優越感に依拠しているといった写真家・**中平卓馬**《なかひらたくま》（九月一日・七七歳）の批判もあった。

　中平卓馬はその直後、「写真は記録である」という考えに疑問を抱き、一時写真から遠ざかっている。きっかけは一九七一年、沖縄返還闘争における警官死亡事件で、ある新聞に載った現場写真を証拠にひとりの青年が逮捕されたことだった。写真には「青年が警官をめった打ち」とのキャプションが付されていたが、実際には青年は襲われていた警官を助け出そうとしていたことがのちに判明する。一枚の写真が説明文ひとつでまったく逆の意味になることに、中平は大きな衝撃を受けたという。

　作家の**佐木隆三**《さきりゅうぞう》（一〇月三一日・七八歳）が、直木賞を受賞した『復讐するは我にあり』（一九七五年）をはじめ犯罪小説を書き出したのも、沖縄返還闘争で警官殺害の容疑から逮捕されたことがきっかけだった。この誤認逮捕の経験から、佐木は犯罪に関心を抱くようになったという。

沖縄は一九七二年に本土復帰を果たす。その実現に向け、外務省アメリカ局長として日米交渉を進めたのが**吉野文六**《よしのぶんろく》（三月二九日・九六歳）である。吉野は後年、沖縄返還交渉をめぐり日米間に「密約」があったことを当時の関係者として初めて認めた。

インダストリアルデザイナーの**榮久庵憲司**《えくあんけんじ》（二月八日・八五歳）は、海軍兵学校に在学中、米軍による広島への原爆投下で妹と父親を失っている。それでも敗戦後に流入したアメリカ文化は、榮久庵に大きな影響を与える。インダストリアルデザインのことを知ったのも、占領軍が広島に設けたCIE（民間情報教育局）付属の図書館で読んだアメリカの本によってだった。

榮久庵が世に出たのは高度成長期の始まったころだ。大都市にはどんどん人口が集中し、規模を拡大していく。そのなかで榮久庵や建築評論家の**川添登**《かわぞえのぼる》（七月九日・八九歳）、黒川紀章《くろかわきしょう》など新進気鋭の建築家たちにより、絶えず変化していく都市や建築を提唱する「メタボリズム・グループ」が一九六〇年に結成された。

過密化した都市では交通渋滞や住宅問題、公害などさまざまな問題が噴出する。それらを市民が主体となって解決しようと、政治学者の**松下圭一**《まつしたけいいち》（五月六日・八五歳）や**篠原一**《しのはらはじめ》（一〇月三一日・九〇歳）は都市自治体における直接民主主義の可能性を論じた。松下は、市民生活を保障する必要最低限の条件である「シビル・ミニマム」の拡充を唱え、六〇〜七〇年代に全国に誕生した革新自治体に大きな影響を与えている。

太平洋戦争中、一兵士として派遣されたニューブリテン島で爆撃を受け左腕を失った**水木**《みずき》**しげる**

（一一月三〇日・九三歳→三一六頁）は、世間が高度成長期に浮かれているころもまだ、明日食べるものにも事欠くような貧乏生活を送りながら、貸本マンガを描き続けた。

水木と同じく貸本マンガを描いていた**辰巳《たつみ》ヨシヒロ**（三月七日・七九歳）は、一九五七年、自分の描く笑いを排したシリアスなマンガを「劇画」と名づけた。六〇年代には、青年マンガ誌、さらには少年誌にも水木や辰巳ら貸本マンガ家たちが多く起用され、劇画ブームが巻き起こる。ちなみに、水木マンガでおなじみのメガネで出っ歯の男（サラリーマン山田《やまだ》）のモデルとなったマンガ家・貸本編集者の桜井昌一《さくらいしょういち》は、辰巳の実兄である。

貸本から『週刊少年マガジン』へと水木が描き継いだ『墓場の鬼太郎』は一九六七年、翌年のテレビアニメ化を前にスポンサーからタイトルの「墓場」にクレームがつき、『ゲゲゲの鬼太郎』と改題された。これは水木の小学校時代のあだ名「ゲゲ」に由来する。『マガジン』連載作品のイメージソングを収録したレコードでも、『鬼太郎』の歌として俳優・演出家の**熊倉一雄《くまくらかずお》**（一〇月一二日・八八歳）が「ゲゲゲのゲ～」と歌っており、これがそのままアニメの主題歌に採用された。アニメ『鬼太郎』の第一作ではねずみ男の声を**大塚周夫《おおつかちかお》**（一月一五日・八五歳）があてている。

テレビ放送開始まもない一九五〇～六〇年代のテレビではアメリカ製のドラマが多数放映され、舞台出身の熊倉や大塚、また**愛川欽也《あいかわきんや》**（四月一五日・八〇歳）らはそれらの吹き替えでお茶の間に知られるようになった。彼らはやがてブームが訪れたテレビアニメで声優を務め、子供たちに親しまれた。

やはり俳優出身の**たてかべ和也《かずや》**（六月一八日・八〇歳）もまたテレビアニメ『ドラえもん』で

二六年にわたりジャイアン役を務め、**白川澄子《しらかわすみこ》**（一一月二五日・八〇歳）は同じく『ドラえもん』で出来杉《できすぎ》君を、『サザエさん』では中島《なかじま》君の役を亡くなるまでじつに四六年間演じ続けた。

『鬼太郎』と前後して同じく『週刊少年マガジン』に連載、アニメ化もされて人気を集めたマンガに『8《エイト》マン』（桑田次郎・画、一九六三年）がある。同作の原作者でSF作家の**平井和正《ひらいかずまさ》**（一月一七日・七六歳）は、その後『狼の紋章《エンブレム》』に始まる「ウルフガイ」シリーズや「幻魔大戦」シリーズを手がけ、それら単行本は**生頼範義《おおらいのりよし》**（一〇月二七日・七九歳）の装画で飾られた。生頼は**長岡秀星《ながおかしゅうせい》**（六月二三日・七八歳）と並びSF的な作風のイラストレーションで一世を風靡した。

水木しげるは国内外に伝わる妖怪・怪異にまつわる話を集め、自作に反映させた。それと同様に児童文学作家の**松谷《まつたに》みよ子《こ》**（二月二八日・八九歳）も、一九五六年から民話の採訪を始め、『龍の子太郎』（一九六〇年）に代表される民話を素材とした創作という新たな領域を開いた。松谷の集めたなかには、戦争や公害をモチーフとした現代民話も含まれる。

落語家の**桂米朝《かつらべいちょう》**（三代目。三月一九日・八九歳→二七八頁）も、松谷みよ子の民話の採訪と同じく、古典落語の発掘に余念がなかった。戦前から漫才に押されて勢いを失っていた上方落語は、戦後、名人のあいつぐ死去によっていよいよ危機に陥る。そのなかで米朝は古典の発掘、門下を超えた若手の指導のほか、ラジオやテレビ出演にも積極的で上方落語の再興に努めた。

米朝と同じく一九二五年一一月生まれのロシアのバレリーナ、**マイヤ・プリセツカヤ**（五月二日・八九歳）は、メリメの小説およびビゼーのオペラ『カルメン』を下敷きとしたバレエ『カルメン組曲』

（一九六七年）を制作、自ら主演し、その後もトルストイの小説『アンナ・カレーニナ』、チェーホフの戯曲『かもめ』を振り付けるなどバレエに新境地を拓いた。これらは旧ソ連時代にあって、プリセツカヤが権力者にへつらわず冷遇されたがための挑発的な行動であった。

アメリカのジャズミュージシャンの**オーネット・コールマン**（六月一一日・八五歳）も、独自の試みによりジャズの世界に画期をもたらした。ジャズは即興演奏を真髄とするが、時代を追うごとにコードは複雑なものとなっていく。コールマンはその流れに抗して、即興演奏を西洋音楽の規則にとらわれず、むしろアフリカ音楽へと原点回帰させるような「フリー・ジャズ」を一九六〇年前後に創始したのだ。

日本でも山下《やました》洋輔《ようすけ》トリオによってフリー・ジャズが追求される。山下は演劇やSF、マンガなど異ジャンルの才人たちとの広い交友でも知られるが、そもそも家や学校に籠りがちだった彼を外へ引っ張り出したのは、師匠筋にあたる音楽評論家・**相倉《あいくら》久人《ひさと》**（七月八日・八四歳）だった。

一九七〇年代、山下は新宿の酒場に詩人の**奥成《おくなり》達《たつ》**（八月一六日・七三歳）など仲間たちと集っては、夜な夜な言葉遊びやモノマネなどに興じる。二〇一五年に古希を迎えたタレントのタモリもそこから巣立っていった。

タモリが得意としたデタラメな日本語「ハナモゲラ語」は言語なのかと、山下はあるとき文化人類学者の**西江《にしえ》雅之《まさゆき》**（六月一四日・七七歳）に訊いたことがあった。西江はハナモゲラ語には規則性がないと知ると「それなら音楽です」と断じたという。

西江雅之は文化を「逃れられない檻《おり》」と定義している。言語学者でもあった西江いわく、人間全体を含む檻はなく、地球上の言語の数だけ檻はある。檻の外に出れば自由があると思って逃れてみても、それは結局べつの檻に入ったにすぎないというのだ。もっとも、考えようによっては、檻と檻を往き来する自由だけはあるとも解釈できよう。

二〇〇八年にノーベル賞を受賞した理論物理学者の**南《なん》部《ぶ》陽《よう》一《いち》郎《ろう》**（七月五日・九四歳→二八九頁）に言わせると、科学とは特殊な言語を使う世界だという。南部自身、科学の言語と一般の言語のみならず、アメリカの市民権を得て二つの「檻」のあいだを往き来した。

ドイツのサッカー指導者**デットマール・クラマー**（九月一七日・九〇歳）も、言葉も文化も異なる国々を飛び回った。一九六四年の東京オリンピックを控え日本代表チームにコーチとして招聘《しょうへい》されたのをはじめ、各国でコーチや監督を務めている。来日時には理論的なサッカー技術をもたらす一方で、日本文化を積極的に学び、指導に生かしたりもした。

二〇一五年のラグビーワールドカップでは、日本チームの快進撃とあわせて代表のなかに日本国籍以外の選手がいることが話題になった。スポーツの世界では昔から選手による国や民族の越境が比較的自由に認められている。女子マラソンの草分け、**ゴーマン美智子《みちこ》**（九月一九日・七九歳）はアメリカ人と結婚したのちボストンマラソンやニューヨークシティマラソンなどの国際大会で優勝している。アイスホッケーの元日本代表・**若《わか》林《ばやし》修《おさむ》**（六月二日・七〇歳）は、もともと日系カナダ人であり、ボストン大学在学中はアメリカ大学リーグで活躍、一九六九年に来日すると日本リーグの西武鉄道に入り、七一年には日本国籍を取得している。

大相撲ではモンゴル出身力士が横綱の座を占める一方で、近年は日本人力士の活躍もあり人気が回復しつつあった。第五五代横綱で日本相撲協会理事長の**北の湖敏満**《きたのうみとしみつ》（一一月二〇日・六二歳↓三〇五頁）はそのさなかに急逝した。角界では元大関・**貴ノ浪貞博**《たかのなみさだひろ》（音羽山《おとわやま》親方。六月二〇日）も四三歳の若さで亡くなっている。

直腸がんで逝った北の湖だけでなく、二〇一五年には歌手の**シーナ**（二月一四日・六一歳）、歌舞伎役者の**坂東三津五郎**《ばんどうみつごろう》（十代目。二月二一日・五九歳）、漫才師の**今**《いま》**いくよ**（五月二八日・六七歳）、俳優の**今井雅之**《いまいまさゆき》（五月二八日・五四歳）、**川島**《かわしま》**なお美**《み》（九月二四日・五四歳）、フリーアナウンサーの**黒木奈々**《くろきなな》（九月一九日・三二歳）など、がんで急逝した著名人が目立った。

川島なお美には「私の血はワインでできている」との名言がある。俳優の**加藤武**《かとうたけし》（七月三一日・八六歳）は市川崑《いちかわこん》監督の映画「金田一耕介」シリーズでの「よし、わかった！」、料理記者の**岸朝子**《きしあさこ》（九月二二日・九一歳）はテレビの人気番組『料理の鉄人』に審査員として出演時の「おいしゅうございます」、**阿藤快**《あとうかい》（一一月一四日・六九歳）は散策番組などでの「何だかなあ」とそれぞれ名文句とともに記憶される。

表舞台から去ったあとも、人々の記憶に残り続けた人物もいる。日本映画の黄金時代を象徴する女優・**原節子**《はらせつこ》（九月五日・九五歳）はまさにその代表格だ。原の出演した名作のひとつ、小津安二郎《おづやすじろう》監督の『東京物語』（一九五三年）には、当時松竹の新入社員だった、のちの直木賞作家・**高橋**《たかはし》**治**《おさむ》（六月一三日・八六歳）が助監督として参加している。その実録小説『絢爛《けんらん》たる影絵』（一九八二年）によれば、高橋はこのとき、原から背中は大丈夫かと訊かれたという。彼女は背中に膏薬《こうやく》を貼っているのが、ブラウスから透けてカメラに撮られないか気にしていたのだ。高橋は何枚も貼られた膏薬に、原の癒しようのない疲労の深さを感じ取った。それから九年後の引退は、映画の世界に疲れ果ててのものだったのか。その真の理由はついに明かされることはなかった。

こうして振り返ってみると、もはや九〇代、場合によっては一〇〇歳を超えて亡くなる人は珍しくない。この人たちは言うまでもなく第二次大戦をくぐり抜けてきた世代である。なかには苛烈な戦争体験をその後の自身の仕事に反映させた人も多い。そういった部分も含めて彼や彼女たちの遺したものをいかにして後世へ伝えていくかは、私たちの課題だろう。その使命を意識しながら、最後に、ここまであげた人たちに哀悼の意を表したい。

二〇一六年

ICHIKOJIN
2016

主なできごと

1月　SMAP、自身の番組で解散騒動について謝罪。
4月　熊本県、大分県を中心に九州地方で震度7の地震が発生（熊本地震）。
5月　バラク・オバマがアメリカの現職大統領として初の広島訪問。
6月　イギリスでEU離脱を問う国民投票を実施。離脱派が勝利。
　　政治資金の私的流用疑惑のさなか、舛添要一東京都知事が辞任。
7月　スマホゲームアプリ『ポケモンGO』が日本で配信開始。
　　小池百合子が東京都知事に就任。
9月　マンガ『こちら葛飾区亀有公園前派出所』最終回。
10月　細胞内でタンパク質を分解するオートファジーの仕組みを解析した功績により、大隅良典がノーベル生理学・医学賞受賞。
11月　共和党ドナルド・トランプがアメリカ合衆国大統領選に勝利。

蜷川幸雄

NINAGAWA YUKIO

一九三五年一〇月一五日～
二〇一六年五月一二日（満八〇歳）
演出家

子連れ演出家が娘に伝えたこと

娘が生まれて「主夫」になる

蛉川幸雄《にながわゆきお》が愛読したコミックに、小池一夫《こいけかずお》原作・小島剛夕《こじまごうせき》作画による『子連れ狼』がある。同作は、柳生《やぎゅう》一族の陰謀で妻を殺された主人公・拝一刀《おがみいっとう》が復讐を誓い、幼い息子の大五郎《だいごろう》を箱車に乗せて連れながら刺客《しかく》の旅を続けるという時代物だ。

蜷川がこの作品の存在を知ったのは、俳優の若山富三郎《わかやまとみさぶろう》から教えられてだった。蜷川が若山と親しくなったのは一九七〇年前後、まだ演出家として駆け出しのころだ。若山はよく自分の考えた映画のストーリーを話してくれたという。『子連れ狼』の話もそのなかで出てきた。若山は「小池一夫というのはすごい才能だぞ」と熱っぽく語り、今度これを映画にすると言う。その後も蜷川と会うたびに小池一夫の才能について語った若山は、あるとき一緒にいた蜷川の妻で女優だった真山知子《まやまともこ》(現在はパッチワーク・キルト作家の蜷川宏子《ひろこ》)に、自分の映画に出演するよう言った(蜷川幸雄『蜷川幸雄の子連れ狼伝説』)。

こうして一九七二年一月、若山が拝一刀に扮して『子連れ狼 子を貸し腕貸したてまつる』が公開され、真山はその劇中で激烈なヌードシーンを披露した。映画はシリーズ化され、一九七四年までに若山主演で六作が撮られている。

映画『子連れ狼』撮影前後の一九七一年秋、真山は蜷川に一〇〇万円貯めた預金通帳を見せている。それは夫婦でネパールに行くために貯めた金だったが、妻は「ネパールにするか、子供をつくるか選んで」と夫に迫った。演出家として自分の才能に疑問を抱いていた蜷川は、子供の分まで責任を持つのは無理だと、それまで子供はいらないと拒んでいた。しかし妻から言われてついに観念したという。この一年後、長女が生まれる。現在、写真家・映画監督として活躍する蜷川実花《みか》だ。

真山は出産して四カ月後には女優に復帰した。一方、夫の蜷川はこのころ小劇場演劇から大劇場での商業演劇に進出したものの、演出料は四、五〇万円で、それが年に一〜二本ほど。収入は妻のほうがあきらかに多く、合理的に考えれば彼女が働いたほうがよかった。それに、仕事から帰ってくる真山は、家事をしているときよりイキイキしていたという。そこで蜷川はある日、彼女を鏡の前に連れて行くと「君、仕事から帰ってきたほうが女として魅力的だろ？そう思わないかね？」と切り出した。「時間のある俺が実花の面倒をみるから、君は仕事をしろ」。こうして蜷川は育児と家事を一手に担う「主夫」となった。この分担は一九七八年に次女が生まれ、真山と育児役を交代するまで続く。

蜷川は『スポック博士の育児書』や松田道雄《まつだみちお》の『育児の百科』に書かれていることを忠実にやろうとするがあまり、「たんすの上の物が実花の上に落ちてきたら大変だ」などと心配し、育児ノイローゼになるほどだったという。娘が母乳を求めて、蜷川の胸を触りながら「ママ」と泣くこともあった。これに彼は、母と子の結びつきはこんなに強いのかと実感したという。身をもって知った生物的な感覚は、のちにギリシャ悲劇で母子の関係を演出したときに役立つことになる（蜷川幸雄『演劇の力』）。

娘の実花によれば、幼いころに父から口笛をかっこよく吹く方法と、食べ歩きの楽しさを教えてもらったことをよく覚えているという。外へ出かけるのが好きで、新宿中央公園や上野の博物館に連れて行ってもらったのもいい思い出だとか（『婦人公論』二〇〇二年五月二二日号）。

蜷川は稽古場や会議の場にもよく娘を連れて行った。まさに子連れ狼そのものだ。もっとも、打ち合わせ中におむつ替えやら離乳食の時間やらでしょっちゅう席を外すので、舞台美術の朝《あさ》倉摂《くらせつ》によく叱られたらしい。そんなふうに父の仕事場に連れて行かれたことも実花はよく覚えている。

《父が舞台を演出していた日生劇場や帝国劇場にもよく行きました。日劇の赤いカーテンや絨毯は、子供時代の心象風景として今も心に残っていますし、赤い階段は私の遊び場でした。帝劇の監視室《ママ》〔正しくは監事室――引用者注〕でガラス越しに父の舞台を見ながら、室内の手すりを鉄棒にして逆上がりの練習をしたこともありましたね（笑）》（『婦人公論』前出号）

父と娘がともに強く記憶していることが、もうひとつある。それは実花が五歳のとき、父と一緒に出演したテレビ番組でのこと。

《ビデオテープが残っているから覚えているんですけれど、私と父が新宿の雑踏の中に立っていました。目の前の道がふたつに分かれていて、一方は大勢の人通り、もう一方は人が全然通っていない。そこで父親から「みんなが右に行っているでしょ。でも、君が左に行きたいと思ったら、ひとりでも行ける人間になるんだよ」と言われたんです》（蜷川実花『蜷川実花になるまで』）

蜷川の口にしたその言葉は、マルクスが『資本論』の序に引いたダンテの『神曲《しんきょく》』の一節「汝《なんじ》の道を歩め。そして、人々をしてその語るに任せよ」がもとになっている。蜷川はこの一節を心の支えにしてきたという。彼の生涯はまさしく、ときに孤立しながらも我が道を歩み続けた八〇年だった。ここであらためて振り返ってみよう。

「灰皿を投げる」伝説はどうして生まれた？

蜷川幸雄は一九三五年、埼玉県川口市に生まれた。その青年時代は挫折の連続だった。成績優秀で東京の名門私立の開成中学・高校に進むも、高一のときに落第している。さらに画家を志して東京藝術大学を受験したものの失敗。それなら、やはり好きだった演劇の道に進んで俳優になろうと、二〇歳で「劇団青俳《せいはい》」に入った。

俳優になったものの、しだいに自分は大した俳優ではないと思うようになった蜷川は、三〇歳をすぎたころに演出家への転身を決意する。しかし、それはかなり無謀なことだった。何しろ当時の新劇の各劇団では、宇野重吉《うのじゅうきち》や滝沢修《たきざわおさむ》など名優がたいてい演出家を兼ねていた。劇団に演出をさせてほしいと申し出ても、名優じゃないと誰もついてこないよと、にべもない。劇団の後輩だった妻の真山知子からは、「演出家の勉強なんてやったことないじゃない」と驚かれたという。

蜷川は、盟友である劇作家の清水邦夫《しみずくにお》に書いてもらった戯曲『真情あふるる軽薄さ』をぜひ自分の演出で上演したいと、劇団と掛け合ったが、認められなかった。これをきっかけに一九六八年、真山のほか先輩の岡田英次《おかだえいじ》、後輩の石橋蓮司《いしばしれんじ》や蟹江敬三《かにえけいぞう》らとともに青俳を脱退し、劇団「現代人劇場」を結成する。『真情あふるる軽薄さ』は翌年、アートシアター新宿文化で初演され、これが蜷川の本格的な演出家デビューとなった。

このあと一九七一年に現代人劇場を解散、いったんは俳優に戻ったが、翌年の連合赤軍事件に衝撃を受けて、新たに劇団「櫻社《さくら》」を旗揚げする。しかし七三年にはそれまで拠点としていた新宿からの撤退を宣言、同劇団は活動休止に入った。それからまもなくして、蜷川は東宝から日生《につせい》劇場での『ロミオとジュリエット』（主演は市川染五郎《いちかわそめごろう》＝九代目松本幸四郎《まつもとこうしろう》と中野良子《なかのりようこ》）の演出を依頼される。いわゆるアングラ演劇から商業演劇へ異例の抜擢だ。

蜷川としては、商業演劇での演出は、自分の劇団に戻ったときのための勉強になると考えており、劇団の仲間にも協力を求めた。しかし、ことごとく断られてしまう。仲間たちにとって商業演劇への進出は裏切りと思われたのだ。櫻社は結局、『ロミオとジュリエット』のあと、一九七四年八月に解散する。四面楚歌《しめんそか》となったこのときの蜷川の心を支えたのが、『神曲』のあの一節だった。

蜷川幸雄といえば、俳優に灰皿を投げるというイメージが一般に定着している。事実、蜷川はかつて稽古中によく灰皿や椅子などを投げていた。それでもけっして俳優に命中させはしなかったという。ぶつけたいのではなく、あくまで心理的な揺さぶりをかけたかったからだ。

そもそも灰皿を投げるようになったきっかけは、前出の『ロミオとジュリエット』を演出したときだという。その初稽古で、主演の市川染五郎以外に誰もセリフを覚えていなかった。そのうえ、俳優たちはサングラスやサンダル履きという格好で、立ち回りの乱闘シーンでも剣の代わりに箒《ほうき》を持って真剣味がまるでない。蜷川はたまらず怒鳴り散らして、二時間待つからセリフを覚えてこいと伝える。しかし俳優たちは二時間どころか、翌日の稽古でも覚えてこなかった。ついに蜷川は、灰皿や靴を投げ、「そんないい加減な演技をやってるから、商業演劇は新劇になめられるんだよ！」などと罵倒の限りを尽くした。以来、こんど新宿から来た演出家は威勢がいいらしいという噂が広がったという（蜷川幸雄『演劇ほど面白いものはない』）。

その後も蜷川は稽古で物を投げ続けたが、それは自分の求める演技ができていないからではなく、俳優が怠惰《たいだ》なとき、言ったことをやってこない場合に投げるのだと明言している（蜷川幸雄『蜷川幸雄・闘う劇場』）。後年にいたっては、物を投げるのをやめた。《追い詰めるだけでなく待つという一手をこの年で覚えた》とは、六〇歳のときの発言だ（『ＡＥＲＡ』一九九六年一〇月二八日号）。

生活者のための演劇をめざして

『ロミオとジュリエット』は言わずと知れた一六～一七世紀のイギリスの劇作家シェイクスピ

アの作品である。蜷川が亡くなるまでに演出したシェイクスピア劇は、同一作品を新たに演出したものもそれぞれ一本分と数えていくと、じつに延べ四〇本を超える。なぜ蜷川はそこまでシェイクスピア劇に情熱を注いだのか。これについて彼は、二〇〇八年に彩の国さいたま芸術劇場で演出したシェイクスピア喜劇『から騒ぎ』の公演パンフレットで次のように書いていた。

《僕は近代劇のように、現実をリアルにだけ切り取り・取り上げる戯曲は好きじゃない。資質として、そういうものをひっくり返したいと常に思い続けています。だから近代劇がそぎ落とし、取りこぼし、あるいは殺してしまったものが溢れ返っているシェイクスピア劇に強く惹かれるのだと思います》

演劇評論家の扇田昭彦《せんだあきひこ》は、シェイクスピア作品だけでなく、蜷川の演出作品には、外国作品・日本作品も含めて、近代のリアリズム劇がきわめて少ないと指摘している（『蜷川幸雄の劇世界』）。

たしかに蜷川のつくりあげる舞台の大半は、リアリズムからかけ離れた非日常的な空間だった。ギリシャ悲劇をとりあげた『王女メディア』（一九七八年初演）では、女の屈辱感や悲しみを、役者の口から血に見立てた赤いリボンを紡ぎ出すことで視覚化してみせた。シェイクスピアの

『マクベス』を日本の戦国時代に置き換えた『NINAGAWA マクベス』（一九八〇年初演）では、舞台全体を巨大な仏壇の装置にして、観客の度肝を抜く。「劇場に入って劇の時間や空間へスッと入れない芝居は、つくる側の職業的な怠慢だ」というのが蜷川のモットーだった。

《普通のお客さんはお金を払って、日常生活で抱いているさまざまな感情や憂さを、一瞬にして忘れさせてほしいと期待し、楽しみに来ている。いろんな思いを抱えて、日常から非日常の世界へ渡ってくるわけですから》（蜷川幸雄『演劇ほど面白いものはない』）

たまたま会った市井《しせい》の人の声を受けて生まれた舞台もある。ある日、いつもと違う道から駅に向かっていた蜷川は、古いアパートが建ち並ぶ路地で、子供を背負った若い女性に声をかけられた。女性は洗濯物を干しながら「いま、この子の世話があるから芝居を観に行けないんです。この子が大きくなったらまた観に行きますから、頑張ってください」と蜷川に伝えたという。そんな体験から彼は、このような人たちの想いをちゃんと汲んだ芝居をやらなくてはいけないと思い、樋口一葉《ひぐちいちよう》の短編を下敷きにした『にごり江《え》』（堀井康明脚本、一九八四年初演）を演出するにいたった。

老若二つの劇団を両輪に

生活者に寄り添うことを常に意識していた蜷川は、自らもまた《舞台が終わり、公演がない時はいつも、すぐに私生活に戻る習慣で、家事をしたり》（蜷川幸雄『演劇ほど面白いものはない』）という、主夫だったころより変わらない生活者としての自覚を持ち続けた。

業界内でしか通じないような言葉を振り回しながら、自己を省みることなどけっしてない態度で蜷川作品を批判する評論家たちに対しても、《みんな一度生活者になって、一つの芝居をみるということが生活者にとってどういうことなのかを考えてみればいいんです。とにかく、自分で切符を買いに行くことから始めてみたらどうでしょうか》と逆に批判してみせたこともあった（蜷川幸雄『千のナイフ、千の目《まなざし》』）。

蜷川による「生活者のための演劇」は、二〇〇六年に彼が彩の国さいたま芸術劇場の芸術監督に就任するとともに発足した「さいたまゴールド・シアター」、続いて二〇〇九年にやはり同劇場を拠点として発足した「さいたまネクスト・シアター」でさらなる発展を見せる。ゴールド・シアターは五五歳以上の高齢者を集めた劇団であり、これに対してネクスト・シアターは無名の若者たちによる劇団と、いわば老若二つの集団が車の両輪のように進んでいくというプロジェクトだった。

このうちゴールド・シアターについて蜷川は、その発足以前から《年寄りという生活者の存在が、僕の芝居を批評的に演じるという、プロの僕の仕事を生活者が批評する場を持ちたいなぁと思っていた》と語っている（『ＪＯＩＮ』二〇一四年七月号）。いざ劇団員を募集すると、家族の介護をしている人、病気を抱えている人、生活保護を受けている人などさまざまな事情を抱えた人々が集まった。

ゴールド・シアターもネクスト・シアターも、プロの俳優を育てることを目的としている。それだけに蜷川はけっして手をゆるめない。たとえば、ゴールド・シアターによる『アンドゥ家の一夜』（二〇〇九年初演）の公演初日、その作者のケラリーノ・サンドロヴィッチに対して終演後に劇団員が「印象を聞かせてくださーい」と臆面もなく訊《き》くので、蜷川は《素人みたいなこと言うんじゃねえよ、学芸会じゃあるまいし！　採点で言ったら四十五点だ！》と怒ったこともあったという（『悲劇喜劇』二〇〇九年一〇月号）。

二〇一五年にはネクスト・シアターとゴールド・シアターの共演でシェイクスピア劇『リチャード二世』が上演された。そこで両劇団のメンバーが一緒になってタンゴを踊るシーンは、写真を見るだけでも圧巻だ。この作品は翌一六年四月の「国際シェイクスピア・フェスティバル」に招聘《しょうへい》され、ルーマニアでも上演されている。それは、蜷川が亡くなる前月のことだった。

娘へと引き継がれる精神

蜷川は演出家になってからというもの、いつも胃痛に苦しみ、心筋梗塞《しんきんこうそく》や脳梗塞《のうこうそく》などたびたび大病にもかかっている。亡くなるまでの最後の一年も体調が思わしくなく、このころ第二子を妊娠中だった娘の実花との対談では、《実花の息子がいいお兄ちゃんになったことを見られないかもなあって、それが一番残念》と弱気な発言をしていた（蜷川幸雄ほか『蜷川幸雄の仕事』）。

冒頭で蜷川の愛読書として『子連れ狼』をとりあげたが、彼はこの作品について、父親不在の時代にあって、《ひとり権力と闘う父と、その行動に黙ってついてゆく子の物語は、まさにその「不在」ゆえに「現代の物語」になったのだと言える》と評した（『蜷川幸雄の子連れ狼伝説』）。

蜷川がかつて「君が左に行きたいと思ったら、ひとりでも行ける人間になるんだよ」と語りかけた娘は、父親のその言葉にしたがうかのように、独自の活動を展開している。その継承は、まるで『子連れ狼』を地で行くみたいではないか。

実花は父親の亡くなる直前、著書のあとがきに《去年から父の具合があまり良くないこともあって、一個人だけじゃない生命のつながり、そういう細胞と宇宙が一緒になったような連なりを、実感として感じた1年でした》と記した（『蜷川実花になるまで』）。この一文から私はどうしても、『子連れ狼』で拝一刀が死ぬ間際、大五郎に伝えた次の言葉と重ね合わせずにはいられない。

《我らの生命は絶ゆることなく永遠に不滅なのだ（中略）生まれ変りたる次の世でも父は父次の次の世でも我が子はおまえぞッ　わしらは永遠に不滅の父と子なり》（『子連れ狼』第二八巻）

参考文献

蜷川幸雄『BGMはあなたまかせ』（サンケイ出版、一九八二年）、『蜷川幸雄の子連れ狼 伝説』（小池書院、一九九八年）、「私の親父論　売れないころは主夫　俺に決定権なんてない」（『AERA』臨時増刊一九九八年一一月二五日号）、『蜷川幸雄・闘う劇場』（NHKライブラリー、一九九九年）、「蜷川幸雄は新劇か―蜷川幸雄ロングインタヴュ――」（聞き手・長谷部浩、『悲劇喜劇』二〇〇九年一〇月号）、「人生に乾杯！　蜷川幸雄」（『週刊朝日』二〇一二年九月二一日号）、「負け続けの我が演劇人生」（『新潮45』二〇一二年一〇月号）、『千のナイフ、千の目』（ちくま文庫、二〇一三年）、『演劇の力』（日本経済新聞出版社、二〇一三年）、「蜷川幸雄　公共の高齢者劇団と若手演劇集団を率いる」（聞き手・田窪桜子、『JOIN』八一号、二〇一四年七月）、「いい時代をともに過ごす」（『悲劇喜劇』二〇一四年八月号）、『演劇ほど面白いものはない　非日常の世界へ』（PHP研究所、電子書籍版、二〇一五年）

蜷川幸雄ほか『蜷川幸雄の稽古場から』（ポプラ社、二〇一〇年）、『蜷川幸雄の仕事』（新潮社、二〇一五年）

蜷川幸雄・真山知子（蜷川宏子）「平成夫婦善哉　蜷川幸雄・真山知子夫妻」（聞き手・生島淳、『週刊朝日』二〇一四年一月一七日号）

蜷川宏子・蜷川実花「作・蜷川宏子　演出・蜷川幸雄『蜷川実花』」（『AERA』二〇一一年九月二六日付）

蜷川実花「父・蜷川幸雄が教えてくれた自立」（『婦人公論』二〇〇二年五月二二日号）、『蜷川実花になるまで』（文春文庫、二〇一六年）

小池一夫・小島剛夕『子連れ狼』第二八巻（グループ・ゼロ、二〇一四年）

妹尾河童『河童が覗いた「仕事場」』（文春文庫、一九九七年）

扇田昭彦『蜷川幸雄の劇世界』（朝日新聞出版、二〇一〇年）

徳永京子『我らに光を―さいたまゴールド・シアター　蜷川幸雄と高齢者俳優41人の挑戦―』（河出書房新社、二〇一三年）

森脇道「現代の肖像『灰皿投げ』をやめ、喜劇・小劇場にも挑む。蜷川幸雄」（『AERA』一九九六年一〇月二八日号）

山口猛監修『別冊太陽　蜷川幸雄の挑戦　イギリス公演紀行』（平凡社、二〇〇一年）

天才少女が音楽から「至上の喜び」を知った日

中村紘子

NAKAMURA
HIROKO

一九四四年七月二五日～
二〇一六年七月二六日（満七二歳）
ピアニスト

写真で見た人と結婚すると確信

作家の庄司薫《しょうじかおる》は、あるとき一匹の猫を居候《いそうろう》に抱えこむことになった。そもそも彼は小学四年生のときから一三年間、犬を飼っており、その犬に死なれたとき、もう二度と生き物は飼うまいと心に決めていた。それが突然、大きなシャムネコの面倒をみるはめに陥る。それは極端に旅行がちな友達の猫で、居候の期間はどんどん延びていった。

《それから実を言うともう五年たつわけだ。そして結論を言うと、その問題の居候は何故かいまだにわが家に住みついていて、たいていのところぼくの周囲一メートル位のところで眠っている。そうして、これまた何故か、その猫の本来の飼主までうちに住みついている。彼女は（その本来の飼主は女性だったわけだ）、預けた猫が心配でしょっ中様子を見にきていたのだが、いちいち通うのが面倒くさくなったのか、いつの間にか「住みこみ」になってしまったのだ（そして猫だけでなく、ぼくの面倒まで見ているつもりらしい）》（庄司薫『ぼくが猫語を話せるわけ』）

猫とともに庄司の家に住みついてしまった飼主とは間違いなく、彼の妻でピアニストの中村《なかむら》紘子《ひろこ》のことだ。このエッセイが刊行されたのが一九七八年、猫が居候するようになってから「もう五年たつ」とあるが、庄司が中村と結婚したのは一九七四年だから時期的にもほぼ重なる。

そもそもふたりの結婚は、一九六九年に庄司（当時三二歳）が芥川賞を受賞した小説『赤頭巾ちゃん気をつけて』のなかで、《中村紘子さんみたいな若くて素敵な女の先生について（中略）優雅にショパンなど弾きながら暮そうかなんて思ったりもするわけだ》と書いたのがきっかけだった。

ちなみにこの小説は、庄司の母校で当時東京で随一の進学校だった都立日比谷高校に通う少年「薫くん」による告白体で書かれたもの。したがって「若くて素敵な女の先生」というのは、あくまで男子高校生の視線に立っての表現である。

それはともかく、当の中村は、小説に自分の名が出てくることを知人の新聞記者に教えられて知り、さっそく買って読んでみた。くだんの一文にひどい書き方とは思ったが、読了後、本のカバーに載った「口をあんぐりあけた変な顔の著者の写真」を見て、なぜかはわからないが「あら、あたしこの人と結婚するわ」と確信したのだという。

すぐに庄司に会いたくなった中村は、彼が執筆のためカンヅメになっていたホテルの部屋を突きとめると、電話をかけた。「中村紘子と申します。ピアノを弾いています。サインしてください」と震え声で言ったというのだが、本人には記憶はないという。それからすぐに食事に招待され、ちょうど出たばかりだった自分のショパンのレコードを持参して行ったものの、このときも何を話し、何を食べたのかもまったく覚えていない。のちのインタビューで中村は《二十五歳でしたけど、とにかくピアノばっかりでほんとに子供だったんですね》と振り返っている（中村紘子『アルゼンチンまでもぐりたい』）。

その後も中村のほうから自宅へ庄司を食事に招いたり、連弾用の楽譜を買い集めて持っていったり、弁当をつくって差し入れしたりと、交際が始まる。猫を預けたのも、そうしたやりとりのなかでのことだったのだろう。

結婚の決め手のひとつは、《自分の知らない世界を山のように持っている人だったからでしょうか》という（『朝日新聞』二〇一三年九月一二日付夕刊）。ちょうどこのころ彼女は人生の岐路《きろ》に立っていた。海外で大きな賞を受け、日本でも注目されるも、その裏では足を引っ張るような動きもあった。外国と日本を往復しながらしだいに、このまま「日本人ピアニスト」として弾き続けるか、それともクラシック音楽の母胎となった「本場人《ほんばじん》」に思想も生活もなりきる「コスモポリタン」の方向をとるか悩むようになる。これについて周囲の音楽関係者は、彼女がアメリカかヨーロッパの「本場」に本拠を置いて演奏すべきだと当たり前のように考えていたという。単純に距離からいっても、ピアニストが日本にいるのは圧倒的に不利なことには違いなかった。

だが、庄司を介していろんな人たちと出会うことで、中村は示唆《しさ》を得た。たとえば林達夫《はやしたつお》や丸山眞男《まるやままさお》といった知識人は、クラシック音楽はもちろんヨーロッパ文化全般にくわしいが、その根底にはいつも日本と日本人があった。そのことに中村は衝撃を受け、《私の中の日本人の血が初めてうずいた、とでもいうんでしょうか。（中略）結局、ピアニストとしてはどんなに不利でも、日本に腰をすえて日本人としてやってみようと》思い立ったという（『アルゼンチンまでもぐりたい』）。

ただし、中村に言わせると庄司は「日本原住民」みたいな日本人なので、一緒にヨーロッパに移住しようとは考えられもしなかったというのだが。ともあれ、中村は結婚を機に人生の大きな決断を下したのである。

厳しい指導のもと才能を現す

中村紘子は太平洋戦争末期の一九四四年、母・中村曜子《ようこ》が疎開していた山梨県で生まれた。戦後は東京で育つ。ピアノを始めたのは三歳のとき。四歳のときには桐朋《とうほう》学園音楽部門の前身「子供のための音楽教室」の第一期生として、そのピアノ科へ幼稚園代わりに通い始める。

母には、敗戦直後とあって、《悲しい時もうれしい時も寄り添ってくれる、人生の友のような存在を娘に与えたい》との気持ちがあったらしい(『朝日新聞』二〇一三年九月一〇日付夕刊)。母は、中村が慶應義塾幼稚舎（小学校）在学中に父と離婚し、前後して始めた印刷会社、のちには銀座の画廊「月光荘」を経営しながら一人娘を育てた。

最初についた師・井口愛子《いぐちあいこ》の指導は一種の体育会的な、精神的にも肉体的にも厳しいものだった。小学校に上がる前から一日四、五時間の練習は当たり前。レッスン後、井口の家から駅までしょっちゅう泣きながら歩いたという。それでもめきめきと才能を現していく。井口からはあるとき、「紘子ちゃんは譜面を読むのが早いし、暗譜するのも早い」と褒められた。「ハノン」という指のトレーニングのための教則本を徹底的に練習させられたのもこのころだ。これが要領を覚えてしまうと恐ろしく退屈だった。そこで、このころ読書に熱中していた彼女は、譜面台に『モンテ・クリスト伯』や『小公女』といった本を置き、ピアノを弾きながら読んでいたという。

早くにレッスンを始めたおかげで、中村は小学校にあがるころには基礎訓練をほぼ終えてしまった。小学四年のときには、井口が体調を崩して療養に入ったため、彼女の恩師のユダヤ系ポーランド人レオニード・コハンスキーのもとで数年学んでいる。ちょうど全日本学生音楽コンクールのピアノ部門小学生の部で全国一位を受賞したばかりだった。同コンクールではその後一九五八年、中学生の部でも全国一位を受賞、さらに翌五九年には第二八回音楽コンクール（現・日本音楽コンクール）のピアノ部門で第一位特賞を受賞した。日本のコンクール界の最高峰に一五歳と史上最年少で上り詰めた中村は、「天才少女」と呼ばれ、将来を嘱望《しょくぼう》されるようになる。翌六〇年にはＮＨＫ交響楽団の世界一周公演にもソリスト（独奏者）に抜擢されて同行した。

中学入学前後より、海外からの楽団や演奏家による公演も徐々に開かれるようになっていた。それまで日本人の演奏会に行っても感動することのなかった中村だが、一九五六年に来日したソ連のピアニスト、レフ・オボーリンの演奏を聴いてショックを受ける。それまで自分がピアノの演奏だと思っていたものとまったく違ったからだ。ソ連からはさらに翌年、エミール・ギレリスが来日、その演奏に彼女はすっかり心酔してしまった。東京藝術大学でギレリスが行なったマスタークラス（公開レッスン）にも参加する。このとき、ギレリスから「来年、わが国で初めての大きな国際コンクールがあります。私はピアノ部門の審査委員長を務めます」と聞かされた。それがチャイコフスキー国際コンクールであった。

ギレリスのマスタークラスに中村を参加させてくれたのは、このころふたたび習っていた井口愛子だった。しかし井口は、自我に目覚めた中村が、演奏で自己主張や海外のピアニストの真似をしようとするのを頑なに認めなかった。中学卒業に際しても、安川加寿子《やすかわかずこ》の教える東京藝術大学付属高校への進学を周囲から勧められ準備も始めたものの、井口の強い意志で（彼女は安川の奏法を批判していた）、桐朋女子高校音楽科に入学せざるをえなくなる。

あらゆるものから自由になった日

転機が訪れたのは一九六三年夏、アメリカへ留学先を探しに行ったときだった。このときニューヨークのジュリアード音楽院で、ロジーナ・レヴィーンというユダヤ系ロシア人の教授と出会う。彼女は、第一回チャイコフスキー国際コンクールのピアノ部門で優勝して一躍スターとなっていたヴァン・クライバーンの師だった。

当時中村は、自分のピアノは音がやせている、それは日本人で小柄なせいではないかと悩んでいた。それがレヴィーンのクラスで、自分とよく似た体形の韓国人男性がすばらしく豊かな音でピアノを弾いているのを見て、中村は「同じ東洋人にこんな演奏ができるなら、この先生から学ばなければ」と思いいたる（『朝日新聞』二〇一三年九月一一日付夕刊）。こうして彼女は桐朋学園を中退し、全額奨学金を受けてジュリアード音楽院に入学した。

しかし、それまで中村が日本で学んできたのは、「ハイフィンガー奏法」と彼女が呼ぶ、指を高く上げて、タイプライターを叩くように弾く奏法だった。これでは音のニュアンスや滑らかなレガート（音と音とのあいだに切れ目を感じさせないように演奏すること）はつくれない。そのため基礎からやり直す必要があった。初めてのレッスンでレヴィーンからそのことを告げられたとき、中村は大きなショックを受ける。あれだけ禁欲的に練習を重ねてきたのは何だったのかと、それまでの自分を全否定されたように思われたのだ。おかげでそれからしばらくのあいだ、ピアノがまったく弾けなくなってしまう。そんな彼女にレヴィーンは、《弾いているあなたが、この音楽を美しいとか、楽しいとか、すごく豊かなものだと感じないで、どうやって聴き手がそれを感じられるのですか》《まずあなたが楽しまなければいけない》と諭《さと》したという（『音楽の友』二〇〇九年九月号）。

半年ほどしてようやく立ち直った中村は、レヴィーンの指導のもと奏法を変えるべく試行錯誤を続けた。一九六五年のショパン国際ピアノコンクールは、その途上にあっただけに、出場するのは正直いやだったという。しかも本選には、風邪と下痢で高熱を発しながらのぞまざるをえなかった。日本人としては初の入賞、四位という成績も彼女には満足いくものではなかった。

それでも彼女は帰国すると一躍脚光を浴び、入賞記念ツアーも行なった。一方で、師匠に反抗して日本を飛び出したとの誤解が広まっており、公演では中傷ビラを撒かれたり、演奏中に客席で騒がれたりといやがらせも受ける。

中村が「まず自分が楽しまなければいけない」と実感したのは、毀誉褒貶《きよほうへん》にさらされるさなか、一九六六年に来日したワルシャワ国立フィルハーモニー管弦楽団のツアーに同行したときだった。彼女は前年のショパン国際ピアノコンクール本選で一緒になった縁でソリストとして指名されていた。その移動中、指揮者のヴィトルド・ロヴィツキから「あなたはなぜ自分の才能を見つめようとしないのか」と言われ、「どうすればいいのか」と訊《き》き返すと、「今夜の演奏会から私の指揮についていらっしゃい」とだけ指示される。

《彼に導かれてショパンのピアノ協奏曲を弾くうち、オーケストラと私の間にはただ音楽だけがある、まったく雑念のない状態が生まれた。回を重ねるごとに、薄紙をはぐように嫌なものがなくなっていく。
（中略）最後の公演で感じたんです。こんなにも音楽が至上の喜びを与えてくれるとは、と。あの日、私はあらゆるものから自由になりました》（『朝日新聞』二〇一三年九月一一日付夕刊）

絵になるスター性

少女時代より文章が好きだったという中村は、ピアニストになってからも雑誌などに求められてエッセイを寄稿することも多かった。八〇年代以降は、著書も上梓するようになる。

最初の著書『チャイコフスキー・コンクール——ピアニストが聴く現代』（一九八八年）は、チャイコフスキー国際コンクールに一九八二年の第七回、八八年の第八回とあいついで審査員として招かれた体験から、審査中にとった克明なメモをもとに執筆したものだった。同作により中村は大宅壮一《おおやそういち》ノンフィクション賞も受賞する。

『チャイコフスキー・コンクール』、また古今東西のピアニストの横顔をつづった『ピアニストという蛮族がいる』（一九九二年）では、久野久《くのひさ》という日本の女流ピアニストの先駆者に焦点を当てながら、日本が音楽だけでなく西洋からあらゆるものを急速に採り入れるなかで生じたひずみも浮き彫りにした。それは中村が自らの体験を省みるうえでも重要な作業であったはずだ。

これらの著作を読むとまた、文明批評的ともいえる中村の鋭い視点が随所にうかがえる。こうした知見はその後も折に触れて発揮された。たとえば、ロシアでは一九九一年のソ連崩壊後共産党による一党独裁は終わったが、それから四半世紀を経て指導者プーチンが権力を強めていく。そのなかにあってチャイコフスキー・コンクールではピアノのほか五部門すべてを総轄する審査委員長が登場し、絶対の権限を握り始める。こうした動きについて中村は次のように評した。

《しかし、独裁者が牛耳れば、もうそのコンクールは公正とはいえなくなる。（中略）かつてソ連時代、コンクールの審査席ではなにかと「公平に、民主主義的に」などと特にロシア側の審査員が言っていたものだが、なんというアイロニーだろう》（中村紘子「ピアニストだって冒険する　第三二回　世界が変りつつある中で」、『音楽の友』二〇一五年一二月号）

中村が演奏者として活躍したのは、世界だけでなく、日本のクラシック音楽をめぐる状況もまた大きな変化を遂げた時代だった。テレビで演奏会が放送されることも増えた。そのなかで国際的名声を集め、なおかつ〝絵になる〟彼女のスター性、またカレーのCMにも出演するような大衆性は、人々を惹きつける。そのことがコンサートに観客を集め、ひいてはクラシック音楽文化の普及に貢献したことは間違いない。

この時期にはまた、コンサートホールが各地に建設され、地方にありながら充実した設備を持つところも現れた。なかでも一九八一年に宮城県中新田町《なかにいだまち》（現・加美町《かみまち》）にクラシック音楽専用ホールとして建てられた「中新田バッハホール」は話題を呼ぶ。こうした施設はいわゆるハコモノ行政の産物として批判されがちだが、中村はけっして否定的ではなかった。バッハホールは、ショパンのCD全集をつくるため、演奏の録音にも用いている。

地域との関係ではまた、楽器メーカーの集まる静岡県浜松市での一連の活動も特筆される。まず一九九六年、中村は「浜松国際ピアノアカデミー」を開設、自ら音楽監督となった。これは、海外から名伯楽《めいはくらく》として知られる教授陣を招聘《しょうへい》し、若い才能に集中的にレッスンを行なうというものだ。

さらにこのアカデミーで築いた人脈などを足掛かりに、九七年に審査委員長に就任した「浜松国際ピアノコンクール」のテコ入れを図る（中村は三年おきに開催される同コンクールで、九四年の第二回より審査委員を務めていた）。以後、中村は二〇〇九年に退任するまで、コンクールの理想的なあり方を追求・実践した。このコンクールからは、二〇〇三年にチャイコフスキー・コンクールのピアノ部門で女性として史上初めて優勝した上原彩子《うえはらあやこ》や、二〇一五年のショパン・コンクールで優勝した韓国のチョ・ソンジンなどが輩出されている。

明日のほうが確実にいい

中村が活躍したのは、録音技術が急速に発達した時代でもあった。ＣＢＳ・ソニー（現ソニー・ミュージックエンタテインメント）が一九八二年に世界で初めて発売したＣＤのうち一作は、中村の演奏する「グリーグのピアノ協奏曲」だった。このとき、親交のあったソニー会長の盛《もり》田《た》昭夫《あきお》はCDプレイヤー持参で彼女のもとを訪ねると、その音質の革新性などについて力説したという。

演奏者のなかには、カナダのピアニスト、グレン・グールドのように、ある時期を境に演奏活動を一切やめ、レコード制作に専念する者もいる。だが、中村にとって録音はあくまで演奏の副産物にすぎなかった。あるインタビューでは、録音は好きかと問われて《いえ、ぜんぜん。面白いと感じたことがないんです。記録としては残しますが》と答えた。そして《ピアノを通して聴衆に向きあい、聴衆の反応が私に返ってきて演奏に反映される一種の循環が、生演奏にしかない面白さです》と生演奏へのこだわりを強調している（『朝日新聞』二〇一三年九月九日付）。作家の堀江《ほりえ》敏幸《としゆき》によるインタビューでも、料理になぞらえてこんなことを語っていた。

《演奏ってお料理と非常によく似ています。材料を買ってきて、きれいに洗って、切ったり、蒸したりする下拵《したごしら》えが練習で、調理が演奏です。そして、お料理と同じで一回きり。二度と同じものにはならないし、残らないで消えてしまう。それが生の演奏の魅力でもあるんですね。ぜひ、堀江さんに生の演奏を聴いていただきたいですね》（『中央公論』二〇〇九年一〇月号）

食べることを何よりの楽しみとし、自らも料理を得意とした中村らしい言葉だ。二〇〇九年にはデビュー五〇周年を記念するコンサートを全国をまわって開催、その公演数は八〇回を超えた（ちなみに生涯に国内外で開いた演奏会は三八〇〇回を超えるという）。このときにはまた一〇枚組のＣＤ・ＤＶＤボックスもリリースしたが、それは過去の録音を再編集するのではなく、すべて新たに録り直したものだった。中村にとって録音もまた《一過性の楽しみがあればよい》というもので、その理想はいつもライブにあった（『レコード芸術』二〇〇四年一二月号）。

さらに二〇一四年には七〇歳とデビュー五五周年を記念してレコーディングを行なっている。大腸がんが発見されたのは、その矢先のことだ。以後、治療のため活動休止と復帰を繰り返すことになる。それでも中村は前向きだった。作家の林真理子《はやしまりこ》との対談ではこんなことを語っている。

《医療の進歩ってものすごくて、日進月歩でいろんないいお薬が認可されてるんです。ピアノでも、今うまく弾けなくても、今日一日一生懸命練習すれば、明日のほうが確実にいいんです。日々の努力が翌日必ず効果を生むことを経験で知っているから、がんも今日は薬がなくても、明日きっと新薬が出るだろうって、とっても楽天的な感じでいるんです》（『週刊朝日』二〇一五年八月二八日号）

「明日のほうが確実にいい」とは、過去のレコードに満足せず、何度も録音を繰り返した姿勢とも重なる。

二〇一六年四月には日本パデレフスキ協会を立ち上げ、その記者会見では設立意図と今後の活動について熱っぽく語った。パデレフスキとは一九世紀末のポーランド独立後、初めて首相となったピアニスト・作曲家である。同協会は、ポーランド本国のパデレフスキ協会の求めに応じて、日本と同国の交流のため設立されたものだった。中村はこれ以前より、「難民を助ける会」などを通じたボランティア活動、あるいは芸術関連予算の削減について政府に再検討を促すなど、文化人として社会とも積極的にかかわった。闘病中にあってもそれは変わらなかったのだ。この会見時、彼女を知る人たちは、一時よりやせたとはいえ、元気そうな彼女の姿を見て安心したという。

冒頭の話にふたたび戻せば、中村が晩年に飼っていたのは猫ではなく、ミニチュアダックスフントだった。七二歳の誕生日を迎えた二〇一六年七月二五日、「病院はつまらない」と言って退院すると、夫の庄司薫と愛犬とともに自宅ですごした。その日、夫からイヤリングを贈られた彼女は《ショパンやラフマニノフを弾くための良い奏法がやっと見えてきた》と語ったという（『朝日新聞』二〇一六年八月一五日付夕刊）。亡くなったのは、その翌日のことだった。

参考文献

中村紘子『チャイコフスキー・コンクール――ピアニストが聴く現代』（中公文庫、一九九一年）、『アルゼンチンまでもぐりたい』（文藝春秋、一九九四年）、「さよなら盛田昭夫さん　想い出のすべてが暖かい」（『中央公論』一九九九年一二月号）、『ピアニストという蛮族がいる』（中公文庫、二〇〇九年）、「ピアニストだって冒険する」全三九回（『音楽の友』二〇一三年一月号～一六年八月号）

庄司薫『ぼくが猫語を話せるわけ』（中央公論社、一九七八年）、『赤頭巾ちゃん気をつけて』（中公文庫、一九九五年）

林真理子「マリコのゲストコレクション４８３　中村紘子」（『週刊朝日』二〇〇九年九月一八日号）、「マリコのゲストコレクション７７９　中村紘子」（『週刊朝日』二〇一五年八月二八日号）

溝口敦『消えた名画――「ダ・ヴィンチ習作」疑惑を追う』（講談社、一九九三年）

吉田純子「国民的な華　何しても一流　中村紘子さんを悼む」（『朝日新聞』二〇一六年八月一五日付夕刊）

「Interview　中村紘子」（聞き手、文・濱田滋郎、『レコード芸術』二〇〇四年一二月号）

「創刊８００号記念特別インタヴュー　中村紘子　日本の音楽界と「音楽の友」を語る」（取材、文・真嶋雄大、『音楽の友』二〇〇九年九月号）

「デビュー50周年インタビュー　ピアニストという蛮族として半世紀を生きて」（聞き手・堀江敏幸、『中央公論』二〇〇九年一〇月号）

「デビュー50周年！　日本の音楽界を支えたピアニスト　中村紘子」（聞き手、文・諸石幸生、『レコード芸術』二〇〇九年一〇月号）

「人生の贈りもの　ピアニスト 中村紘子」全五回（聞き手・星野学、『朝日新聞』夕刊、二〇一三日九月九日付～一三日付）

「特集Ⅰ・追悼 中村紘子」（『音楽の友』二〇一六年九月号）

総理になり損ねた男と、彼を追い落とした男たち

加藤紘一

KATO
KOICHI

一九三九年六月一七日～
二〇一六年九月九日（満七七歳）
政治家

自民党のその後を決定づけた「一瞬」

《一瞬に意味がある時もあるし、十年、二十年に実のない時間もある。歴史というのは奇妙なものだ》とは、一九七八年の自民党総裁選で勝利し、首相の座を射止めた大平正芳《おおひらまさよし》の会見時の言葉である（『大平正芳――人と思想』）。大平はこのとき、現職首相だった福田赳夫《ふくだたけお》と争い、大方の予想を覆して予備選で大差をつけて勝利し、福田に本選への出馬を断念させた。

当時の自民党は派閥抗争に明け暮れ、一九七二年以来、田中角栄《たなかかくえい》、三木武夫《みきたけお》、そして福田と続いた各政権はいずれも志半ばで退陣を余儀なくされた。大平としてみれば、そんな「実のない時間」に自らの代でピリオドを打ち、政策の実現に専念しようとの思いがあったはずだ。だが、大平の政権下、派閥抗争はいっそう熾烈《しれつ》さを増す。一九八〇年五月には、野党の提出した内閣不信任案が、衆院本会議への自民党内の反主流派の欠席により思いがけず可決されてしまう。これを受けて大平は衆院を解散し、戦後初の衆参同日選挙に打って出たが、選挙期間中に病に倒れ、そのまま帰らぬ人となった。皮肉にもこれを機に自民党はひとつにまとまり、選挙では予想外の大勝がもたらされる。まさに大平の死という「一瞬」が大きな意味を持ったのだ。

さて、それから二〇年後、またしても一瞬にして自民党、ひいては日本政治のその後のゆくえを決したともいうべき事態が生じる。その主役となったのは、大平と師弟関係にあった加藤《かとう》紘一《こういち》だった。

二〇〇〇年四月、時の首相・小渕恵三《おぶちけいぞう》が急病に倒れ、辞任する。その後継となった森喜朗《もりよしろう》は、自身を含むわずか五人の自民党幹部によって密室で選ばれた。だが、森に対する国民の支持率は首相就任後の失言などもあいまって低下の一途をたどる。これに反旗《ひるがえ》を翻したのが、加藤と盟友の山崎拓《やまさきたく》だった。同年一一月、加藤は森内閣を倒すため、野党が提出を検討していた内閣不信任案に同調することを示唆《しさ》、国民の期待はいやが上にも高まる。

これに対し、森政権下で自民党幹事長となった野中広務《のなかひろむ》は、水面下で加藤派・山崎派の切り崩し工作を進める。それでも加藤は、自分のもとに「自民党を変えてほしい」というメールが殺到し、インターネット上のホームページにも支持の書き込みがあいついでいたこともあり、国民の支持は強いものと信じて疑わなかった。一一月一七日の金曜日、加藤が不信任案賛成を明言する。このとき、加藤と連携した自由党の小沢一郎《おざわいちろう》は、土日を挟むと加藤派を切り崩される可能性が高いと、金曜中に不信任案を提出すべきだと民主党代表の鳩山由紀夫《はとやまゆきお》に伝えた。しかし、これを聞いた加藤は「逆に土日で派閥の議員を説得する。大丈夫だ」と、強気の姿勢を崩さなかったという（山崎拓『ＹＫＫ秘録』）。

だが、加藤の見通しは甘かった。野中は、国会対策委員長で加藤派幹部だった古賀誠《こがまこと》の同調を得て、同派の切り崩しに成功。週明けの二〇日、野党の不信任案提出案の採決を前に、加藤のもとからは二四人が離脱し、残った二一人では、山崎派と合わせても不信任案可決にはあきらかに数が足りなかった。加藤は都内のホテルに集まった同志の議員たちに採決を欠席するよう伝え、これから自分と山崎の二人だけで本会議場に行き不信任案に賛成票を投じると告げた。これには、加藤派の谷垣禎一《たにがきさだかず》が「あなたは大将なんだから、ひとりで突撃なんてだめですよ」と駆け寄るなど、思いとどまるべきだとの声があいつぐ。加藤のなかでも逡巡《しゅんじゅん》があり、いったんは同志たちの制止を振り切り、山崎とホテルからハイヤーで国会議事堂前まで赴くも、「やっぱり戻ろう……」と言って引き返した。結局、加藤はその後二度ホテルと国会のあいだを往復したあげく、本会議場にはたどり着かないまま、不信任案は否決される(山崎、前出書)。

じつは加藤としてみれば、森内閣を倒しても自分が何がなんでも首相になろうとは思っていなかったという。仮に首相になってもせいぜい六カ月で終わり、けっきょく何もできないと予想されたからだ。だが、加藤への国民の期待は、彼が思う以上に大きかった。その状況判断の間違いに彼は、国会前よりホテルの玄関口に引き返してきたとき、若い女性記者から「国民の期待はどうするんですか!」と叫び声に近い質問を受けて、初めて気づいたという(加藤紘一『新しき日本のかたち』)。

「加藤の乱」とも呼ばれるこの自民党内のクーデターの失敗で、多くの国民は加藤に失望した。

しかし、かろうじて延命した森内閣はその後も支持率の低下が止まらず、翌〇一年四月についに退陣する。このあと、圧倒的な国民の支持を背景に首相となったのは、加藤・山崎とかつてYKKとして手を組んだ小泉純一郎《こいずみじゅんいちろう》であった。「自民党をぶっ壊す」と宣言した小泉は、派閥や族議員などそれまで自民党を支配してきたものをことごとく解体し、自民党をつくり変え、五年にわたり政権を維持することになる。

六〇年安保で国会内外の落差に衝撃

加藤紘一は一九三九年、内務省の官僚だった父・精三《せいぞう》の赴任先の名古屋で生まれた。以後、精三の転勤にともない各地を転々とする。やがて精三が内務省の外郭《がいかく》団体の国民徴用援護会に移ると、幼い紘一は両親と東京に転居した。太平洋戦争中の一九四四年、父親が出征してからは、母の実家のある山形県大山町（現・鶴岡市）に疎開し、終戦の翌年の一九四六年には鶴岡市立第二小学校に入学している。

精三は紘一が小学校に入った年に復員し、翌四七年に官選の鶴岡市長となった。このあと二期、公選市長を務め、一九五二年には総選挙で初当選し、国政に進出する。精三はやや奇行癖のある人だったようだ。市長時代には、酔っぱらって木に登ったり、新潟県の港の起工式でモーニング姿のまま海に飛び込んだりしたこともあったという。よくいえばおおらか、悪くいえばずぼらで身なりに気を遣うこともなかった。そんな父親に紘一はあまり似ず、少年時代から聡明でクールな性格だったらしい。後年、紘一の選挙応援のため鶴岡を訪れた自民党のある先輩政治家は、何事にもきちんとしている彼が精三の息子と知って、本当かねと驚いたという話も伝えられる。

紘一は五男だったが、精三は頭脳明晰で沈着冷静な彼を東大に行かせ、ゆくゆくは自分の後継者にしようと早くから考えていたようだ。一九五四年には山形から上京して千代田区立麹町《こうじまち》中学校に転入、さらに翌年、名門・都立日比谷高校へ進む。しかし、紘一には父親の敷いたレールの上を進むことに抵抗があったらしい。東大文系にストレートに入れる成績だったにもかかわらず、現役時には理科一類を受験して不合格となっている。

一浪して東大文科一類に入学したのは一九五九年。翌六〇年には、日米安保条約改定をめぐり、国会周辺では連日盛んに反対デモが行なわれた。いわゆる六〇年安保闘争だ。東大は当時の学生運動を主導した全学連（全日本学生自治会総連合）の中核を担い、安保闘争でも拠点のひとつとなる。加藤の通う駒場キャンパスにも立て看板が乱立し、革命前夜の様相を呈《てい》した。加藤自身は、精三から「デモに行くな」と釘を刺されていた。精三はこのとき自民党内で、日米交渉の当事者である外相・藤山愛一郎《ふじやまあいいちろう》の派閥に属していたのだから、当然だろう。

だが、加藤は父の言いつけを破って、何度か安保反対のデモに参加している。一九六〇年六月一五日、全学連主流派が国会構内に突入し、警官隊と衝突するなかで東大の女子学生が圧死したときにも、彼は国会の近辺にいたという。ただし、過激な行動には加わらず、座り込みをしながら仲間と時間をすごした。このときの加藤はじっと黙ったまま考え込んでいる様子だったという（『新潮45』一九九九年一〇月号）。

じつは六〇年安保のさなか、加藤は父のいる議員会館を訪ね、衆議院内にも入っている。このとき、野党議員たちが条約の強行採決を阻止するべく、議長を本会議場に入れまいと、議長室と本会議場のあいだの廊下に人の壁をつくっていた。その壁を崩そうとする自民党の議員や秘書らとのあいだで揉み合いが続くなか、ときには与野党が談笑する様子が見られたという。国会議事堂の外の緊迫した雰囲気とのあまりの落差に、加藤は強い衝撃を受ける。

後年、彼は学生時代を振り返り、「自分を苦しめた安保とイデオロギー」という言い方で、次のように自己分析している。

《家には自民党の代議士がいて、大学に行くと、マルクス・レーニンでないと人でないという空気の中で、どっちが正しいんだと考えたんですが、二十歳の青年に一年や二年で結論が出るはずがない。自分が正しいかクラス討論が正しいか決断がつかずに迷っていたというのがほん

とうです》（『文藝春秋』一九九七年二月号）

日米安保の改定が成立したのち、一種の虚脱状態となった加藤は、大学のことも父のことも忘れて、裸の自分を試そうと和歌山のみかん農家で働いたり、水泳部に入って練習に没頭したりして、どうにか切り抜けた。この間、文科一類から法学部に進み、卒業後の進路も考え始める。高校時代からの親友で、ひと足先に外交官試験に合格していた法眼俊作《ほうげんしゅんさく》（外交官・法眼晋作《しんさく》の長男）からは「一緒に日本の外交を牛耳ろう」と声をかけられていたが、加藤には新聞社の外報部記者になりたいとの思いもあった。考えた末、在学中に外交官試験を受けるも一次で落ち、一方で朝日新聞社の入社試験には受かった。だが、記者になっていた大学の先輩に相談したところ、必ずしも自分の希望する部署に行けるわけではないと言われたこともあり、卒業後にふたたび外交官試験に挑戦、今度こそ合格する。こうして一九六四年春、外務省に入省した。

外交官から政界へエリートコースを歩む

外務省に入って加藤は中国語を選択、日中関係をライフワークにしようと決意する。中国を選んだのは、イデオロギー問題から大学と親との板挟みになっていたこと、また法眼俊作に「日本の外交で一番重要なのは中国とソ連になる。自分はソ連をやるつもりだから、おまえは中国をやらんか」と言われたのもきっかけだという（当の法眼は加藤が入省してまもなく自ら命を絶った）。

加藤はまず当時日本と国交のあった中華民国（台湾）へ、台湾大学に留学という形で派遣されたのを手始めに、米ハーバード大学への一年間の留学を挟んで、一九六七年には英領だった香港領事館に副領事として赴任する。おりしも中華人民共和国では文化大革命が勃興しており、情報分析にあたった。あるとき中国南部で大洪水が起き、中国側から文化大革命の乱闘で犠牲になった死体が珠江《しゅこう》を下って流れてきたこともあった。このとき加藤は「社会主義とはこういうこともあるのか」と悟ると、学生時代より抱いていた中国やソ連に対する幻想も消えたという。

前後して一九六五年には父・精三が急死し、加藤は出馬するか迷った末に断念している。地元の後援会はその後二回の選挙で加藤家以外から候補者を担いだが、いずれも落選。精三の七回忌にいたって、加藤は周囲に促されるようについに出馬を決意した。政界進出をめざすにあたっては、このころ日中関係の修復に尽力していた大平正芳に師事し、その派閥「宏池会《こうちかい》」に入った。大平は田中角栄内閣の外相として一九七二年九月に日中国交正常化を実現する。加藤が初当選を果たしたのはその年一二月の総選挙だった。加藤とのちにＹＫＫを結成する山崎拓と小泉純一郎は当選同期にあたる。

加藤は早い時期から同期のなかでも頭ひとつ抜きん出て、「宏池会のプリンス」などと呼ばれるようになる。一九七八年、大平内閣が成立すると三九歳にして官房副長官となり、大平の外遊にはすべて同行した。一九八四年、第二次中曽根《なかそね》康弘《やすひろ》第一次改造内閣では防衛庁長官に抜擢され、「六〇年安保世代の防衛庁長官」として注目される。二期にわたる長官時代には、国の基本を学びとるとともに国内外に多くのパイプを得た。とくにアメリカには次代のリーダーとして強い印象を与えたとされる（仲衛《なかまもる》『加藤紘一・全人像』）。

その後、一九八八年のリクルート事件、一九九二年の共和からの闇献金疑惑など、スキャンダルに見舞われる一方で、九〇年頃からＹＫＫを結成して、党内での存在感を強めていった。ＹＫＫ誕生には、幹事長の小沢一郎を中心に当時自民党を牛耳っていた「経世会《けいせいかい》」に対抗するという意味合いがあった。九一年には、小沢たちの推進する小選挙区制の導入を含む政治改革関連法案を廃案に終わらせ、ときの海部俊樹《かいふとしき》内閣を退陣に追いこんだ。これによりＹＫＫの名は一躍政界で知られるようになる。海部の後任には宏池会の会長だった宮澤喜一《みやざわきいち》が就き、加藤は官房長官となって、翌九二年の天皇訪中などで大きな役割をはたした。

自社さ連立政権での活躍と落とし穴

自民党は一九九三年の総選挙で野党に転落したが、翌九四年には社会党（のち社民党）と新党さきがけと連立して政権に復帰する。このとき自民党は社会党とさきがけと政策面で譲歩するなど協調に努めたが、その中心を担ったのが、社会党首班の村山富市《むらやまとみいち》政権下では自民党政調会長、続く自民党首班の橋本龍太郎《はしもとりゅうたろう》政権下では党幹事長を務めた加藤だった。村山内閣期に社会党がとくに強く望んだ原爆被害者援護法の制定、水俣病認定患者の救済、また戦後五〇年の国会決議・首相談話が実現したのには、加藤の尽力によるところも大きい。まさに自民党きってのリベラル派の面目躍如《めんもくやくじょ》であった。

なお、幹事長時代の加藤を補佐したのは、幹事長代理を務めた野中広務である。《加藤より一回り以上年齢が上の野中も、リベラルさと思考の柔軟さでは人後に落ちず、補佐役として十二分にその存在感を示していた》とは当時、自民党幹事長室の室長だった奥島貞雄《おくしまさだお》の証言だ（『自民党幹事長室の30年』）。他方、このころ自民党では、右派の一部が小沢一郎を中心に発足した新進党との「保保連合」を画策する動きもあったが、加藤は終始これを退ける。数年後の加藤の乱にあって、加藤に対する野中と小沢の立場がまるで逆転してしまったのは、皮肉というしかない。

一九九六年の総選挙を前に、社民党とさきがけは分裂、そのあおりを受けて大敗する。以後、社民・さきがけの閣外協力という形で連立体制は維持されたものの、一九九八年の参院選直前に三党の協力は解消される。このときの選挙で自民党は大敗、橋本内閣が責任をとって退陣したのにともない加藤も幹事長を辞した。後任の小渕恵三は政権基盤の強化のため、小沢が新たに結成した自由党との連立に向けて動き出す。

それでもポスト小渕として加藤の呼び声は高かった。それが狂い出したのは、一九九九年秋の自民党総裁選で、現職の小渕の対立候補として加藤が出馬したときともいわれる。このとき官房長官だった野中は「ここはおとなしくしてほしい」と申し入れたにもかかわらず、加藤は党の活性化のためにも出馬すると突っぱね、二人は決裂した。

じつはこのころ、加藤との関係がぎくしゃくするようになったのは野中だけではない。宏池会や地元・山形でも加藤周辺の人間関係は大きく様変わりしていた。宏池会からは、一九九八年に加藤が会長に就任して以降、離脱者があいついだ。長年宏池会の事務局長を務めてきた木《き》村貢《むらみつぎ》もそのひとりだ。木村は、このころ加藤が突如として事務所を移転させたこと、そしてそのあと事務所内の風通しがどんどん悪くなり、宏池会と加藤のあいだに距離が生じていたことを明かしている（木村貢『総理の品格』）。

加藤はエリート意識が高かったせいか、もともと人の話を聞くのが下手で、それが彼の命取りになったとの元政治記者の評もある（木村、前出書）。ほかにも「真正面から向かわない人物」「臆病な政治家」との評もあった（『新潮45』一九九九年一〇月号）。それが小渕政権下での総裁選出馬、そして加藤の乱と思い切った行動に出たのには、いよいよ首相の座を目前にしてイメージを打ち破りたいとの思いもあったようだ。だが、それらがことごとく失敗したのは、やはり人間関係のあり方にも大きな要因があったと思われてならない。

地元の山形でもまた同時期に、後援会長など長年加藤を支えてきた人々が彼のもとを去っている。これというのも、加藤事務所の代表となったSという私設秘書が、地元の商店など零細企業にまで献金を要求したり、公共事業に口を挟んだりするようになっていたからだ。それにもかかわらず、父の精三と同じく資金集めを苦手とした加藤は、Sを重用し続ける。結果的にそれが裏目に出た。二〇〇二年、Sは所得税法違反で逮捕され、加藤はこの責任をとって衆院議員を辞職、翌年の総選挙で再当選するまで一年半、浪人生活を送ることになる。

自民党リベラル派の凋落《ちょうらく》

先述のとおり、森喜朗の後継首相には小泉純一郎が就いた。加藤はかつての盟友として、小泉の市場原理主義的な経済政策、また対米一辺倒で中国や韓国などアジア諸国を顧みない外交政策などに対して警鐘を鳴らし続けた。そこには、浪人時代に地元の人たちと少人数のタウンミーティングを繰り返しながら、地方の厳しい現実を知ったことも大きい。二〇〇六年には、山形の実家が右翼団体の男によって放火され、全焼するという事件にも遭った。このとき加藤は、犯人を断罪するのではなく、その背景にある不穏な時代の空気にこそ原因があると訴えている（加藤紘一『テロルの真犯人』）。

加藤は「強いリベラル」を標榜した。彼によればリベラルは「他人を気遣う心」であり、これに対し保守とは、地域の共同体にあって、ときには自分の利益や主張を犠牲にしてでも、全体ないしコミュニティのために尽くしてきた人々の努力の積み重ねだという。すなわち加藤にとってリベラルと保守は同義であった。ここから彼は、市場原理主義によって崩壊しつつある地域共同体を、「他人を気遣う心」で再生し、糸の切れた風船のように足元のおぼつかない人たちの受け皿としようと考えたのである（加藤紘一『強いリベラル』）。その実現のため著述活動にも熱心だった。

だが、自民党は民主党に対抗して理念の明確化をはかるなかで、むしろ右傾化を強めていく（中北浩爾《なかきたこうじ》『自民党政治の変容』）。二〇〇九年の総選挙での民主党の大勝により野に下った自民党では、加藤に近かった谷垣禎一が総裁となったものの、右派を絶えず意識しながら党運営せざるをえなかった。こうした推移を見るかぎり、加藤にとってあの乱以後の一五年あまりは実のないものであったのかもしれない。

加藤の乱の失敗をもっとも惜しんだのは、じつはそれをつぶした当事者である野中広務であり、古賀誠だった。両者は本来、加藤が首相となることを強く望んでいたからだ。野中は加藤の乱を収束させたのち、涙を流して彼のことを惜しんだという（ＮＨＫ「永田町　権力の興亡」取材班『ＮＨＫスペシャル　証言ドキュメント　永田町　権力の興亡　１９９３－２００９』）。

古賀もまた、本来は加藤政権をつくることを夢見ていた。それだけにこのとき加藤に大きな傷をつけてしまったと後悔し、後年にいたって次のように述懐している。

《逆に、あそこまで突っ込んだら、加藤先生だけでも議場に入って、そして堂々と自分の信念を貫かれていたら、カムバックも早いし、また1人の政治家として、私はそれなりに評価されたと思うんですね。結果的に中途半端だったと。（中略）加藤さんの内閣ができていたら、また違った自民党の歩みがあったと思いますよ。一番大きな人材を失ったということですよね。ひと口でいえば、あの局面で。リベラルを標榜していたし、そうした意味で加藤さんの失脚というのは、自民党にとって大きかったです》（ＮＨＫ「永田町　権力の興亡」取材班、前出書）

あのとき、加藤と行動をともにした議員のほとんどは、単独で不信任案に賛成票を投じようとする彼を止めた。そのなかにあって、《行きましょう。ここまで来て、行かなきゃ国民に見離されますよ。勝ったって、負けたって関係ないから、闘いましょう》と訴えた議員がいる。誰あろう、二〇一六年現在安倍《あべ》内閣の官房長官を務める菅義偉《すがよしひで》だ（松田賢弥《まつだけんや》『影の権力者　内閣官房長官菅義偉』）。

山形の隣県・秋田の農村出身の菅は、二世議員の加藤とは対照的に、集団就職で上京したあと苦学しながらも、政治家秘書、地方議員から衆院議員へと這い上がってきた。先の加藤への言葉も、叩き上げゆえ、市井の人々の思いを肌で感じてきたからこそ出たものだったのだろうか。加藤の乱の翌年、宏池会から加藤に反発した堀内光雄《ほりうちみつお》らのグループ（堀内派）が分裂、菅も合流している。

政権の屋台骨を支えるまでになった菅と、ついに政治の中枢に復帰することなく逝った加藤。両者の行く末を決定づけたのも、二〇〇〇年一一月のあの「一瞬」であったとするのは、加藤にとってあまりに酷であろうか。

参考文献

加藤紘一『新しき日本のかたち』（ダイヤモンド社、二〇〇五年）、『テロルの真犯人』（講談社、二〇〇六年）、『強いリベラル』（文藝春秋、二〇〇七年）
五百旗頭真・伊藤元重・薬師寺克行編『野中広務　権力の興亡』（朝日新聞社、二〇〇八年）
NHK「永田町　権力の興亡」取材班『NHKスペシャル　証言ドキュメント　永田町　権力の興亡 1993-2009』（日本放送出版協会、二〇一〇年）
奥島貞雄『自民党幹事長室の30年』（中公文庫、二〇〇五年）
木村貢『総理の品格――官邸秘書官が見た歴代宰相の素顔』（徳間書店、二〇〇六年）
公文俊平・香山健一・佐藤誠三郎監修『大平正芳――人と思想』（大平正芳記念財団、一九九〇年）
塩田潮「加藤紘一にみる自民党『左派』の研究」（『文藝春秋』一九九七年二月号）
俵孝太郎『日本の政治家　父と子の肖像』（中央公論社、一九九七年）
中北浩爾『自民党政治の変容』（NHKブックス、電子書籍版、二〇一四年）
仲衞『加藤紘一・全人像』（行研 出版局、一九九二年）
松田賢弥『影の権力者　内閣官房長官菅義偉』（講談社、電子書籍版、二〇一六年）
森功『総理の影　菅義偉の正体』（小学館eBooks、二〇一六年）
山崎拓『YKK秘録』（講談社、電子書籍版、二〇一六年）
山村明義「知られざる『次の総理』加藤紘一研究」（『新潮45』一九九九年一〇月号）

二〇一六年の物故者たち

「今日、昭和が終った」

高井《たかい》有一《ゆういち》（一〇月二六日・八四歳）の小説『時の潮』（二〇〇二年）はこんな一文で始まる。昭和一桁の生まれで、「内向の世代」と呼ばれた作家のひとりである高井のこの小説では、主人公が昭和天皇の崩御（一九八九年一月）を知る場面に始まり、さまざまな人々の昭和という時代に対する思いが描かれた。

二〇一六年八月、今上《きんじょう》天皇がテレビを通じて、退位を示唆する「お気持ち」を述べた。天皇の「生前退位」については、終戦後の一九四六年の皇室典範《てんぱん》改正時にも、昭和天皇の末弟である**三笠宮崇仁親王《みかさのみやたかひとしんのう》**（一〇月二七日・一〇〇歳）が提言していたものの、きちんとした議論にはいたらなかった。

「お気持ち」では、天皇が健康を損ない、深刻な状態に立ちいたった場合の国民生活への影響を懸念する言葉もあった。これは昭和天皇が一九八八年九月に危篤となってから崩御《ほうぎょ》するまでのあいだ、日本を過剰ともいえるほどの自粛ムードが覆ったことを意識しての発言であったのだろう。タイの**ラーマ九世《きゅうせい》**（別称プミポン・アドゥンヤデート。一〇月一三日・八八歳）が逝去して追悼一色となった同国の雰囲気は、あのときの日本とやや似たものを感じさせた。

一九八八年の九月場所では、第五八代横綱・**千《ち》代《よ》の富士貢《ふじみつぐ》**（七月三一日・六一歳）が全勝優勝した。大の好角家《こうかくか》で、千代の富士ファンと噂された昭和天皇は、ちょうどその場所の千秋楽の日、最初の危機状態から意識を取り戻し、「全勝か」と侍医《じい》らに訊ねたという。

病床の昭和天皇は一九八八年一一月、大勢の国民が快癒《かいゆ》を祈る記帳をしてくれたり、勲一等受章者の代表が見舞いの言葉を述べてくれたりしたことに礼を言ってもらいたいと、当時の宮内庁長官・**藤森昭一**《ふじもりしょういち》（六月二五日・八九歳）に伝えている。昭和改元の翌日（一九二六年一二月二六日）に生まれたことから「昭一」と名づけられた藤森は、奇《く》しくも平成改元を経て昭和天皇の大喪の礼、今上天皇の即位の礼と皇室の各行事を取り仕切ることになった。

昭和天皇が危篤となったとき、隣国の韓国ではソウルオリンピックが開催中であった。このとき競技中継を担当したNHKアナウンサーの**西田**《にしだ》**善夫**《よしお》（二月二七日・八〇歳）によれば、もし五輪会期中に天皇が崩御して、生中継から録画中継に切り替えた場合、放送のなかで崩御についてコメントするかどうか、アナウンサーや各スタッフのあいだで議論があったという。

二〇二〇年には東京でオリンピック・パラリンピックが予定されるが、開催まで四年と迫っても、各競技会場が予算の問題から再選定を余儀なくされるなど、議論が喧《かまびす》しい。そのさなか、五輪のメインスタジアムとなる新国立競技場の国際コンペで、いったんはそのデザイン案が採用されたイラク出身の建築家**ザハ・ハディド**（三月三一日・六五歳）が急逝している。

前回、一九六四年の東京オリンピックで人気を集めた選手のひとりに、チェコスロバキア（現チェコ）の女子体操選手**ベラ・チャスラフスカ**（八月三〇日・七四歳）がいる。東京で個人総合ほか三種目で優勝して「体操の名花」と呼ばれたチャスラフスカは、四年後のメキシコオリンピックでも四種目を制した。メキシコ五輪の直前、当時社会主義国だったチェコ国内は民主化運動に沸き（プラハの春）、改革を支持する「二千語宣言」にチャスラフスカも署名した。だが、運動がソ連の軍事介入で弾圧されたため、一時は五輪出場が危ぶまれた。

チャスラフスカと同じ一九四二年生まれで、五輪優勝（一九六〇年・ローマ）の経験もあるプロボクサーの**モハメド・アリ**（六月三日・七四歳）もまた政治に翻弄された。ベトナム戦争のさなかの一九六七年、徴兵を拒否したために、世界ヘビー級チャンピオンのタイトルを剥奪されたのだ。アリが三年半のブランクを経て復帰したのち、アフリカのザイール（現コンゴ民主共和国）のキンシャサでジョージ・フォアマンから王座を奪還したのは一九七四年のことだった。

同じく一九七四年のサッカーのワールドカップの決勝では、オランダが開催国の西ドイツと対戦した。惜しくも優勝は逃したが、中心選手だった**ヨハン・クライフ**（三月二四日・六八歳）はジャンピングボレーシュートなど華麗なプレイから「フライングダッチマン（空飛ぶオランダ人）」と呼ばれて脚光を浴びる。

一九七四年にはまた、ゴルフ界のスター選手、アメリカの**アーノルド・パーマー**（九月二五日・八七歳）がゴルフ殿堂入りを果たしている。パーマーは攻撃的なプレイスタイルとカリスマ性から「アーニーズ・アーミー」と呼ばれる熱狂的ファンを生み、テレビ中継の視聴率も倍増させた。チャスラフスカ、アリ、クライフにしてもそうだが、その活躍が衛星中継を通じて世界に伝えられた彼らは、まさにテレビ時代が生んだスーパースターであった。

タレントの**大橋巨泉**《おおはしきょせん》（七月一二日・八二歳）は一九七六年、ゴルフのロサンゼルス・オープン五〇周年の記念大会に招待され、パーマーなどアメリカの名士たちとプレイしたことがある。

巨泉は日本テレビのナイトショー『11PM』に一九六五年の番組開始まもなくより出演し、ゴルフのほか、競馬や麻雀などをとりあげ、日本人にレジャーの楽しさを伝えるのに一役買った。

六〇年代半ば、放送作家からタレントに転身した巨泉は、『11PM』をはじめバラエティ番組『巨泉×前武ゲバゲバ90分！』（日本テレビ）やクイズ番組『お笑い頭の体操』（TBS）の司会で人気を獲得した。このうち『お笑い頭の体操』は、心理学者・**多湖輝**《たごあきら》（三月六日・九〇歳）による当時のベストセラー『頭の体操』（一九六六年。以後シリーズ化）からタイトルを拝借したものだ。

巨泉は一九九〇年に「セミ・リタイア」を宣言、レギュラーをTBSの『ギミア・ぶれいく』一本に絞った。同番組内では、一コーナーとして藤子《ふじこ》不二雄《ふじお》Ⓐ《エー》原作の大人向けアニメ『笑ゥせぇるすまん』が放送され、**大平透**《おおひらとおる》（四月一二日・八六歳）が声をあてた主人公・喪黒福造《もぐろふくぞう》の強烈なキャラクターもあいまって好評を博した。大平と同じくテレビアニメ草創期からの声優である**肝付兼太**《きもつきかねた》（一〇月二〇日・八〇歳）は、藤子不二雄Ⓐ原作の『怪物くん』のドラキュラ役、藤子・F《エフ》・不二雄原作の『ドラえもん』のスネ夫《お》役など藤子アニメには欠かせない存在であった。

放送タレントの**永六輔**《えいろくすけ》（七月七日・八三歳）は、同年代の巨泉よりひと足早く、戦後まもない中学時代からNHKのラジオ番組『日曜娯楽版』に政治風刺のコントを投稿する早熟な少年だった。のちには同番組に放送作家として携わるようになる。

永六輔がラジオに投稿を始めたころ、女性の放送ジャーナリストの草分けである**秋山《あきやま》ちえ子《こ》**（四月六日・九九歳）はすでにNHKで『婦人の時間』でレポーターを担当していた。秋山がこのあと一九五七年、開局まもないTBSラジオで開始した『昼の話題』（のち『秋山ちえ子の談話室』）は、二〇〇二年に終了するまで一万二五一二回を数える長寿番組となった。

テレビでは、フジテレビの朝のワイドショー『小川宏ショー』が一九六五年から八二年の番組終了までに四四五一回を数え、個人名を冠したテレビ番組における世界最長寿（当時）を記録した。司会の**小川宏《おがわひろし》**（一一月二九日・九〇歳）は元NHKのアナウンサーで、同番組開始当初、民放の雰囲気の違いにしばらく悩んだという。

放送作家・タレントの**はかま満緒《みつお》**（二月一六日・七八歳）も、永六輔や大橋巨泉と同じく草創期よりテレビ番組に携わった。クレージーキャッツや、**伊藤《いとう》ユミ**（五月一八日・七五歳）とその双子の姉・エミ（二〇一二年没）によるデュオ、ザ・ピーナッツが出演して人気を集めたバラエティ番組『シャボン玉ホリデー』（日本テレビ、一九六一～七二年）にも、後期より作家として参加、自ら書いたコントにも出演している。

脚本家・演芸研究家の**大西信行《おおにしのぶゆき》**（一月一〇日・八六歳）は、テレビでは時代劇を中心に活躍した。大西は一九六九年より開始され長寿シリーズとなった『水戸黄門《みとこうもん》』（TBS）で、一九七〇年からの第二部以降、二〇〇三年の第三二部まで計一四九〇回分の脚本を担当している。

大西は旧制麻布中学（現・高校）出身で、俳優のフランキー堺《さかい》・仲谷昇《なかやのぼる》・小沢昭一《おざわしょういち》・加藤武《かとうたけし》と同級生だった。このうち小沢（二〇一二年没）や加藤（二〇一五年没）とは終戦直後、そろって演芸研究家の正岡容《まさおかいるる》に弟子入りしている。同じ門下には、のちに落語家となる桂米朝《かつらべいちょう》（三代目。二〇一五年没）もいた。

戦後、風前のともしびにあった上方落語を再興し、桂米朝・桂文枝《ぶんし》（五代目）・笑福亭松鶴《しょうふくていしょかく》（六代目）とともに「上方落語の四天王」と呼ばれたのが**桂春團治**《はるだんじ》（三代目。一月九日・八五歳）である。豪快な芸と私生活で知られた初代、実父の二代目とも異なり、一〇数本に厳選した持ちネタをひとつひとつ完璧に演じてみせる芸風で一時代を築いた。

戦後まもなく、大学在学中よりNHKラジオで番組の音楽を手がけていた作曲家の**冨田勲**《とみたいさお》（五月五日・八四歳）は、テレビでも草創期から多くの仕事を残した。なかには『きょうの料理』のテーマ曲のように現在まで使われている作品もある。放送の仕事と並行して、一九七〇年代には自前でアメリカからシンセサイザーを購入し、マニュアルのないなか演奏・作曲をマスターした冨田は、日本における電子音楽のパイオニアでもあった。

冨田勲がシンセサイザーで試行錯誤を続けていたころ、フランスでは作曲家・指揮者の**ピエール・ブーレーズ**（一月五日・九〇歳）が、ポンピドゥーセンターの国立音響音楽研究所（IRCAM）の初代所長として、巨大なコンピュータによる作曲を試みていた。

イタリアの記号論学者・美学者・小説家の**ウンベルト・エーコ**（二月一九日・八四歳）は、ブーレーズの『ピアノ・ソナタ第三番』（一九五五年～未完）を、作品の形を決めるため演奏者に介入が要求される作品のひとつにあげている。エーコは音楽のみならず、二〇世紀の芸術において解釈者の介入が求められる作品群を、『開かれた作品』（一九六二八八歳）がジョン・マッカーシー（二〇一一年没）らとともに初めて用いたものである。

エーコはインターネットの登場のおかげで「誰もが読むことを強いられる時代になった」と語った。たしかに、歴史上いまほど誰もがのべつまくなしに何かを読んでいる時代もないかもしれない。なお、このエーコの発言は『もうすぐ絶滅するという紙の書物について』（二〇〇九年）という対談集に出てくるものだが、同書における彼の主張はそのタイトルに反し、紙の書物は滅びないという持論に終始している。

本の魅力にとりつかれたあげく、物を書く仕事に就いた人は少なくない。小説家の**津島佑子**《つしまゆうこ》（二月一八日・六八歳）もそのひとりだ。津島が一歳のとき、父親の太宰治《だざいおさむ》が亡くなり、母親は娘を文学から遠ざけようと家に小説を置かなかったという。だが、津島は母の意図に反し、小学校の図書

年）と題する著書で積極的に評価した。

『開かれた作品』はもともと、アイルランドの小説家ジェイムズ・ジョイスへの関心を軸に書かれた。英文学者・翻訳家の**柳瀬尚紀**《やなせなおき》（七月三〇日・七三歳）は、ジョイス作品のなかでも言葉遊びが随所にちりばめられ、翻訳不可能といわれてきた『フィネガンズ・ウェイク』（一九三九年）を、同音異義語の多さなど日本語の特徴を活かしながら八年がかりで完訳している（一九九三年）。

柳瀬尚紀はワープロなしには『フィネガンズ・ウェイク』の翻訳は無理だったと語った。では、ＡＩ（人工知能）にジョイス作品の翻訳は可能だろうか。スマートフォンなどを介してＡＩが日常生活に定着するようになり、「ＡＩ元年」ともいわれた二〇一六年だが、ＡＩの語はもともとは一九五六年にアメリカの認知科学者・コンピュータ科学者の**マーヴィン・ミンスキー**（一月二四日・

室で本を借りては読みふけり、「隠れ文学少女」として育った。

コンピュータは一九五〇年代以降、各方面で導入された。一九六〇年、日本の国鉄は、コンピュータによるオンライン情報システムの先駆けである座席予約システム「MARS《マルス》」を開発、東京の一部の駅に端末が設置された。以後も改良が進められたこのシステム開発を理論的にリードしたのが、国鉄技術研究所から東大教授に転じた情報工学者の**穂坂衛**《ほさかまもる》（一〇月二六日・九六歳）である。

座席予約システムや一九六四年開業の東海道新幹線など、技術開発でめざましい成果をあげた国鉄だが、やがて経営は悪化の一途をたどる。そのなかで経営側と国労（国鉄労働組合）など労働組合との対立が年々深まり、ストライキも頻発した。

もっとも公共企業体である国鉄の職員には法律上、ストライキ権は認められていなかった。この権利を要求するストライキ、いわゆる「スト権スト」もたびたび実施され、一九七五年には国鉄など官業の労組で組織される公労協（公共企業体等労働組合協議会）が八日間におよぶスト権ストを断行している。このとき公労協の代表幹事としてストライキの総指揮にあたったのが、国労本部書記長の**富塚三夫**《とみづかみつお》（一月二〇日・八六歳）であった。同じく公労協の代表幹事であった全電通（全国電気通信労働組合）書記長の**山岸章**《やまぎしあきら》（四月一〇日・八六歳）は本来スト権ストには積極的に賛成ではなかったが、やると決まったからには徹底的にやって膿《うみ》を出し切ろうと考え、強硬策に転じたという。

結局、スト権獲得はならないままストライキは終わる。スト権ストの際、自民党幹事長だった中《なか》曽根康弘《そねやすひろ》は後年、首相となって国鉄の分割民営化を推進するが、そこには国鉄の経営再建とともに急進的労働組合の解体という思惑もあった。

一九八五年、中曽根首相は当時の国鉄総裁・**仁杉巌**《にすぎいわお》（二〇一五年一二月二五日・一〇〇歳）を更迭《こうてつ》する。表向きには仁杉が国鉄の分割民営化に非協力的であったことがその理由とされたが、じつは仁杉自身は分割民営化に賛成であったという。だが、国鉄上層部の反対は根強かった。「更迭」は民営化に協力したい仁杉が、反対派を道連れにして一掃するべく画策したというのが真相らしい。国鉄は一九八七年に分割民営化され、ＪＲグループが発足した。ここにいたるまでに中曽根政権は国鉄内の労組を切り崩し、大勢を民営化支持で固めている。

一九八〇年代後半は労働組合の再編が進められた時期でもある。一九八九年には、民間と官公庁の主な労働組合が結集して、日本最大の労組のナショナルセンターである連合（日本労働組合総連合会）が発足、会長に山岸章《やまぎしあきら》が就任した。

このあと山岸は「反自民・反共産」を旗印に政界再編を後押しし、細川護熙《ほそかわもりひろ》を首班とする非自民連立政権の発足（一九九三年）の立役者となる。細川内閣と、続く羽田孜《はたつとむ》内閣で厚生大臣を務めたのは、民社党委員長の**大内啓伍**《おおうちけいご》（三月九日・八六歳）だった。

大内は、一九九四年の羽田内閣の組閣を前に、連立に参加したうち社会党を除く五党派による統一会派「改新」を結成する。これに反発した社会党は連立から離脱、羽田内閣がわずか二カ月で総辞職すると、今度は自民党・新党さきがけと連立を組み村山富市《むらやまとみいち》内閣を発足させる。

村山内閣、橋本龍太郎《はしもとりゅうたろう》内閣と続いたいわゆる自社さ連立政権にあって、**加藤紘一**《かとうこういち》（九月九日・七七歳→三七五頁）は自民党の政務調査会長、幹事長を歴任し連立の要《かなめ》を担った。二〇〇〇年、加藤は盟友の山崎拓《やまさきたく》とともに時の森喜朗《もりよしろう》内閣に反旗を翻し、野党の提出した内閣不信任案に同調しようとしたものの、時の自民党幹事長・野中広務《のなかひろむ》らに阻まれ、断念を余儀なくされる。この「加藤の乱」のあと、加藤率いる「宏池会《こうちかい》」は二つに分裂、そのうち反加藤グループは堀内光雄《ほりうちみつお》（五月一七日・八六歳）を領袖《りょうしゅう》とする堀内派（現・岸田《きしだ》派）を結成した。

衆院議員在職中に亡くなった**鳩山邦夫**《はとやまくにお》（六月二一日・六七歳）は、一九七六年に無所属で初当選したのち、自民党に入るも、先述の九三年の政界再編以降、たびたび離党し、一時は兄・由紀夫《ゆきお》（のち首相）らの結党した旧民主党で副代表も務めた。彼こそは、政治家が離合集散を繰り返したここ二〇余年の日本政治の状況を象徴する存在といえよう。

二〇一六年には、石原慎太郎《いしはらしんたろう》の小説『天才』が呼び水となり、元首相・田中角栄《たなかかくえい》について関連本の刊行があいつぐなど、あらためて脚光が当たった。

田中角栄が国土の均衡ある発展をめざし、首相就任時の一九七二年に『日本列島改造論』を掲げたことはよく知られる。これについては、一九六九年に経済企画庁で「第二次全国総合開発計画」（新全総）を立案した**下河辺淳**《しもこうべあつし》（八月一三日・九二歳）が関与したものと長らくいわれていた。だが、実際に『日本列島改造論』を書いたのは通産省（現・経済産業省）の官僚やジャーナリストであり、下河辺はノータッチであったという。こうした誤解が生じたのは、彼が中央官庁の官僚として一九六二年から九八年まで五次にわたる「全国総合開発計画」すべてに関与し、国土開発に大きな影響を与えていたからだろう。

下河辺は一九七四年に新設された国土庁で計画調整局長となった（のち事務次官）。のちの大分県知事・平松守彦《ひらまつもりひこ》（八月二一日・九二歳）はこのとき、通産省から同庁に地方振興審議官として出向している。だが、平松はその翌年には、郷里の大分に戻って副知事となった。一九七九年から一五年にわたる知事在任中には地域振興のため、市町村ごとに特産品をつくって売り出す「一村一品運動」などの施策を展開する。その精神は自主・自立であり、知事はセールスマンとしてPRには力を惜しまないが、県から補助金は一切出さないとの方針を貫いた。

田中角栄を政治へと突き動かしたのは、農村と都市の格差であった。田中が衆院議員に初当選した一九四七年、カリブ海に浮かぶ島国キューバでは、農村の貧困を放置し、腐敗と不正が常態化した当時の政府に反抗する人々により人民党が結成される。若き日の**フィデル・カストロ**（一一月二五日・九〇歳）もこれに参加、のち一九五九年のキューバ革命を主導する原点となった。

冷戦下にあってアメリカとソ連の両大国に翻弄されながら、人々が平等な国づくりをめざしたカストロだが、影の部分も持つ。一九八九年には、天安門事件で若者たちを弾圧した中国政府の立場を支持したほか、国民から英雄視されていた陸軍中将のオチョアを麻薬取引容疑などから逮捕、反逆罪で処刑している。こうした動きの背景には、当時ソ連でゴルバチョフの進めていた改革に対するカストロの焦りがあったともいわれる。

ソ連での改革の影響は、共産圏だった東ヨーロッパ諸国に広がり、一九八九年には各国で民主化が実現する。ビロード革命と呼ばれたチェコスロバキアの民主化運動では、前出のチャスラフスカもふたたび先頭に立った。いち早く民主化がなったポーランドでは、一九五〇年代より映画監督の**アンジェイ・ワイダ**（一〇月九日・九〇歳）

がソ連圧政下での社会矛盾を突く作品を発表し続けていた。ワイダは一九八〇年代に同国の民主化運動を主導した自主管理労組「連帯」を支持、のち二〇一三年には連帯のリーダーで民主化後に大統領となったワレサの伝記映画も制作している。

　ピアニストの**中村紘子**《なかむらひろこ》（七月二六日・七二歳↓三五七頁）は、一九八二年と一九八六年にソ連のチャイコフスキー国際コンクール・ピアノ部門の審査員を務めた際の見聞から『チャイコフスキー・コンクール』（一九八八年）を著し、大宅壮一《おおやそういち》ノンフィクション賞を受賞した。同書は音楽の世界を通して冷戦末期の国際情勢を浮き彫りにしたルポルタージュとも読める。

　冷戦終結の前後より、世界各地で地域紛争が続発する。そのさなかの一九九二年、エジプトの政治家**ブトロス・ガリ**（二月一六日・九三歳）が国連事務総長に就任、紛争発生を未然に防ぐための予防外交を強調した。ガリ体制のもとＰＫＯ（国連平和維持軍）の重要度が増し、日本の自衛隊も参加を迫られることになる。

　イギリスのミュージシャンの**デヴィッド・ボウイ**（一月一〇日・六九歳）は一九八七年、冷戦下にあって東西に分断されたドイツの象徴だったベルリンの壁の西側でコンサートを行なっている。このとき、一部のスピーカーは壁の向こう側の東側に向けられ、東ベルリン市民もボウイの音楽に熱狂した。壁が崩壊したのはこの二年後のこと。ボウイ死去に際し、ドイツ外務省は「壁の崩壊に力を貸してくれて、ありがとう」とのメッセージを寄せた。

　ボウイは、さまざまな音楽の要素を採り入れながら自らの作品をつくりあげた。この点は、アメリカのミュージシャンの**プリンス**（四月二一日・五七歳）も共通する。プリンスの作品のストックは未発表曲も含め膨大で、彼はそれらを大胆にアレンジすることもいとわなかった。

二〇一六年にはこのほかにもロック史に名を残すミュージシャンがあいついで死去した。七〇年代のアメリカのウエストコーストロックの代表的バンド「イーグルス」のグレン・フライ（一月一八日・六七歳）、六〇年代後半に米サンフランシスコで花開いたヒッピーカルチャーを代表するバンド「ジェファーソン・エアプレーン」のポール・カントナー（一月二八日・七四歳）、一九六九年に米シカゴでダンスミュージックバンド「アース・ウインド・アンド・ファイアー」を結成したモーリス・ホワイト（二月三日・七四歳）、八〇年代にアイドル的人気を集めたポップ・デュオ「ワム！」のジョージ・マイケル（一二月二五日・五三歳）、さらに一九七〇年にイギリスで結成されたプログレッシブロックバンド「エマーソン・レイク・アンド・パーマー」のメンバー三人のうちキース・エマーソンが自殺したのに続き（三月一〇日・七一歳）、グレッグ・レイクもがん闘病の末に亡くなっている（一二月七日・六九歳）。また、イギリスの音楽プロデューサー、ジョージ・マーティン（三月八日・九〇歳）は、ビートルズを世に送り出し、「五人目のビートルズ」とも呼ばれた。

二〇一六年一〇月、ノーベル文学賞にアメリカのシンガーソングライター、ボブ・ディランが選ばれて賛否両論を呼んだ。カナダ出身の歌手・詩人・小説家のレナード・コーエン（一一月七日・八二歳）は、学生時代に「カナダのディランになりたい」と語ったというほどディランに強い影響を受けたひとりだ。詩集や小説も多数発表して自身もノーベル賞の呼び声が高かったコーエンだが、ディランの授賞決定に際して、「それはエベレストの頂上にメダルを飾るようなもの」と称賛を送っている。亡くなる前月のことであった。

イギリスの劇作家**ピーター・シャファー**（シェイファー。六月六日・九〇歳）が戯曲『アマデウス』（一九七九年）で描き出した作曲家のモーツァルトは、まるでパンクロックのミュージシャンのような身なりで下品な話に興じるなど、従来の天才のイメージを破壊して物議をかもした。同作はのち一九八四年には映画化もされ、シャファーが自ら脚色し、音楽をイギリスの指揮者**ネヴィル・マリナー**（一〇月二日・九二歳）が担当している。

『アマデウス』はニューヨークのブロードウェイでも上演された。アメリカの演劇の聖地であるブロードウェイだが、かつて一九五〇年代後半には上演コストの高騰から停滞した時期がある。これに代わって隆盛したのが、オフ・ブロードウェイと呼ばれる一群の小劇場で、新人作家による実験的な作品があいついで上演された。戯曲『動物園物語』（一九六〇年）でデビューした**エドワード・オールビー**（九月一六日・八八歳）は、この時期のオフ・ブロードウェイから輩出された代表的な劇作家である。オールビーはその後、『ヴァージニア・ウルフなんかこわくない』（一九六二年）でブロードウェイの商業演劇に進出した。

既存の演劇に対し、手法的にも、とりあげるテーマにおいても揺さぶりをかけた点で、オールビーと演出家・**蜷川《にながわ》幸雄《ゆきお》**（五月一二日・八〇歳↓三四二頁）は共通する。蜷川もまた、一九七〇年代に入って小劇場から商業演劇に進出した。

もともと俳優として演劇界に入った蜷川は、演出の仕事を始めてからもテレビドラマや映画にたびたび出演している。あるとき、刑事ドラマで共演した俳優の**平幹二朗《ひらみきじろう》**（一〇月二二日・八二歳）から「一緒に仕事がしたい」と言われたのが馴れ初めて、七〇年代後半以降、蜷川は平を何度も自分の演出する舞台に起用する。なかでもギリシャ悲劇『王女メディア』は一九八三年、蜷川初の海外上演作品となり、各国で高い評価を受けた。

二〇一〇年、蜷川幸雄らとともに日本史学者の**脇田晴子**《わきたはるこ》（九月二七日・八二歳）が文化勲章を受章した。中世商業史・都市史を専門とした脇田は、従来、政略結婚の犠牲など暗いイメージを持たれがちだった中世の女性像をくつがえし、当時の女性たちが階層にかかわらず生き生きと活動していたことを史料からあきらかにした。

スタジオジブリのアニメーターの**保田道世**《やすだみちよ》（一〇月五日・七七歳）は、宮崎駿《みやざきはやお》監督の劇場アニメ『もののけ姫』（一九九七年）を手がけるにあたり、舞台となる室町時代について調べてみて、この時代の女性たちが活発であることに気づいた。アニメにおける色彩設計の第一人者であった保田は、同作のヒロイン・サンの顔に入れ墨のように描かれた模様の色を、その気性の激しいキャラクターを表すべくエンジに決めたという。

保田は一九六〇年代、東映動画（現・東映アニメーション）で高畑勲《たかはたいさお》と宮崎駿と知り合ったが、その後、いったん袂を分かった。それがふたたび一緒に仕事をするようになったのは、同僚との事実婚を機に、「これからの女性が生き生きと暮らしてゆくには、どうしたらいいのか」と考えたことがきっかけだったという（柴口育子《しばぐちやすこ》『アニメーションの色職人』）。このとき高畑と宮崎が手がけていたテレビアニメ『アルプスの少女ハイジ』（一九七四年）に心を惹かれた保田は、二人のいたズイヨー映像（現・日本アニメーション）に移る。以降、スタジオジブリ設立後も彼らの作品づくりを職人として支え続けた。なお、ジブリでは保田とともに制作で重要な役割を担ったアニメーターの二木真希子《ふたきまきこ》も亡くなっている（五月一三日・五八歳）。

保田道世が会社を移ったころ、登山家の田部井《たべい》淳子《じゅんこ》（一〇月二〇日・七七歳）は女性だけでのエベレスト登頂を実現するべく、企業をまわって寄付を募っていた。だが、石油危機直後の不況下ということもあり、なかなか応じてくれる企業は現れず、「女だけでエベレストなんてできるわけがない」「そんなことより家庭を守り、子供をしっかり育てなさい」とよく言われたという。そうした壁を乗り越えながら、田部井を副隊長とする日本女子登山隊は一九七五年、女性では世界で初めてエベレスト登頂に成功した。

二〇一六年には、匿名ブログに端を発して待機児童の問題があらためて議論されるなど、一年を通して子育てや女性を取り巻く環境の見直しを迫るできごとがあいついだ。AV女優を引退後、性に関する啓発活動を展開していた紅音《あかね》ほたる（八月一五日・三二歳）が急逝したのは、そのさなかのことだった。ライターの雨宮《あまみや》まみ（一一月一五日・四〇歳）は、「女であること」に自信が持てず、それにもかかわらず時には「女」として社会からさまざまなプレッシャーを受け、煩悶《はんもん》する自身について自伝的エッセイ『女子をこじらせて』（二〇一一年）につづった。これをきっかけに「こじらせ女子」の語が生まれ、世に広まる。雨宮本人は「こじらせ女子」から脱却して新たな境地を拓きつつあっただけに、突然の死が惜しまれる。

さて、ここまでとりあげてきた人のうち、最後まで自分のスタイルやスピリットを押し通せた人物はどのぐらいいるだろうか。たとえば、永六輔にせよ大橋巨泉にせよ、「どうせこの世は冗談」をスピリットに生きてきたにもかかわらず、晩年になって反戦の思いをことあるたびに語るようになった。これについて「冗談を言っている余裕がなくなった時代になったから、最後に本音が出た」と、二人と同世代で同じく放送作家出身の小説家・五木《いつき》寛之《ひろゆき》は評している（『朝日新聞』二〇一六年八月一九日付）

なぜ、「冗談を言っている余裕」が世の中から失われたのか？　政治や経済にも問題はあろうが、人々が互いに監視しあうような社会の風潮も大きいのではないか。ＳＮＳの普及後、その傾向はますます加速しつつあるような気がしてならない。

ラグビーの神戸製鋼コベルコスティーラーズの主力選手として日本選手権七連覇に貢献した**平尾《ひらお》誠二《せいじ》**（一〇月二〇日・五三歳）は、日本代表監督に就任した一九九七年、「これからは、いろんなものが変化してきている中で、基準は個人の幸せとか、個人の生活になってくる、と僕は思う」とインタビューで語っていた（毎日新聞大阪本社運動部編『男たちの伝説　神戸製鋼ラグビー部』）。それから二〇年近くが経ち、個人はどれだけ尊重されるようになっただろうか。思えば、ここにあげた物故者のなかには、個人が軽んじられる状況に置かれながら奮闘を続けた人も少なくない。そこから私たちが学ぶことは多いはずだ。人々がもっと互いを個人として尊重したのなら、きっと「冗談を言っている余裕」も取り戻されるに違いない。

最後に、ここまであげた人たちにあらためて哀悼の意を表したところで、擱筆したい。

あとがき

ほかの人がどうかは知らないが、私は自分で書いたことを片っ端から忘れてしまう。いま、文藝春秋の「文春オンライン」というサイトで「ご存知ですか?」という日刊連載をしているのだが、これも原稿を編集者に送った瞬間にたいていは内容を忘れてしまうので、毎日サイトを開くたび、読者と一緒に新鮮な気持ちで記事を読むことができる。

コンテンツプラットフォーム「ｃａｋｅｓ」での連載をこうして一冊にまとめるにあたっても、五年分の記事を再読してみて、手前味噌ながらけっこう面白く読んでしまった。それでも紙幅の都合から収録できる記事にはかぎりがあり、ひとまず日本人に絞って選定してはみたものの、泣く泣く落とさざるをえなかった記事も少なくない。

しかし制限があったからこそ、自分がどのような人物に関心があるのか、見えてきたこともあった。

まず何より、本書に収録した二三名の人物が、何らかの形で逆境を経験していることは間違いない。長らく不遇時代を送った人も目立つ。たとえば、やなせたかしや水木《みずき》しげるは、才能が世の中に認められるまでにかなり長い時間をすごした。あるいは、一時は表舞台に立ちながら、晩年はどちらかといえば不遇だった人もいる。本書でとりあげた浜田幸一《はまだこういち》、土井《どい》たか子、加藤紘一《かとうこういち》といった政治家はこれに当てはまるだろう。また、スポーツ界からとりあげた川上哲治《かわかみてつはる》や北《きた》の湖《うみ》は、圧倒的な強さゆえに嫌われることも多かった。これも一種の逆境といえる。

いずれにせよ彼らは、それを乗り越えられたか否かはともかく、逆境のなかで闘ってきた。これまで連載でとりあげてきた物故者のなかでも、私はとくにそういう人たちに魅かれていたのだと、今回こうして選んでみて気づくことができた。それはたぶん、私自身がけっこう長いあいだ、仕事のうえで不遇といえば不遇だったからだろう。だからこそ「一故人」を書きながら学んだことも多い。とりわけ本書にも収録した小説家の赤瀬川《あかせがわ》隼《しゅん》のあるエピソードには、かなり影響されたところがある。

　それは、赤瀬川隼が、休職中、何の当てどもなしに小説を書き、いきなり大手出版社に持ちこんだという話だ。このときすでに弟の赤瀬川原平《げんぺい》は小説家として芥川賞も受賞していたが、隼はそれに頼ることもなく、まったくのアポなしで出版社に飛びこんでいる。野球をテーマにしたその小説は、幸運にも応対した編集者が野球好きだったこともあり、日の目を見た。

　じつは、私が二〇一五年に刊行した『タモリと戦後ニッポン』も同様に、「ｃａｋｅｓ」での連載「タモリの地図――森田《もりた》一義《かずよし》と歩く戦後史」を書籍化するにあたり、まったくツテもなしに大手出版社に原稿を持ちこんで実現したという経緯がある。このとき、私を後押ししたのが、まさに赤瀬川隼のくだんのエピソードだった。おかげで、本を希望どおりのレーベル（講談社現代新書）から出せたばかりか、私にしてみればそれまでにないほど多くの読者を獲得し、仕事の幅も広がった。思えば、本書の帯文を書いていただいた糸井《いとい》重里《しげさと》さんにも、「一故人」を早い時期から愛読してもらっていたとはいえ、実際にお会いしたのは『タモリと戦後ニッポン』の出版をきっかけに設けられた対談（『本』二〇一五年一一月号に掲載）の席だった。それが今回、こうしてすばらしい帯文までいただき（もともとは、私の書いたある記事に対しツイッターでいただいた感想である）、感激もひとしおである。

　話を戻すと、本書と似た趣旨の本としてはすでに、山田風太郎《やまだふうたろう》の『人間臨終図巻』（徳間文庫）、あるいは同作へのオマージュから生まれた関川夏央《せきかわなつお》の『人間晩年図巻』（岩波書店）などがある。

ただ、この二作はいずれも著者が六〇歳をすぎて書かれたもので、そこでは著名人の最期がある種、達観した位置から描かれている。これに対し、私はまだ四〇歳になったばかりで、右に書いたことからもあきらかなように、とても人生を達観できる境地にまではいたっていない。しかし、だからこそ、とりあげる人物たちに深い共感を持って書くことができるのだと自負してもいる。

「一故人」の執筆作業はどこかモノマネに近いところがある。とりあげる人物の肉声をできるだけたくさん集めて、それを読みこんでいくうち、まるで自分がその人になったかのような錯覚を覚えたことは一度や二度ではない。大島渚《おおしまなぎさ》について書いていたときは、ニュースなんかを見ていても、大島監督だったらどんなことを言っただろうかといちいちシミュレーションしていたし、水木しげるを調べている最中には、どういうわけかいつになく食欲が湧き、ぐっすり眠れるようになった。これは憑依というより、おそらく自己暗示のようなものなのだろうが、これまで我ながらうまく書けたなと思うものは、往々にしてそのように対象になりきれたものがほとんどである。

ただし、もちろん、いつもそんなふうにうまくいくわけではない。ときには読んだ方から厳しいご指摘をもらうこともある。本書に収録したなかでは、山口淑子《やまぐちよしこ》をとりあげたときがそうだった。それはある研究者の方から、ツイッターで指摘というか、否定的な意見をもらったのだ。いわく、ここに書かれていることはすべて既知のことであり、また山口の中国時代の親友だったリューバについて白系ロシア人（ロシア革命を機に国外に亡命したロシア人）とあるが、彼女はただの白系ロシア人ではなかったのだが……とのことであった。

前者の意見については、私は記事を書く際に既存の書籍や雑誌記事にあたっているだけで、新たな取材などはしていないので、ごもっともと言うしかない。後者についても、肝心の資料もちゃんと読みこめていなかったがための事実誤認で、まったくもって恥じ入るばかりだ。そこで、本書への再録にあたっては、新事実は盛りこめないまでも、なるべく自分なりの切り口（たとえば田中《たなか》角栄《かくえい》との関係など）をもって一部加筆し、リューバについてもあらためて調べたうえで当該箇所を修正、説明を適宜補足するなどした。ご指摘をいただいた方には、この場を通じて御礼申し上げたい。

なお、今回の書籍化に際して連載から記事を再録するにあたっては、ここまで書いてきたような思い入れに加え、全体的なバランスをとるべく、できるだけ幅広いジャンルから人選するよう心がけた。

書き下ろしについても、選んだなかに学者がいなかったことから南部《なんぶ》陽一郎《よういちろう》を、同様に音楽関係の人物がおらず、また全体的に女性が少ないと感じたことから中村《なかむら》紘子《ひろこ》をとりあげた。南部陽一郎についていえば、もともと私の伝記好きは、小学生の頃エジソンなど科学者の伝記を読み漁った体験が始まりなので、学者のなかでも、ぜひ自然科学の分野からとりあげたいという思いがあった。

すっかり話が長くなってしまったが、最後に謝意を伝えたい。本書を出すにあたっては、前出の糸井重里さんばかりでなく、さまざまな方のお世話になった。

まず「一故人」連載の原点となる、毎年の物故者を回顧する記事は、そもそもソフトバンククリエイティブで「週刊ビジスタニュース」というメールマガジンを配信していた上林《かんばやし》達也《たつや》さんの依頼で始めたものだ。このメルマガ時代より上林さんには何かにつけて相談に乗っていただいている。

「一故人」の連載は、「ｃａｋｅｓ」を運営するピースオブケイク代表取締役CEOの加藤貞顕《かとうさだあき》さんの希望から始まった。その開始に際して、加藤さんからはたしか、イギリスの『エコノミスト』誌の追悼欄のような名物連載にしたいと伝えられたことを記憶する。書籍化にあたっては、ピースオブケイクから大熊信《だいくましん》さんと中田絵理香《なかたえりか》さんにもお世話になった。

それから、連載開始以来、毎回すてきなイラストを添えてくださっているのが、たかやま ふゆこさんだ。たかやまさんにはこちらから、こんなふうに描いてほしいと無理難題を出すこともしばしばだが、そのたびに見事に応じていただいている。今回、そのたかやまさんのイラストを、デザイナーの清水肇《しみずはじめ》さんがカバーにちりばめ、すばらしいものに仕立ててくださった。

そして、今回の書籍化は、フリーの編集者の倉《くら》田《た》雅弘《まさひろ》さん、スモール出版の中村孝司《なかむらこうじ》さんからの申し出なしには実現しなかった。じつは倉田さんとは、ここに名前をあげたなかでも知り合ったのが一番古く、すでに二〇年近く経つ。もっとも、ここ一〇年ほど音信不通となっていて、それが二〇一六年秋に突然この企画を打診されたときには驚いたものだ。今回、こうして久々に一緒に仕事することができて、とてもうれしく思う。

以上、いずれの方の助力が欠けても本書は世に出なかった。みなさんには最大限の謝意を表する次第である。「一故人」は個人的に思い入れのある連載で、いつか単行本にしたいとずっと思っていた。おかげさまでそれが今回実現したわけである。ここにあげた人たちへの恩返しという意味でも、本書が広く、そして息長く、読んでいただけることを願うばかりだ。

二〇一七年三月二五日

近藤正高《こんどうまさたか》

初出一覧

浜田幸一――不器用な暴れん坊のメディア遊泳術
（「ｃａｋｅｓ」２０１２年９月11日）
樋口廣太郎――「聞くこと」から始めたアサヒビール再建
（「ｃａｋｅｓ」２０１２年10月26日）
中村勘三郎（十八代目）――歌舞伎のタブーぎりぎりを疾走する
（「ｃａｋｅｓ」２０１２年12月14日）
２０１２年の物故者たち
（「ビジスタニュース」２０１２年12月27日）
大島渚――映画とテレビのはざまで怒号する
（「ｃａｋｅｓ」２０１３年２月１日と「エキレビ！」２０１３年１月29日掲載記事を再構成）
山内溥――運を天に任せた50代からの成功劇
（「ｃａｋｅｓ」２０１３年10月１日）
山崎豊子――取材相手に「泣かれる」ほどの創作への執念
（「ｃａｋｅｓ」２０１３年10月25日）
やなせたかし――「困ったときのやなせさん」の絶望と転機
（「ｃａｋｅｓ」２０１３年10月29日）
川上哲治――背負い続けた「孤独」
（「ｃａｋｅｓ」２０１３年11月22日）
２０１３年の物故者たち
（「ｃａｋｅｓ」２０１３年12月25日）
永井一郎――いかに行動するかを考え抜いた声優哲学
（「ｃａｋｅｓ」２０１４年２月18日）
坂井義則――東京オリンピック聖火最終ランナーの真実
（「ｃａｋｅｓ」２０１４年９月25日）
山口淑子（李香蘭）――国籍・民族に翻弄された過去を乗り越えて
（「ｃａｋｅｓ」２０１４年10月14日）
土井たか子――阪神ファンの彼女が甲子園で実感したこと
（「ｃａｋｅｓ」２０１４年10月24日）

赤瀬川原平――裁判が彼を「明るい顔」にした
（「cakes」2014年11月11日）
高倉健――高いギャラをもらうのは自分を追い込むため
（「cakes」2014年12月5日）
菅原文太――健さんから遠く離れて
（「cakes」2014年12月19日）
2014年の物故者
（「cakes」2014年12月25日）
赤瀬川隼――弟・原平を追いかけ続けた後半生
（「cakes」2015年2月10日）
桂米朝――上方落語を滅亡から救った名人
（「cakes」2015年4月28日）
南部陽一郎――謙虚な「早すぎた予言者」
（書き下ろし）
北の湖敏満――最強の嫌われ者「江川・ピーマン・北の湖」
（「cakes」2015年12月4日）
水木しげる――死ぬのは「うれしい」のか「怖い」のか？
（「cakes」2015年12月17日）
2015年の物故者
（「cakes」2015年12月28日）
蜷川幸雄――子連れ演出家が娘に伝えたこと
（「cakes」2016年6月3日）
中村紘子――天才少女が音楽から「至上の喜び」を知ったとき
（書き下ろし）
加藤紘一――総理になり損ねた男と、彼を追い落とした男たち
（「cakes」2016年9月30日）
2016年の物故者
（「cakes」2016年12月15日）

【著者プロフィール】

近藤正高 こんどう・まさたか

1976年愛知県生まれ。ライター。サブカルチャー誌『クイック・ジャパン』(太田出版)の編集アシスタントを経て、1997年よりフリーランスに。『ユリイカ』『プレジデント』『AERA』『ビジスタニュース』『エキレビ!』など、雑誌やウェブへの執筆多数。著書に『ビートたけしと北野武』、『タモリと戦後ニッポン』(いずれも講談社現代新書)、『私鉄探検』(ソフトバンク新書)、『新幹線と日本の半世紀』(交通新聞社新書)がある。現在、ウェブサイト「文春オンライン」にて毎日その日にちなんだ記事「ご存知ですか?」を、「cakes」にて物故した著名人の足跡をたどるコラム「一故人」を連載中。一見関係のなさそうな事物や人物を結びつける〝三題噺〟的な手法を得意とする。モットーは「現在の事象のなかから歴史を、歴史のなかから現在を見出す」。

ブログ
Culture Vulture
http://d.hatena.ne.jp/d-sakamata/

ツイッター
@donkou

一《いち》故《こ》人《じん》

2017年4月21日 第1刷発行

著者 近藤正高
企画・編集 倉田雅弘
編集 中村孝司 [スモールライト]
イラスト たかやま ふゆこ
デザイン 清水肇 [prigraphics]
協力 大熊 信+中田絵理香 [ピースオブケイク]
校正 会田次子
制作協力 室井順子+三浦修一 [スモールライト]
営業 藤井敏之 [スモールライト]

発行者 中村孝司

発行所 スモール出版
〒164-0033 東京都中野区東中野1-57-8
辻沢ビル地下1階 株式会社スモールライト
電話 03-5338-2360 FAX 03-5338-2361
e-mail books@small-light.com URL http://www.small-light.com/books/
振替 00120-3-392156

印刷・製本 中央精版印刷株式会社

 ISBN978-4-905158-42-4